Wayne W. Dyer

LA SAGGEZZA DEL TAO

Come cambiare modo
di pensare per vivere meglio

CORBACCIO

Titolo originale: : *Change Your Thoughts Change Your Life. Living the Wisdom of the Tao*

Traduzione dall'originale americano
di *Raffaella Asni*

I edizione giugno 2008
II edizione marzo 2009
III edizione settembre 2010
IV edizione giugno 2011
V edizione novembre 2012
VI edizione aprile 2014
VII edizione dicembre 2015

Per essere informato sulle novità
del Gruppo editoriale Mauri Spagnol visita:
www.illibraio.it
Il sito di chi ama i libri

ISBN 978-88-6380-808-7

A mio padre, Melvin Lyle Dyer.
Anche se non ti ho mai conosciuto, dopo
avere assimilato profondamente il Tao,
finalmente ho capito!
Tutto è, ed è sempre stato, perfetto. Ti voglio bene!

Introduzione

Il progresso è impossibile senza cambiamento,
e coloro che non riescono a cambiare le proprie idee
non possono cambiare nulla.
George Bernard Shaw

La saggezza del Tao è il risultato finale del mio cammino, durato un anno, di ricerca, contemplazione, e applicazione del *Tao Te Ching*, un libro sapienziale che è stato tradotto nel mondo più di qualsiasi altro, a eccezione della Bibbia. Molti studiosi considerano questo classico cinese un insegnamento fondamentale sulla natura dell'esistenza e una risorsa preziosa per acquisire uno stile di vita che garantisce integrità, gioia, pace ed equilibrio. Recentemente ho letto di qualcuno che ha superato comportamenti di dipendenza potenzialmente letali leggendo e rileggendo gli ottantuno capitoli di questo antico testo. Provate a immaginare! In meno di cento brevi passi, il Tao presenta un modo di vivere equilibrato, morale e spirituale e che si può applicare a ogni aspetto della vita sulla Terra.

Narra la leggenda che l'autore del *Tao Te Ching* sia Lao-Tzu, profeta e archivista imperiale nell'antica capitale di Luoyang. Durante un periodo di decadenza, caratterizzato da continue guerre tra stati, Lao-Tzu decise di partire per l'occidente, cavalcando verso il deserto. Giunto al passo di Hanku, un guardiano di nome Yin Hsi, che conosceva la fama di saggezza di quell'uomo, lo pregò di mettere per iscritto i principi essenziali del suo insegnamento. Così nacque il *Tao Te Ching*, stilato in cinquemila ideogrammi cinesi.

In tutte le mie letture sull'origine del *Tao Te Ching*, non ho mai trovato una versione storicamente autorevole: è un classico che ancora oggi sopravvive in migliaia di varianti tradotte in tutte le lingue. Sta di fatto che, dopo aver letto una delle sue versioni al mattino e studiato una diversa interpretazione al pomeriggio, ne sono rimasto conquistato. Ho ordinato altre traduzioni, cinque delle quali sono piuttosto vecchie, e altre cinque più moderne (troverete i riferimenti bibliografici nei *Ringraziamenti*). Anche se né Lao-Tzu né l'origine dei suoi versi sono storicamente certi, analizzando le varie edizioni, sono rimasto affascinato dalle molteplici interpretazioni che gli studiosi hanno dato dei cinquemila ideogrammi, tenendo conto soprattutto che molti di quei simboli dell'antica scrittura cinese non sono più in uso e quindi si prestano a differenti traduzioni.

In seguito, mi sono sentito chiamato a scrivere un saggio per ogni capitolo, dimostrando come la preziosa sapienza del loro contenuto sia ancora valida nel XXI secolo. Dai dieci testi passati in rassegna, ho ricostruito il testo di tutti gli ottantuno brani in *La saggezza del Tao*, basandomi su una scelta del tutto soggettiva. Questo libro dunque, è la mia personale interpretazione del *Tao Te Ching*, ogni capitolo del quale mi ha offerto una profonda comprensione della vita e della natura. Mentre leggete, tenete presente che queste pagine sono state messe insieme estrapolando dai dieci testi le espressioni che *personalmente* ritenevo più utili: chiedo scusa se ho eliminato qualcosa (o se quello che ho inserito non sembra adattarsi perfettamente).

Uno dei molti doni del *Tao Te Ching* è la sua capacità di ampliare la mente, tramite soprattutto l'ironia e i paradossi che Lao-Tzu usa per indurvi a guardare la vostra vita. Se credete che essere aggressivi sia la giusta risposta, Lao-Tzu vi esorta a considerare il valore dell'umiltà. Se l'agire sembra indispensabile, vi chiede di riflettere sul non agire. Se sentite di dover lottare per ottenere ciò di cui avete bisogno o che desiderate, vi consiglia di lasciar andare e avere pazienza.

Ma cos'è ciò che chiamiamo il «Tao»? Come ci viene detto nel primo capitolo, dargli un nome significa perderlo, perciò cercherò di definirlo nel miglior modo che mi risulta possibile: il Tao è la realtà suprema, la Sorgente, che ovunque si diffonde, di ogni essere. Il Tao non ha inizio né fine, non fa nulla, eppure anima ogni cosa nel mondo limitato della forma, chiamato «il mondo delle diecimila creature».

I testi che commentano il *Tao Te Ching* generalmente interpretano *Tao* come «la Via», *Te* come «la forma e il potere» (cioè come il Tao si manifesta), e *Ching* come «libro». Ogni traduzione che ho letto definiva il Tao come la Via con la lettera maiuscola, e Te come un attributo di luce e colore alla Via. Dunque, se considero il nome che porto da oltre sessantacinque anni, Wayne Dyer, capisco che cosa possa avermi invogliato a studiare e a scrivere questi saggi! Come potete vedere, le prime tre lettere del mio nome compongono la parola *Way* (Via), mentre *Dyer* (tintore) è colui che aggiunge luce e colore. Non c'è da stupirsi se sono stato totalmente trascinato nella lettura, nella scrittura, nell'interpretazione e soprattutto nella pratica degli ottantuno capitoli. Nel libro *La saggezza della Cina*, Lin Yutang dichiara: «Se c'è un libro nell'intera letteratura orientale che dovrebbe essere letto prima di ogni altro, credo che sia il Tao [di Lao-Tzu]. [...] È uno dei testi filosofici più profondi del mondo».

Quando leggerete *La saggezza del Tao*, troverete la vostra via attraverso la filosofia mistica e pratica di Lao-Tzu, insieme alla gioia di applicarlo alla vostra vita nel mondo d'oggi.

Scrivere questo libro è stato un arrendersi completamente a idee che non sempre sembravano adattarsi a un lineare approccio razionale. Mi ha cambiato in un modo che è come il Tao stesso: inspiegabile e indefinibile. Dopo aver deciso di trascorrere un anno su questo progetto, la sua realizzazione si è svolta nel modo seguente, che ho annotato per voi:

> Mi sveglio alle quattro del mattino, medito, mi nutro con succhi e integratori, poi entro nel mio spazio sacro della scrittura. Su un tavolo, ho alcuni disegni incorniciati di Lao-Tzu: in uno di essi egli è avvolto in abiti semplici, in un altro sta in piedi appoggiandosi a un bastone, in un terzo è a cavalcioni di un bue. Mi concentro sul mio lavoro e leggo un capitolo del *Tao Te Ching*, trattengo le parole e chiamo a raccolta le forze, sia quelle della vita interiore che della vita esteriore per plasmare il mio pensiero.
>
> Alcuni passi contengono idee che sembrano essere indi-

rizzate a leader politici, ma in ogni caso tengo presente il lettore medio. In altre parole, cerco la saggezza per *tutti*, non solo per coloro che rivestono ruoli di potere nella politica o nell'economia.

Butto giù qualche appunto e, per tre giorni, penso a ciò che Lao-Tzu offre. Invito il Tao a stare con me durante la giornata, ad accompagnarmi in ogni attività. «Cambia i pensieri, Wayne», dico a me stesso, «e guarda come cambia la tua vita.» Ed effettivamente i miei pensieri cambiano.

Sento che il Tao è con me, sempre presente, senza far nulla, e senza mai lasciare assolutamente niente di incompiuto. Poiché ora Vedo con la V maiuscola, il paesaggio mi appare diverso. Le persone che Vedo sono creature di Dio che ignorano la propria natura, o che, cosa ancora più commovente, sentono il bisogno di interferire con gli affari degli altri. Adesso io ho una prospettiva diversa: mi sento più tranquillo e più paziente. Rammento sempre la natura ciclica del mondo delle diecimila creature e ho forti intuizioni che cambiano il mio modo di vedere. So che noi umani siamo come tutti gli altri esseri viventi in natura e che tristezza, paura, frustrazione e qualsiasi sentimento negativo non possono durare. La Natura non crea una tempesta infinita. Nella disgrazia si nasconde la fortuna.

Nei giorni che seguono, prima pensando e poi mettendo in pratica la saggezza di un particolare capitolo, di buon mattino guardo l'immagine di Lao-Tzu fissandolo negli occhi e chiedo: *Che cosa intendevi dire? Come si applica tutto ciò, qui, oggi, a chiunque voglia vivere seguendo questi magnifici insegnamenti?*

Poi accade qualcosa che mi raggiunge con una semplicità strabiliante. Attraverso i secoli, attraverso l'atmosfera, attraverso la mia penna viola e sulla pagina, scorre ciò che posso soltanto definire scrittura automatica. So di non possederla. So di non poterla toccare, sentire, vedere o addirittura definire, ma le parole giungono nel mondo delle diecimila creature. Sono grato, perplesso, stupito e traboccante di gioia. Il mattino successivo, comincio una nuova avventura di quattro giorni con la saggezza di questo maestro cinese, che risale a duemilacinquecento anni fa. Queste parole hanno in me un profondo impatto, che mi rendono immensamente beato, onorato e commosso.

Sono convinto che, nel XXI secolo, il mondo debba scegliere dei leader che riescano a cogliere profondamente l'importanza delle parole di Lao-Tzu. La nostra sopravvivenza può dipendere dalla comprensione del fatto che concetti come *nemico* e *guerra* possono cessare di esistere se poniamo il Tao al centro delle nostre vite. I governi dovranno rinunciare a regolare la vita di ogni individuo, tassandone eccessivamente i guadagni e invadendone la privacy.

Tuttavia, sono convinto che gli insegnamenti e le verità del Tao debbano essere scoperti e applicati soprattutto dai singoli individui. In questo modo Esso potrà condurvi alla scoperta di quell'immensa meraviglia che è il vostro essere. Il Tao all'opera siete voi. Il vostro essere è venuto dal non-essere e vi ritornerà. Quindi, per trarre da questo libro il massimo vantaggio e il massimo appagamento, consideratene la lettura un viaggio personale. Innanzitutto, leggete con attenzione un passo del *Tao Te Ching* e il commento che lo segue. Poi, trascorrete un po' di tempo ad applicarlo, cambiando il modo in cui siete stati condizionati a pensare e aprendovi a un nuovo criterio di concepire queste idee. Infine, personalizzate il contenuto del capitolo scrivendo, registrando, disegnando o esprimendovi in qualsiasi modo siate chiamati a farlo. Passate al capitolo successivo secondo un ritmo adatto alla vostra natura.

Il brano seguente è tratto dal libro *Il Tao per un anno: 365 meditazioni* di Deng Ming-Dao, che mi piace consultare ogni giorno. Leggetelo e vedrete il Tao prendere vita dentro di voi:

> Se trascorrerete un lungo periodo di tempo immersi nello studio e nella conoscenza di voi stessi, avrete accesso al Tao. In questo modo entrerete anche in un mondo di percezioni straordinarie. Farete esperienze inimmaginabili, riceverete pensieri e insegnamenti come se fossero usciti dal nulla, possederete ciò che si può definire precognizione. Eppure, se cercherete di comunicare la vostra esperienza, nessuno vi capirà, nessuno vi crederà. Più vi addentrerete in questo cammino più vi allontanerete dal comune modo di vivere della società. Forse voi conoscete la verità, ma scoprirete che

la gente preferisce ascoltare i politici, i divi dello spettacolo e i ciarlatani.

Se avete la fama di essere dei seguaci del Tao, gli altri potrebbero cercarvi, ma a farlo saranno di rado coloro che riusciranno a comprendere veramente il Tao. Queste persone si servono del Tao per appoggiarvisi come a una gruccia. Raccontare loro le meraviglie che avete scoperto vi trascinerà spesso in una futile conversazione, in cui avrete l'impressione di non riuscire a comunicare nulla. Ecco perché si dice che chi sa tace.

Perché non starvene semplicemente in silenzio? Godetevi il Tao come vi pare. Lasciate che gli altri vi credano muti. Dentro di voi, conoscerete la gioia dei misteri del Tao. Se incontrerete qualcuno che è in grado di trarre beneficio dalla vostra esperienza, allora condividetela. Ma se vi trovate a vagare in mezzo a una folla di sconosciuti è più saggio che restiate in silenzio.

Forse il messaggio principale del *Tao Te Ching* è far apprendere come vivere nel lusso della semplicità di ciò che viene raccontato in questo antico testo sacro. Quando metterete in pratica le sue idee, scoprirete tutta la sua profondità, ma poi resterete sorpresi dalla sua semplicità e naturalezza. Il consiglio di questo antico maestro è così facile da seguire che non dovrete cercare di complicarlo. Permettete piuttosto a voi stessi di stare in armonia con la vostra natura, della quale potete fidarvi se l'ascoltate e agite in accordo con essa.

Vi auguro di appassionarvi con gioia a Lao-Tzu e al suo meraviglioso *Tao Te Ching*, e che possiate portare alla Grande Via il *vostro* contributo di luce e colore. Vi offro il mio affetto, insieme al mio impegno nel costruire un mondo centrato sul Tao. Non credo esista una visione più grande per voi, per il nostro pianeta, o per l'universo.

WAYNE W. DYER
Maui, Hawaii

So che gli uccelli hanno ali
per volare,
i pesci hanno pinne
per nuotare,
le bestie selvatiche hanno zampe
per correre.
Ma le zampe possono
finire in una trappola,
le pinne incappare in una rete,
le ali essere trafitte da una freccia.
Per quanto riguarda i draghi,
non so come possano salire in cielo,
cavalcando il vento attraverso le nubi.
Oggi ho visto [Lao-Tzu].
Egli è simile a un drago.

da *The Way of Life According to Lao-Tzu*,
tradotto da Witter Bynner

(Citazione attribuita a Confucio, dopo la sua visita all'anziano Lao-Tzu, per chiedere consigli su questioni di etichetta del cerimoniale.)

1.

Il Tao di cui si può parlare
non è l'eterno Tao.
Il nome che si può pronunciare
non è lo stesso nome.

Il Tao ha un nome e al tempo stesso ne è privo.
Senza nome è l'origine di ogni cosa;
con un nome è la Madre delle diecimila creature.

Chi non desidera riesce a cogliere il mistero,
chi desidera ne vede solo le manifestazioni.
E il mistero stesso è la porta
che conduce a ogni conoscenza.

VIVERE IL MISTERO

Nel primo capitolo del *Tao Te Ching*, Lao-Tzu ci dice che «il Tao ha un nome e al tempo stesso ne è privo». Al nostro intelletto di occidentali questa affermazione sembra paradossale e, in effetti, lo è! Il paradosso è un modo di pensare insito nei concetti orientali, come yin *e* yang o femminile *e* maschile, in cui tutto può essere comodamente descritto come *sia* questo *che* quello. Noi occidentali, al contrario, tendiamo a considerare i concetti opposti come incompatibili e in reciproca contraddizione. Ora questo libro ci chiede di cambiare il modo di pensare radicato in noi e di constatare come, di conseguenza, cambi anche la nostra vita.

Il Tao è un regno inconoscibile e impercettibile dove tutto ha origine. Allo stesso tempo, il Tao esiste dentro ogni cosa, pur essendo invisibile. Quando desideriamo conoscere questo profondo mistero, tentiamo di definirlo nei termini del modo fisico della forma, ciò che Lao-Tzu chiama «le diecimila creature». Egli consiglia di abbandonare ogni sforzo per capire il mistero, solo in questo modo potremo arrivare a comprenderlo. Mi piace anche esprimere quest'idea con la frase «Lasciati andare e affidati a Dio». Ma come possiamo metterlo in pratica? Un modo per farlo è permettere a noi stessi di esercitare maggiormente il pensiero paradossale riconoscendo che desiderare (volere) e non desiderare (lasciare che sia) sono diversi e uguali, come le misteriose estremità di una linea.

Il desiderio è l'espressione fisica che crea la condizione di ricettività, in altre parole, è il modo tipico del mondo di prepararsi al ricevere. Secondo Lao-Tzu, voler conoscere o vedere il mistero del Tao dimostrerà la sua esistenza in una varietà di manifestazioni, ma non ne svelerà il mistero. Ma questo non è un vicolo cieco! Dal terreno del desiderio germoglia il fiore del misterioso Tao. È come se il volere si trasformasse in uno spontaneo lasciare che sia. Chi desidera vede solo le manifestazioni; chi non desidera riesce a cogliere il mistero.

Quando siamo in sintonia con ciò che dice Lao-Tzu, il nostro mondo produce, in maniera del tutto evidente, numerosi esempi di questo processo paradossale. Immaginate di coltivare nel vostro giardino dei pomodori deliziosi o dei narcisi profumati: *lasciare* che crescano è fondamentalmente ciò che accade. Ora pensate alle cose che nella vita implicano il *volere* e a quanto esse siano diverse da quelle che comportano il lasciare: voler dormire, per esempio, piuttosto che dormire realmente. Voler seguire una dieta, piuttosto che stare a dieta. Voler amare, piuttosto che amare. Secondo il Tao, non desiderare significa fidarsi, permettere e lasciare che sia. Il desiderio è sia il punto di partenza sia il terreno su cui cresce la sua assenza, ma anche il volere è l'inizio e il terreno su cui lasciare che le cose accadano. Sono uguali e sono diversi.

Prestate attenzione alle volte in cui riuscite a percepire nel corpo il punto in cui vi trovate dentro il continuum tra il desiderare e il lasciare (o il cercare e il fare). Cercare di suonare il piano, guidare l'auto, andare in bicicletta è uguale e diverso dal suonare veramente il piano, guidare l'auto, andare in bicicletta. Dopo avere desiderato e appreso queste attività concrete, arriva il momento in cui lasciare è ciò che fate. Il punto è riconoscere con il corpo la differenza tra il cercare e il lasciare, e diventare consapevoli della sensazione di spontaneità con cui quest'ultimo si realizza. Questa pratica porterà anche a una maggiore coscienza del mistero invisibile e delle diecimila creature, che sono la realtà manifesta del nostro mondo.

Le diecimila creature a cui si riferisce Lao-Tzu rappresentano gli oggetti della terra, classificabili in categorie e definibili scientificamente, che ci aiutano a comunicare e identificare ciò che pensiamo e di cui parliamo. Eppure, con tutte le nostre conoscenze tecnologiche e le nostre analisi scientifiche, non siamo mai veramente in grado di creare un occhio umano o un fegato, e neppure un chicco di grano, per quanto ne sappia. Ognuna di queste cose, insieme a tutto il resto che il mondo conosciuto e nominato comprende, scaturisce dal mistero, l'eterno Tao. Come il mondo non è solo l'insieme delle sue parti nominate, così noi non siamo esclusivamente pelle, ossa e fluidi della circolazione di cui siamo fatti fisicamente. Anche noi siamo l'eterno Tao, che anima invisibile le nostre lingue per parlare, le nostre orecchie per sentire, i nostri occhi per vedere e conoscere la realtà manifesta e il mistero. Per mettere in pratica il Tao, è fondamentale abbandonarsi consapevolmente a questo mistero senza nome.

Questo significa rischiare di mettersi nei guai? Naturalmente no. Significa fidarsi del mistero nel momento in cui vi capita di essere aggrediti o maltrattati? Probabilmente no. Significa non cercare mai di cambiare le cose? No. Significa coltivare la pratica di essere nel mistero e lasciare che esso scorra dentro di voi senza ostacoli. Significa permettere il paradosso di essere nella forma e contemporaneamente lasciare che il mistero si sveli.

Praticate il Tao; trovate i vostri personali metodi di vivere nel mistero. Come dice Lao-Tzu nel primo capitolo, «e il mistero stesso è la porta che conduce a ogni conoscenza».

Ecco il mio consiglio per tradurre questo passaggio nella pratica quotidiana, nel XXI secolo:

Innanzitutto, assaporate il mistero!

Lasciate che il mondo si sveli senza tentare sempre di prevedere tutto. Per esempio, lasciate semplicemente che le relazioni esistano, poiché tutto tenderà a realizzarsi nell'ordine Divino. Non cercate disperatamente di far sì che qualcosa funzioni, lasciate solo che accada. Non vi affaticate nel tentativo di capire il vostro compagno, i figli, i genitori, il capo, o chiunque altro, perché il Tao lavora sempre per voi. Quando le vostre aspettative finiscono in pezzi, mettete in pratica l'idea di lasciare che le cose vadano in quel modo. Rilassatevi, lasciate andare, permettete e riconoscete che alcuni dei vostri desideri coincidono con ciò che credete *dovrebbe* essere il vostro mondo, piuttosto che corrispondere a ciò che *è* in quel momento. Diventate astuti osservatori... giudicate meno e ascoltate di più. Impiegate il tempo necessario per aprire la mente al mistero affascinante e all'incerto di cui tutti abbiamo esperienza.

Abbandonate l'abitudine di attribuire nomi e classificare

Il processo di classificazione è ciò che la maggior parte di noi ha imparato a scuola. Abbiamo studiato sodo per essere capaci di definire le cose correttamente allo scopo di ottenere ciò che chiamavamo «ottimi voti». Quasi tutte le istituzioni scolastiche insistevano nel definire ogni cosa, fino al punto di etichettarci in modo tale da identificarci in specifiche categorie secondo le nostre competenze di diplomati. Eppure sappiamo, senza che nessuno ce lo dica, che non esiste titolo, diploma o riconoscimento specifico che ci definisca veramente. Così come l'acqua non è la parola *acqua*, più di quanto non lo sia *agua*, *Wasser*, o H_2O, nulla in questo universo è il nome che porta. Malgrado il nostro continuo classificare non si potrà mai descrivere veramente ogni animale, fiore, minerale ed essere umano. Nello stesso modo, il Tao ci dice che «il nome che si può pronunciare non è lo stesso nome». Ci dobbiamo appagare nella magnificenza di ciò che si vede e si percepisce con i sensi, invece di memorizzare e classificare in continuazione.

Ora mettete in pratica il Tao

A un certo punto della giornata, vi accorgete di essere infastiditi o seccati da un'altra persona o da una situazione. In quel momento, decidete di praticare il Tao (o di seguire la Via) guardandovi dentro con curiosità per vedere dove vi trovate nel continuum tra il desiderio e l'abbandono. Accettate il paradosso di volere che il seccatore svanisca e permettetegli di essere ciò che è. Cercatelo dentro di voi e nei vostri pensieri, permettete a voi stessi di sentirlo dovunque sia e comunque si muova nel vostro corpo.

Concentrate tutta l'attenzione nell'aprire la vostra mente, lasciando che la vostra benevolenza aiuti il mistero dentro di voi. Osservate come la sensazione si manifesta: forse facendovi sentire un formicolio nella pancia, irrigidendovi i muscoli, facendovi martellare il cuore, o serrare la gola. Comunque sia, accoglietelo dentro di voi come un enigmatico messaggero e prestategli attenzione senza giudicarlo. Vi accorgete di desiderare che la sensazione scompaia e le permettete di essere pietosamente controllata da voi. Accettate qualunque cosa accada. Affrontate il mistero interiore senza definire, spiegare o difendere. In un primo momento, è una sottile differenza ciò che dovete cogliere, assumendo personalmente la vostra responsabilità. Soltanto voi potete preparare il terreno del vostro essere per l'esperienza di vivere il mistero.

2.

Sotto il cielo tutti vedono bello ciò che è bello
soltanto perché esiste il brutto.
Tutti sanno che il bene è bene soltanto perché esiste il male.

Essere e non essere si generano a vicenda.
Il difficile e il facile sono complementari.
Il lungo e il corto si definiscono reciprocamente,
così come l'alto e il basso.
Non c'è prima senza dopo e viceversa.

Perciò il saggio vive con apparente dualità,
e paradossale unità.
Il saggio può agire senza sforzo
e insegnare senza parole.
Nutre le creature senza appropriarsene,
lavora, ma non per la ricompensa;
compete, ma non per il risultato.

Compiuta l'opera, se ne dimentica.
Per questo dura in eterno.

VIVERE L'UNITÀ PARADOSSALE

Il concetto di bellezza di una cosa o di una persona è radicato in un sistema di credenze che sostiene dualità e giudizio. Questo modo di pensare è prevalente e comune quasi a tutti nella nostra cultura e forse ha persino un certo valore nella società. Io vi incoraggio a esplorare il concetto di unità paradossale nel secondo capitolo del *Tao Te Ching*. Cambiando i vostri pensieri, potete cambiare la vostra vita e vivere davvero la gioia dell'unità.

Non vi siete mai accorti che la bellezza dipende da qualcosa che viene identificato come brutto? Dunque, l'idea di bellezza produce l'idea di bruttezza e viceversa. Pensate soltanto come molti concetti in questo «sistema di credenze dualistico» dipendano dagli opposti: una persona non è alta se non esiste nel sistema di credenze il concetto di basso. La nostra idea della vita non potrebbe esistere senza quella della morte. Il giorno è l'opposto della notte. Il maschio è l'antitesi della femmina.

E se invece percepiste tutto come una parte (o un barlume) della perfezione dell'unità? Credo che sia proprio questo ciò che Lao-Tzu vuole suggerire con la descrizione del saggio che «vive con apparente dualità, e paradossale unità». Immaginate la perfetta unità che coesiste nell'apparente dualità, dove gli opposti sono semplicemente giudizi creati dalla mente umana nel mondo delle diecimila creature. Di certo, il narciso non crede che la margherita sia più graziosa o più brutta di lui, e l'aquila e il topo non hanno il senso degli opposti che chiamiamo vita e morte. Gli alberi, i fiori, e gli animali non conoscono la bruttezza o la bellezza, *sono* semplicemente in armonia con l'eterno Tao, svuotato di ogni giudizio.

Poiché il saggio vive palesemente con apparente dualità, sintetizza l'origine con la realtà manifesta senza formulare un'opinione su di essa. Vivere senza giudizio e in perfetta unità è ciò che Lao-Tzu ci invita a fare. Egli esorta la nostra saggezza a unire gli opposti che percepiamo e a vivere un'esistenza nell'unità. La perfezione del Tao permette l'apparente dualità mentre coglie l'unità che è la realtà. La vita e la morte sono identiche. La virtù e il peccato sono giudizi, hanno bisogno l'uno dell'altro per identificarsi. Questi sono i paradossi di una vita nell'unità; ciò significa vivere dentro l'eterno Tao. Una volta superate le dicotomie o le coppie di opposti, o considerate almeno per ciò che sono, esse scorrono fuori e dentro la vita come le maree.

Siate un paradosso vivente in ogni momento della vostra esistenza. Il corpo ha limiti fisici, inizia e finisce e ha sostanza materiale. Eppure contiene qualcosa che sfida i limiti, non ha sostanza, ed è infinito e senza forma. Voi siete contemporaneamente il Tao e le diecimila creature. Lasciate che idee contrastanti e opposte siano dentro di voi nello stesso momento. Permettete a voi stessi di mantenere questi pensieri opposti senza che si eliminino l'un l'altro. Credete fortemente nella vostra volontà e capacità di influenzare ciò che vi circonda e al tempo stesso arrendetevi all'energia che è dentro di voi. Sappiate che il bene e il male sono due aspetti dell'unità. In altre parole, accettate la dualità del mondo materiale rimanendo sempre in contatto costante con l'unità dell'eterno Tao. Il bisogno estenuante di avere ragione e di dar torto agli altri si attenuerà.

Credo che Lao-Tzu applicherebbe il *Tao Te Ching* al mondo di oggi con questi suggerimenti:

Vivete l'unità

Entrate nel mondo dell'unità con la consapevolezza di avere la tendenza a classificare tutto come buono o cattivo, giusto o sbagliato. Bello e brutto sono parametri del mondo fisico, non del Tao.

Considerate intuitivamente il fatto che la dualità sia un gioco della mente. In altre parole, le persone appaiono come appaiono e criticare non sempre è necessario o utile. Osservate il dischiudersi del Tao all'interno di ognuno, voi compresi, e siate in pace con ciò che vedete.

Siate come un animale selvatico che si muove liberamente, senza la preoccupazione di pensare dove *dovrebbe* stare e come *dovrebbe* agire. Per esempio, immaginate di essere una lontra che vive semplicemente la propria esistenza di lontra. Non siete buoni o cattivi, belli o brutti, lavoratori o fannulloni, siete semplicemente una lontra, che si muove in acqua o sulla terra liberamente, tranquilla e giocosa, senza dare giudizi. Quando giunge il momento di lasciare il vostro corpo, lo fate, reclamando il vostro posto nel puro mistero dell'unità. Questo è ciò che Lao-Tzu intende dicendo: «Compiuta l'opera, se ne dimentica. Per questo dura in eterno».

In altre parole, non serve lasciare il proprio corpo per fare esperienza dell'eternità; è possibile conoscere il vostro eterno io anche nella condizione corporea. Quando dualità e giudizio si presentano, lasciate che siano una parte della perfetta unità. Quando altre persone creano dicotomie, potete sempre conoscere l'unità mettendo in pratica il Tao.

Ottenete il massimo risultato con il minimo sforzo

Lo sforzo è una parte del tutto; un'altra parte è l'assenza dello sforzo. Fondete insieme queste dicotomie, e il risultato sarà un'azione spontanea, che si realizzerà senza attaccamento. È esattamente in questo modo che si danza con qualcuno: vi sforzate di assumere una posizione, ascoltate la musica e al tempo stesso vi lasciate andare, abbandonandovi con scioltezza ai movimenti insieme al partner. Unite i cosiddetti opposti nell'unità dell'essere senza giudizio o paura. Definire un'azione come «una bella fatica» implica l'idea che sforzarsi molto sia meglio che non compiere alcuno sforzo. Ma l'idea di fatica esiste solo per via delle nostre convinzioni che tendono a farci biasimare l'inoperosità. Raccogliere da terra l'immondizia significa realmente non raccoglierla. Una volta che l'avete fatto, l'esservi sforzati o no non ha importanza.

Capite di poter agire senza l'implicito giudizio di parole come *fatica* e *sforzo*. Si può competere senza essere concentrati sul risultato. Eliminare gli opposti paradossalmente li unisce, così da rendere inutile l'identificarsi con una posizione. Immagino che, nel linguaggio di oggi, Lao-Tzu riassumerebbe il secondo capitolo del *Tao Te Ching* in queste due parole: *siate, semplicemente.*

Ora mettete in pratica il Tao

Oggi mettete in pratica il Tao considerando un'opportunità di difendere o spiegare voi stessi e scegliere di non farlo. Al contrario, guardatevi dentro e percepite l'essenza dell'incomprensione, sentitela in tutto il corpo. Tenetela dentro di voi, invece di scegliere di liberarvene attraversando il sentiero del mondo materiale delle spiegazioni e della difesa. Non restate intrappolati nell'apparente dualità di avere ragione o torto. Congratulatevi con voi stessi per avere operato una scelta per essere nell'unità paradossale, un'unità in cui il tutto semplicemente esiste. Apprezzate l'opportunità in silenzio, insieme alla disponibilità di mettere in pratica la vostra saggezza.

3.

Attribuire importanza al prestigio sociale
creerà conflitti.
Ostentare il possesso di beni
induce gli altri al furto.
Se non metterete in mostra ciò che è desiderabile,
eviterete di turbare il cuore della gente.

Il saggio governa
svuotando il cuore e la mente del popolo,
attenua le ambizioni e rafforza le ossa.

Praticate il non agire...
Quando l'azione è pura e disinteressata,
tutto si sistema in perfetto ordine.

VIVERE L'APPAGAMENTO

Il terzo capitolo del *Tao Te Ching* consiglia di riordinare le priorità per garantire l'appagamento. Concentrarsi per ottenere più oggetti del desiderio incoraggia i fattori esterni a prendere il controllo su di noi. Inseguire uno status, sia economico che di potere, ci rende ciechi alla relazione con l'eterno Tao e all'esistenza appagante che potremmo vivere. Sopravvalutare beni materiali e successo fa scaturire dal nostro ego l'ossessione di volerne ottenere di più: ricchezze, proprietà, posizione sociale, potere e così via. Il Tao raccomanda di trattenersi da questo stile di vita non soddisfacente, che conduce al furto, al disaccordo, alla confusione. L'agire con gratitudine del Tao conduce a una vita appagata, piuttosto che all'aspirazione a possedere di più. Dobbiamo sostituire i desideri personali con la domanda centrata sul Tao: *Come posso essere utile?* Semplicemente cambiando questo genere di pensieri, cominceremo ad accorgerci dei grandi cambiamenti che si verificano nella nostra vita.

Il consiglio di praticare il «non agire» e confidare che ogni cosa si sistemerà in perfetto ordine può sembrare una ricetta per la pigrizia e per una società non riuscita, eppure non credo che sia questo ciò che Lao-Tzu propone. Egli non dice di essere indolenti o inattivi; al contrario suggerisce che confidare nel Tao è il modo per essere diretti dalla Sorgente della creazione e per essere guidati da un principio superiore ai vostri desideri ispirati dall'ego.

I bisogni fissati dall'ego non possono accedere alla via dell'essenza Divina, quindi tenete l'ego fuori dal vostro cammino e lasciatevi guidare dal Tao in tutto ciò che fate. Siete agitati?

Confidate nel Tao. Ascoltate ciò che vi spinge oltre, liberatevi dal dominio dell'ego, e sarete paradossalmente più produttivi. Permettete a ciò che avete dentro di procedere sospendendo la determinazione di questo mondo. Così non sarete più solo voi a condurre questa sinfonia che chiamate vita.

Il terzo capitolo contiene parecchi consigli su come governare. Non li considero suggerimenti politici o amministrativi, ma li applico alle nostre personali esistenze e a quelle di coloro che ci sono affidati per essere guidati, le nostre famiglie e, in senso più ampio, la famiglia umana che comprende tutti coloro con cui siamo in contatto quotidianamente.

Incoraggiate i vostri famigliari a svuotare la mente dei pensieri relativi alla posizione sociale e all'acquisto di beni materiali e pensate ad aiutare gli altri e a contribuire alla salute e alla salvaguardia di tutti. Mostrate l'armonia di questo atteggiamento; dopotutto ognuno ha una chiamata a essere ispirato. La Sorgente della creazione non è interessata ai beni materiali o alla posizione sociale. Essa provvederà a tutto ciò che è necessario, guiderà, motiverà e influenzerà voi e chiunque altro. L'ego (e il suo incessante elenco di desideri) ha bisogno di essere indebolito per far sì che la bellezza del Tao possa essere percepita. Dimostratelo agli altri eliminando per primi le tentazioni egocentriche che favoriscono l'invidia, la collera e la competizione.

Se Lao-Tzu potesse vedere il mondo contemporaneo dalla sua prospettiva di duemilacinquecento anni fa, credo che offrirebbe il seguente consiglio basato sul terzo capitolo del *Tao Te Ching*:

Rammentate a voi stessi ogni giorno che la via alla felicità non esiste; piuttosto la felicità è la via

Potete avere una lunga lista di obiettivi che credete vi possano condurre all'appagamento quando saranno raggiunti, tuttavia, se esaminate il vostro attuale stato di felicità, vi accorgete che la realizzazione di alcune ambizioni precedenti non ha creato un durevole senso di gioia. I desideri possono produrre ansia, stress e competitività e avete bisogno di riconoscere quelli che lo fanno. Portate la felicità a ogni incontro che fate nella vita, invece di aspettarvi che siano gli eventi esterni a procurare gioia. Se resterete in armonia sul sentiero del Tao, tutto l'appagamento che avreste mai potuto sognare comincerà a scorrere nella vostra vita, i mezzi economici e tutto ciò di cui avete bisogno verranno di conseguenza. « Smettete di darvi da fare », direbbe Lao-Tzu, « e provate gratitudine e rispetto. La vostra vita è governata da qualcosa di molto più grande e più significativo dei futili dettagli delle vostre aspirazioni presuntuose. »

Confidate nella perfezione dell'eterno Tao, perché è la Sorgente primaria delle diecimila creature

Il Tao lavora *per* voi e *con* voi, quindi non avete alcuna necessità di rammentargli ciò che desiderate ardentemente o ciò che credete si sia dimenticato per voi. Fidatevi dell'armonia del Tao. Quando siete stati creati ha provveduto a tutto ciò di cui avevate bisogno, e ha continuato a farlo nei vostri primi nove mesi di vita senza la vostra assistenza e indipendentemente da qualsiasi desiderio abbiate avuto. Il Tao continuerà a farlo, se vi fiderete di lui e metterete in pratica il non fare.

Elencate i vostri desideri e poi affidateli al Tao. Sì, affidateli e non fate nient'altro che nutrire fiducia. Al tempo stesso, state in ascolto e prestate attenzione ai consigli, poi connettetevi all'energia perfetta che invia qualsiasi cosa necessaria alla vostra vita. Voi (intendo il vostro ego) non avete bisogno di fare nulla. Al contrario, lasciate che l'eterna perfezione del Tao operi attraverso di voi. È questo il messaggio di Lao-Tzu per il mondo di oggi.

Henry David Thoreau, a metà del XIX secolo, scrivendo a Walden Pond fece la seguente osservazione, che a mio parere rappresenta il terzo capitolo del *Tao Te Ching*:

> Trascorriamo un giorno imitando la saggezza della Natura, e non lasciamo che il nostro treno deragli ogni volta che un guscio di noce o un'ala di zanzara cadono sulle rotaie. [...] Se il motore fischia, lasciamolo fischiare a più non posso. Se la campana suona, perché dovremmo correre? Ho sempre rimpianto di non essere saggio come il giorno in cui sono nato.

Confidate nella vostra originaria saggezza. Non permettete ai desideri di eclissare l'eterna connessione che esiste tra voi e il Tao.

Ora mettete in pratica il Tao

Oggi cogliete l'occasione di osservare ciò che accade mentre programmate di comprare qualcosa. Scegliete di praticare il Tao e fatevi guidare dai suoi consigli. Siate grati del fatto di poter operare una scelta per il vostro acquisto, poi mettete in pratica il non agire e ascoltate voi stessi. Il Tao rivelerà la via da seguire in quel momento, attraverso i vostri sentimenti. Fidatevi. Potreste essere incoraggiati a comprare l'articolo e a goderne con gratitudine, a regalarlo e ad acquistarne uno per voi e uno per qualcun altro, a offrire il denaro in beneficenza invece di comprare l'oggetto, o astenervi dall'ottenerlo completamente.

Mettete in pratica il Tao nelle situazioni quotidiane e conoscerete l'appagamento nel senso più profondo. Come dice questo capitolo: «Quando l'azione è pura e disinteressata, tutto si sistema in perfetto ordine». Ora, è questa la mia definizione di appagamento!

4.

Il Tao è vuoto,
ma inesauribile,
senza fondo,
progenitore di ogni cosa.

Smussa i bordi taglienti;
scioglie i nodi intrecciati;
attenua la luce del sole con una nube;
si copre di polvere.

È nascosto ma sempre presente.
Non so chi l'abbia generato.
Sembra essere l'antenato comune di tutti gli esseri viventi,
il padre delle innumerevoli creature.

VIVERE L'INFINITO

Il Tao è la Sorgente di ogni vita, eppure è vuoto e senza limiti e non può essere racchiuso, quantificato o misurato. Questa energia creatrice di vita genera una profonda Sorgente di gioia sempre accessibile. Se vivrete nell'ottica dell'infinito, abbandonerete l'idea di considerare la vostra unica identità con quella puramente fisica del corpo in cui vi trovate a percorrere il viaggio dalla nascita alla morte. Nella vostra totalità, siete un essere infinito calato nei panni di una persona che esiste nel mondo dei «bordi taglienti» e dei «nodi intrecciati» a cui si riferisce questo capitolo. L'invisibile forza creatrice di vita del Tao si fonde dentro e intorno a voi in ogni momento. È inesauribile. È senza fondo. Non può essere svuotata.

Il quarto capitolo del Tao vi invita a riconsiderare i vostri pensieri su chi siete. Sembra voler dire che sviluppare la consapevolezza del vostro lato infinito sia il modo per attingere alla Sorgente senza limiti dell'energia creatrice che scorre dentro di voi. Per esempio, potete desiderare di voler aiutare persone meno fortunate di voi a migliorare la loro esistenza quotidiana, ma non credete di avere il tempo o l'energia per metterlo in pratica, per ciò che siete e per ciò che fate attualmente. Se smettete di identificarvi con il vostro lavoro o con la vita che fate e cercate di conoscere l'infinita energia creatrice che è una parte di voi, il tempo e le forze di cui avete bisogno appariranno.

Immaginando di aiutare gli altri, guidati dalla parte di voi che appartiene all'infinito, l'energia creatrice genererà comportamento e azioni che completano la vostra visione attraverso il «comune progenitore» del Tao. In definitiva, svilupperete la consapevolezza assoluta di ottenere qualsiasi aiuto di cui avete bisogno qui e ora, davanti a voi e alle vostre spalle, sopra e sotto. È vuoto, eppure molto presente. Come vi ricorda Lao-Tzu, «inesauribile, senza fondo, progenitore di ogni cosa».

Essere consapevoli dell'onnipresenza del Tao significa non far prevalere pensieri di penuria o mancanza. Affermazioni come «Non c'è modo che ciò accada», «Non è il mio destino», o «Con la mia fortuna, non potrà mai funzionare» smetteranno di essere prese in considerazione. Al contrario, comincerete ad aspettarvi non solo che i vostri sogni si avvereranno, ma che si stiano già avverando. Il vostro nuovo autoritratto basato sulla presenza cooperante dell'invisibile Tao vi innalza a vivere un'esistenza ispirata, che significa essere «nello Spirito» o in perenne contatto con il Tao. Quando vivete l'infinito, siete ricompensati da un senso di gioia profonda, perché sapete che tutto è a posto.

Immagino che questo sia il significato delle antiche parole di Lao-Tzu nella nostra epoca:

Considerate tutto ciò che sembra problematico dalla prospettiva dell'eterno Tao

Credere in un declino della prosperità significa pensare nei termini della Sorgente inesauribile: il Tao. Come ogni cosa sul nostro pianeta, il denaro è disponibile in quantità limitate. Siate consapevoli di questo e connettetevi alla riserva senza fondo. Prima fatelo nel pensiero affermando: *Tutto ciò di cui ho bisogno è qui.* Pensare alla prosperità trasmette potenti direttive per accedere al vostro io infinito, e a tali pensieri seguiranno le azioni.

Usate questo stesso criterio, in armonia con il Tao, per affrontare tutti i problemi, perché c'è a vostra disposizione una risorsa incalcolabile di benessere. Dunque, piuttosto che dare energia alla malattia e alle disgrazie che incombono, state con il Tao. State con ciò che non si consuma mai. State con ciò che è padre di ogni cosa, la Sorgente creatrice del tutto. Esso opererà *per* e *con* voi, poiché risiede nei vostri pensieri, poi nei vostri sentimenti e infine nelle vostre azioni.

VIVETE NELLA VISIONE DELL'INFINITO

Quando la si riconosce come un segno del cambiamento, l'ansia è transitoria, appartiene semplicemente all'ambito dei mutamenti. Se osservate la vostra vita dalla posizione vantaggiosa dell'infinito, le preoccupazioni, le inquietudini e le lotte si fondono nell'eterna mescolanza. Da questa prospettiva senza tempo, immaginate che importanza potrebbe avere tutto ciò che ora vi fa sentire depressi tra cento, mille, un milione o un incalcolabile numero di anni. Ricordate che voi, come l'infinito Tao che vi ha generati, siete parte di una realtà eterna.

Riordinate i vostri pensieri e sintonizzateli con il Tao. Con il sostegno dell'eterno Tao, tutte le asperità della vita si appianeranno, tutti i nodi si scioglieranno e ogni tempesta si placherà. Provateci!

ORA METTETE IN PRATICA IL TAO

Oggi sceglìete una situazione (una qualsiasi andrà bene) e, invece di replicare verbalmente, tacete e ascoltate i vostri pensieri. Per esempio, durante una riunione mondana o di lavoro, decidete di cercare il vuoto che dimora nel silenzio per rendervi consapevoli del vostro io infinito. Invitatelo a farvi sapere quando e se reagire. Se vi accorgete che il vostro ego materiale interpreta o giudica, allora limitatevi a osservare senza criticare o cambiare nulla. Comincerete a scoprire che sono sempre più numerose le situazioni in cui provate pace e gioia se non reagite, ma restate nell'infinito, nascosto, eppure sempre presente. Potreste voler copiare questo consiglio del mio maestro Nisargadatta Maharaj e fissarlo bene in vista così da poterlo leggere quotidianamente:

Saggezza è sapere che non sono nulla,
Amore è sapere che sono tutto,
e tra i due la mia vita scorre.

E, mentre vivete, restate il più possibile vicini all'amore.

5.

Il cielo e la terra sono imparziali;
vedono le diecimila creature come cani di paglia.
Il saggio non è sentimentale;
tratta tutta la sua gente come cani di paglia.

Il saggio è come il cielo e la terra:
non favorisce nessuno,
non disprezza nessuno.
Dona incessantemente, senza condizioni,
offre a tutti i suoi tesori.

Lo spazio tra il cielo e la terra
è come un mantice;
vuoto e inesauribile,
più lo si usa più produce.

Tenetevi stretti al centro.
L'uomo è stato creato per giacervi nella quiete e trovare
la verità che in esso dimora.

VIVERE CON IMPARZIALITÀ

Il Tao non discrimina! È imparziale come il cielo e la terra. Il Tao è la Sorgente di tutto, è il grande e invisibile che provvede a ogni creatura. Non mostra preferenze nel donare energia, privando alcuni per favorire altri; piuttosto gli elementi di base della vita come l'aria, la luce del sole, l'atmosfera e la pioggia sono messi a disposizione di *tutti* sul nostro pianeta. Scegliendo di sintonizzare la nostra coscienza interiore ed esteriore con questo aspetto potente del Tao, possiamo comprendere il nostro io autentico. La nostra vera essenza è quell'aspetto di noi stessi saggio e non sentimentale che vive in armonia con il Tao. Questo aspetto non considera alcune forme di vita più degne di altre e rifiuta di fare preferenze. Oppure, come dice Lao-Tzu, «tratta tutta la sua gente come cani di paglia».

Lao-Tzu usa questo termine per descrivere come il Tao (così come gli individui illuminati) tratta le diecimila creature che appartengono al mondo della realtà manifesta. Nella sua traduzione del *Tao Te Ching*, Stephen Mitchell spiega che «i cani di paglia erano oggetti rituali, venerati durante la cerimonia, ma in seguito abbandonati e calpestati». In altre parole, il taoismo onora e rispetta l'esistenza con imparzialità, come un flusso e riflusso da venerare e poi liberare. Con imparziale consapevolezza, il saggio vede ingenuamente il sacro dentro tutti i cani di paglia in questa cerimonia che chiamiamo vita.

Il quinto capitolo ci incoraggia a essere consapevoli di questa imparzialità della Sorgente, come di un bonus, per godere della paradossale natura del Tao. Più stretto è il nostro rapporto con l'energia del Tao e più viviamo nella sua ottica di universale creatività, più essa si rende disponibile alle nostre necessità. È impossibile usarla del tutto, se ne consumiamo di più, semplicemente ne riceviamo di più. Ma se cerchiamo di accumulare finiremo per trovarci nelle ristrettezze, senza ricevere neppure un briciolo di comprensione altrui. Il Tao e i suoi poteri spariranno paradossalmente quando tenteremo di escludere qualcuno dalla sua natura senza riserve.

Le varie forme di vita sono tanto illusorie quanto il Tao è concreto, quindi nessuno è speciale o migliore di altri. Quest'idea si trova anche nei Vangeli: « [Dio] fa levare il suo sole sopra i malvagi e sopra i buoni, e fa piovere sui giusti e sugli ingiusti » (Matteo 5:45).

Siate in armonia con l'essenza imparziale del Tao in tutti i pensieri e in tutte le azioni

Quando pensate di escludere gli altri, avete deciso di vedere voi stessi come persone « speciali », quindi meritevoli di preferenza da parte della Sorgente dell'essere. Nel momento in cui vi siete promossi a questa categoria, vi considerate più importanti di altri, che avete deciso valgano meno di voi. Queste convinzioni vi faranno perdere l'illimitato potere del Tao. Alcune organizzazioni, compresi dei gruppi religiosi, che designano alcuni membri come « preferiti » non sono in linea con il Tao. Non importa quanto cerchino di convincere se stesse e gli altri della loro connessione spirituale, l'atto di esclusione e di parzialità rende inutile ogni sforzo allontanandoli dal loro io autentico. In altre parole, se un pensiero o un comportamento ci divide, non viene da Dio; se ci unisce *appartiene* a Dio. Rimanete centrati nel Tao che dimora in voi, suggerisce Lao-Tzu, e non avrete mai un pensiero che non sia in armonia con lo spirito.

Offrite a tutti i vostri tesori

Questo è ciò che il Tao compie in ogni momento: offrire a tutti l'intera ricchezza della creazione. Consideratelo come un semplice processo in tre passi:

1. Eliminate dai vostri pensieri quanti più giudizi sugli altri potete. Il modo più semplice, più naturale per farlo è vedere voi stessi in tutti gli altri. Ricordate che voi condividete una cosa con coloro che giudicate: il Tao! Quindi, piuttosto che guardare alle apparenze, che in verità solo soltanto cani di paglia, osservate il manifestarsi del Tao in coloro che incontrate, così la vostra tendenza a criticare ed etichettare si dissolverà.

2. Togliete la parola *speciale* dal vostro vocabolario quando vi riferite a voi stessi o agli altri. Se esiste qualcuno speciale, allora lo siamo tutti. Se tutti siamo eccezionali, non abbiamo bisogno di un termine che definisca questa condizione, poiché esso implica chiaramente che alcuni sono favoriti rispetto ad altri.

3. Infine, proseguite con il terzo passo di questo processo con generosità, vivendo il Tao con imparzialità, connettendovi con lo spazio interiore del Tao. In questo spazio sarete in grado di essere obiettivi riguardo ai vostri beni materiali, riconoscendo che non sono esclusivamente vostri, ma appartengono alla totalità. Nel dare agli altri e condividere incondizionatamente, proverete l'emozione dell'esperienza di vivere il Tao ed essere trattati in maniera imparziale. Il Tao è la vostra verità; dimora dentro di voi. In silenzio godetevi la pace e la gioia connettervi all'inesauribile Tao.

Ora mettete in pratica il Tao

Oggi decidete, quanto più vi è possibile, di accostarvi alle situazioni e relazionarvi con altre coinvolgendole con un atteggiamento mentale di assoluta lealtà, a cui permetterete con fiducia di guidare le vostre reazioni. Agite in questo modo più che potete, per un'intera giornata con le singole persone, i gruppi, gli amici, i famigliari o gli estranei. Create una frase da ripetere mentalmente per rammentarvi di continuo che state affrontando quella situazione con un atteggiamento imparziale, per esempio: *Ora guidami, Tao*; *Ora guidami, Spirito Santo*; oppure *Ora aiutaci, Spirito Santo.* Con questa breve frase sempre in mente, impedirete all'abitudine di giudicare di emergere in superficie, ma soprattutto apprezzerete il senso di tranquillità e apertura a tutto ciò che potrebbe accadere nei momenti in cui vivrete con imparzialità.

6.

Lo spirito che non muore mai
è chiamato la misteriosa energia femminile.
Abbraccia tutto l'universo,
ma non perde mai la sua immacolata purezza.
Assume innumerevoli forme,
ma la sua identità rimane intatta.

La porta della misteriosa energia femminile
è chiamata radice della creazione.

Ascoltate la sua voce,
riecheggia in tutto l'universo.
Rivela la sua presenza senza errore
e ci conduce alla perfezione.
Pur essendo invisibile, perdura nel tempo;
non finirà mai.

VIVERE CON L'ENERGIA CREATRICE

Nel sesto capitolo, Lao-Tzu fa riferimento a un'eterna e indescrivibile forza della creazione, che di continuo genera nuova vita. L'antico maestro dice che questa « misteriosa energia femminile » si rivela costantemente nella perfezione, e ci invita a prendere coscienza di quella voce della creazione che riecheggia attraverso la vita in una miriade di forme. « Vivere con l'energia creatrice » è il mio modo per descrivere che cosa significa esistere nella piena consapevolezza della presenza del principio femminile.

La misteriosa essenza femminile procrea perennemente e il *Tao Te Ching* definisce « radice della creazione » la via d'accesso che a essa conduce. Possiamo attingere a questo campo illimitato e partecipare alla creazione o, come ho detto, vivere in modo creativo attraverso il Tao. L'energia inestinguibile e feconda rappresenta sia la nostra eredità che il nostro destino e agisce indipendentemente dal nostro esserne coscienti o no. Se ne siamo consapevoli, attraverso la pratica del Tao, diventiamo attivamente partecipi al processo creativo, che a sua volta ci conduce verso la pienezza della vita, il nostro fondamentale compito terreno.

Anche se la sua opera risale a quasi tremila anni fa, Lao-Tzu offre consigli validi per il XXI secolo, con quel messaggio senza tempo e senza fine che il Tao contiene. Possono mutare le parole, ma siate certi che l'energia femminile riuscirà a condurvi alla vostra perfezione. Se sceglierete di essere coscienti della creatività intrinseca che risuona nel profondo di voi stessi, dove l'invisibile Tao canta a squarciagola, assisterete allo sbocciare di nuove idee, nuove realizzazioni, nuovi progetti e nuovi modi di concepire la vostra vita.

Nel libro di Deng Ming-Dao, *Il Tao per un anno: 365 meditazioni*, la divina energia femminile è paragonata al canto degli uccelli che volano planando sopra un vasto paesaggio:

> Potete sentirlo nella vostra vita: gli eventi assumeranno un moto perfetto, un ritmo glorioso. Potete avvertirlo nel vostro corpo: l'energia scaturirà in voi con un crescendo emozionante, scorrerà ardente in ogni vostra fibra. Potete sentirlo nello spirito: entrerete in un perfetto stato di grazia, vi renderà come il canto effimero di un uccello che risuona nel paesaggio della realtà.
>
> Quando il Tao viene a voi in questo modo, cavalcatelo per tutto ciò che meritate. Non interferite. Non fermatevi... Non cercate di dirigerlo... Lasciatelo scorrere e seguitelo. Finché dura il canto, seguite. Seguite soltanto.

Ecco alcuni pensieri per vivere in modo creativo:

Siate consapevoli di essere una creazione divina nata non dai vostri genitori, ma dalla Grande Madre Divina spirituale, il Tao

Quando siete in contatto con la fonte della vostra energia, offrite al mondo la vostra intelligenza autentica, i talenti e le azioni. Siete co-creatori insieme al vostro io che ha avuto origine nel Tao, con l'esatta misura della vostra essenza.

Non è compito del Tao decidere che cosa creare e come farlo, poiché questa è la missione che la misteriosa essenza femminile ha lasciato a voi in eredità. Ascoltate le chiamate interiori, ignorate il modo in cui gli altri potrebbero voler dirigere le vostre energie vitali e fate in modo di irradiare all'esterno ciò che sentite molto profondamente dentro di voi. Esiste una riserva di talento, capacità e intelligenza in voi, infinita e inesauribile quanto il Tao stesso. Deve essere così, perché voi siete ciò da cui provenite, cioè la Divina Madre creatrice, che tutto abbraccia perennemente, la misteriosa essenza femminile del Tao.

Qualunque sia la chiamata che sentite dentro di voi, qualunque cosa vi faccia sentire vivi, sapete dal profondo del cuore che questo entusiasmo è l'unica prova di cui avete bisogno per far sì che la vostra passione interiore diventi realtà. La creazione funziona esattamente in questo modo... ed è quell'energia a essere in armonia con il Tao.

Siate creativi nei pensieri, nei sentimenti e in tutte le vostre azioni. Applicate la vostra unicità a tutto ciò che intraprendete

Qualunque sia l'attività che sentite di dover fare, comporre della musica, progettare un software, creare composizioni floreali, lavarvi i denti o guidare un taxi, svolgetela seguendo la vostra peculiare sensibilità. Essere creativi significa fidarsi della chiamata interiore, ignorando le critiche o i giudizi e vincendo la resistenza a sviluppare i talenti naturali. Rileggete il sesto capitolo, prestando particolare attenzione a queste parole: « Rivela la sua presenza senza errore e ci conduce alla perfezione ». Poi, scegliete di abbandonare il dubbio e la paura che avete nutrito dentro di voi considerando la vostra capacità di essere in armonia con la potenza creatrice una forza che non solo è più grande della vostra vita di singoli individui, ma è la vita stessa.

Come dice Hafiz, il grande poeta sufi del XIV secolo:

Ora siediti lì
Non fare nulla
Riposati.

Poiché essere separati da Dio,
Dall'Amore

È l'impresa più difficile
Del mondo.

Quando vi riconnetterete alla Madre Divina, vivrete in modo creativo. Infatti, vivrete il Tao!

Ora mettete in pratica il Tao

Oggi osservate i neonati e i bambini piccoli. Cercate la natura della misteriosa essenza creatrice nei bambini e nelle bambine non ancora condizionati dalle esigenze sociali e culturali che nascondono il loro vero io. Riuscite a individuare qualcuno la cui vera natura sia intatta? Osservate ciò che sembra essere il loro temperamento innato, o il dono che hanno ricevuto dal Tao. Poi cercate di ricordare come eravate da bambini, quando l'io originario donatovi dal Tao era incosciente dell'ego, all'epoca in cui ancora non credevate che i beni materiali e il potere fossero importanti. Chi eravate? Chi *siete*?

Sì, oggi trascorrete qualche momento con un bambino piccolo e contemplate la sua connessione con il Tao e come essa si realizza perfettamente senza interferenze.

7.

Il cielo è eterno, la terra perenne.
Perché il cielo e la terra durano per sempre?
Non vivono soltanto per se stessi.
È questo il segreto della loro durata.

Perciò il saggio si pone all'ultimo posto
e si ritrova al primo.
Non si preoccupa di sé
e si ritrova integro.

Siate al servizio dei bisogni altrui,
e tutte le vostre necessità verranno soddisfatte.
Agendo in maniera non egoistica, si ottiene l'appagamento.

VIVERE OLTRE L'EGO

Il verso iniziale del settimo capitolo del *Tao Te Ching* ci rammenta che il Tao, Sorgente del cielo e della terra, è eterno. Per esteso, la natura primigenia della vita è perpetua e durevole. Esiste tuttavia una qualità a sostegno di questa persistenza, e tale qualità si attiva quando viviamo una vita centrata nel Tao, piuttosto che nel nostro ego terreno. Identificandoci solo con la fisicità della vita e basando la nostra esistenza sull'acquisire e ottenere cose, trascuriamo la nostra natura infinita e limitiamo la nostra consapevolezza del Tao. Ecco perché in questo sistema finito ci appare logico lottare per i beni materiali e per raggiungere risultati.

Nella maggior parte delle culture, essere civilizzati significa innanzitutto essere preda della smania di riuscire ad acquisire *potere* e *cose*, che, immaginiamo, ci porteranno la felicità e ci eviteranno l'infelicità. L'idea primaria è quella di un io che è un essere distinto in un corpo distinto, con un nome, e con connotati culturali e biologici che lo rendono simile, per valori e per devozione, ad altri. Il Tao, nel settimo capitolo in particolare, ci suggerisce di aggiornare tali nozioni e di scegliere di esistere per qualcosa di più che noi stessi o la nostra cerchia. In altre parole, ci suggerisce di cambiare radicalmente i nostri pensieri, e di cambiare così le nostre vite.

Lao-Tzu dice che il segreto della natura ineffabile dell'eterno Tao è che esso non va visto nei beni che possediamo o nel volere una qualsiasi delle sue innumerevoli creazioni. Il Tao è un meccanismo che non smette mai di offrire nuovi doni, e che tuttavia non chiede niente in cambio. Grazie a questa tendenza naturale a vivere per gli altri, il Tao insegna che non può mai morire. Il dare e l'immortalità vanno, quindi, di pari passo.

Il saggio che intuisce la natura perpetua del Tao è riuscito ad andare oltre l'erronea identificazione con l'ego, e ha, invece, una connessione vivente col Tao. Per questa persona, gli altri vengono prima di sé, egli non chiede niente in cambio, e serve con tutto il suo cuore. In questo modo il saggio vive il massimo paradosso del Tao: dando senza chiedere, egli attira tutto ciò che può utilizzare o di cui ha bisogno. Mettendo se stesso per ultimo, il saggio finisce per ritrovarsi primo. Mettendo gli altri avanti a sé, egli si assimila al Tao. Il saggio emula la filantropia naturale del Tao, e in questo processo tutte le sue necessità vengono soddisfatte.

L'ego è una forza che chiede in continuazione e non è mai soddisfatta: esige costantemente più soldi, potere, beni, gloria e prestigio, che gli forniscano quel carburante che pensa di dover avere. Vivere una vita centrata nel Tao, invece di un'esistenza centrata nell'ego, ci allontana da quella competizione insensata, offrendo pace interiore e senso di soddisfazione.

Ecco perché credo che la saggezza espressa in questo capitolo del *Tao Te Ching* dica al XXI secolo:

CERCATE DI VINCERE LA VOSTRA DIPENDENZA DALL'EGO METTENDO IN PRATICA L'INSEGNAMENTO DEL TAO: «SIATE AL SERVIZIO DEI BISOGNI ALTRUI, E TUTTE LE VOSTRE NECESSITÀ VERRANNO SODDISFATTE»

Pensare generosamente agli altri e mettersi al loro servizio porterà all'unione dei vostri comportamenti col ritmo perpetuo del Tao, così il suo potere scorrerà liberamente, conducendovi a una vita appagante. L'ego vuole l'opposto, comunque, quando vi dice di pensare innanzitutto a voi stessi e di «prendere la vostra parte» prima che qualcuno ve la soffi. Il problema principale del prestare ascolto all'ego è che vi ritrovate nella trappola di dovervi sempre sforzare, senza mai arrivare. In questo modo non riuscite mai a sentirvi completi.

Spingendovi al di là di voi stessi nei pensieri e nei comportamenti, attivate l'energia dell'amore, sinonimo del dare. Mettete gli altri prima di voi stessi in tutti i modi possibili affermando:

Vedo la sacra, invisibile Sorgente di tutto nel suo eterno stato del dare e del non chiedere niente in cambio. Mi impegno a essere anch'io così, nei pensieri e nei comportamenti.

Quando provate la tentazione di concentrarvi sui vostri successi e sulle sconfitte personali, spostate all'istante l'attenzione su un individuo meno fortunato. Vi sentirete più connessi alla vita e più soddisfatti rispetto a quando vi soffermate a considerare le vostre circostanze personali. Immaginate come sarebbe se vi liberaste dalla presa che il vostro ego ha su di voi. Servite gli altri e osservate come quello che date vi appaga dieci volte tanto.

Il poeta Hafiz esprime perfettamente questo atteggiamento:

Ognuno
è Dio che parla.
Perché non essere cortesi
e ascoltarlo?

Interrompete la corsa e siate un testimone

Più inseguite i vostri desideri più loro vi sfuggiranno. Cercate di lasciare che la vita venga a voi e cominciate a notare gli indizi che ciò che bramate sta per arrivare. Siate sempre disposti a ricevere, grazie all'incessante generosità dell'eterno Tao. L'aria che respirate, l'acqua che bevete, il cibo che mangiate, i raggi del sole che vi scaldano, le sostanze nutritive che tengono in vita il vostro corpo, e perfino i pensieri che riempiono la vostra mente sono tutti doni dell'eterno Tao. Non smettete di apprezzare tutto ciò che ricevete, sapendo che proviene da una Sorgente che provvede a tutto. Interrompete la corsa e diventate un testimone, placate la vostra abitudine di pretendere e rifiutate di continuare a rincorrere le cose. Lasciando andare, lasciate agire Dio; e, ancor più importante, diventate più simili a Lui e meno simili all'ego e la sua lunga pratica di estromettere gradualmente Dio.

Ora mettete in pratica il Tao

Per un'intera giornata, provate a tenere sotto osservazione le richieste dell'ego. Decidete di minimizzarne quante più riuscite senza fatica, per esempio assegnando loro un « grado di intensità ». Assegnate un numero basso a quelle situazioni che riuscite a vivere al di là del vostro ego senza difficoltà; assegnate un numero più alto a quelle richieste che sono difficili da soffocare.

Per esempio, supponiamo che siate in macchina con vostro marito o vostra moglie, e che voi siate il passeggero. Voi vedete un posto perfetto per parcheggiare, ma il vostro compagno o la vostra compagna passa oltre senza fermarsi; oppure lo/la vedete fare un tragitto diverso da quello che fate voi abitualmente. Osservate in silenzio il grado di disagio che la decisione di non dire nulla provoca in voi. L'ego vi ha comunicato cosa avrebbe preferito che voi faceste?

Oppure, se durante una conversazione doveste avere l'occasione di mettere in mostra le vostre conoscenze specifiche di qualcosa oppure di descrivere una situazione in cui vi è stata conferita un'onorificenza o un merito, notate come vi sentite a disagio se decidete di tacere. Di nuovo, l'ego vi ha comunicato che cosa avrebbe preferito che voi faceste? Come dice Lao-Tzu in questo capitolo, « agendo in maniera non egoistica, si ottiene l'appagamento ». Frenando le richieste dell'ego, anche se solo per pochi istanti, vi sentirete sempre più appagati.

8.

Il sommo bene è come l'acqua,
che nutre spontaneamente ogni creatura.
Scorre nei luoghi più bassi che tutti detestano.
Perciò è simile al Tao.

Vivete in sintonia con la natura delle cose.
Nell'abitare state vicino alla terra.
Nel meditare scendete nelle profondità del cuore.
Nel trattare con gli altri siate buoni e gentili.
Mantenete la parola data.
Governate con equità.
Fate la scelta giusta al momento giusto.

Colui che vive in sintonia con la natura
si astiene dai conflitti.
Agisce in armonia con il momento presente
e persegue il vero in tutto quello che fa.

VIVERE NEL FLUIRE DELL'ACQUA

Secondo gli insegnamenti di Lao-Tzu, il Tao e l'acqua sono sinonimi. Voi siete acqua; l'acqua è voi. Pensate ai primi nove mesi di vita dopo il concepimento: avete vissuto, e siete stati nutriti, dal liquido amniotico, che è davvero un amore incondizionato che scorre dentro di voi, che scorre *come* voi. Ora siete al settantacinque percento acqua (e il vostro cervello lo è all'ottantacinque percento), e il resto non è altro che acqua con muscoli.

Pensate alla misteriosa natura magica di questa energia liquida che diamo per scontata. Cerchiamo di stringerla, ed essa ci sfuggirà; rilassiamo le nostre mani in essa, e subito la vivremo. Se rimane ferma, diventerà stagnante; se le è concesso di scorrere, rimarrà pura. Non cerca di raggiungere i punti alti, per stare al di sopra di tutto, ma va verso i luoghi più bassi. L'acqua si raccoglie nei fiumi, nei laghi, e nei ruscelli; scorre in direzione del mare e poi evapora per cadere di nuovo sotto forma di pioggia. Non pianifica nulla e non fa preferenze: *non ha intenzione* di fornire sostentamento ad animali e piante. Non ha *piani* per irrigare i campi, per dissetarci, o per dare l'opportunità di nuotare, di fare vela, sci d'acqua e immersioni. Questi sono alcuni dei benefici che provengono in modo naturale dall'acqua semplicemente facendo quello che fa ed essendo quello che è.

Il Tao vi chiede di vedere chiaramente i paralleli tra voi e questa sostanza che fluisce naturalmente e che concede alla vita di auto-sostentarsi. Vivete come vive l'acqua, in quanto voi *siete* acqua. Diventate soddisfatti come lo è il fluido che vi anima e che vi sostiene. Lasciate che i vostri pensieri e comportamenti si muovano con agilità in armonia con la natura di tutte le cose. È naturale per voi essere gentili, permettere agli altri di essere liberi di andare dove hanno la predisposizione di andare, e di essere come hanno necessità di essere senza interferenza da parte vostra. È naturale confidare nel flusso eterno, essere leali nei confronti delle proprie inclinazioni interiori, ed essere coerenti con ciò che si dice. È naturale trattare ciascuno come un proprio pari. Tutte queste lezioni possono venire apprese osservando come si comporta l'acqua, che è sostenitrice di vita. Semplicemente si muove, e i benefici che procura derivano dal suo essere ciò che è, in armonia con il momento presente e conoscendo la verità di come si deve esattamente comportare.

Quello che segue è ciò che Lao-Tzu potrebbe dire, in base a ciò che ha scritto nell'ottavo capitolo del *Tao Te Ching*:

QUANDO SIETE LIBERI DI SCORRERE COME L'ACQUA,
SIETE LIBERI DI COMUNICARE IN MANIERA NATURALE,
LE INFORMAZIONI SI TRASMETTONO, E IL SAPERE AUMENTA
A VANTAGGIO DI TUTTI

Siate attenti a non assegnare a voi stessi un posto d'importanza al di sopra degli altri. Siate ricettivi verso chiunque, in particolar modo verso coloro che abitualmente non ricevono rispetto, come per esempio chi è privo di istruzione, i senza tetto, o i membri della nostra società che vivono una qualche afflizione. Andate nei «luoghi più bassi che tutti detestano» e, quando vi ci trovate, mantenete una mente aperta. Cercate il Tao in chiunque incontrate; e fate uno sforzo speciale per accettare e comportarvi in maniera delicata e cortese con gli altri.

Evitando di comportarvi in maniera sgarbata, sarete ricevuti con rispetto. Facendo qualsiasi sforzo per cercare di non controllare le vite altrui, sarete in pacifica armonia con l'ordine naturale del Tao. Questo è il modo per nutrire gli altri senza forzare le cose. Siate come l'acqua, che crea opportunità di nuotare, pescare, fare surf, bere, guadare, spruzzare, galleggiare, e un elenco interminabile di benefici, non tentando di fare nient'altro che semplicemente scorrere.

LASCIATE CHE I VOSTRI PENSIERI SCORRANO LIBERAMENTE

Lasciate perdere concetti come lottare contro la vita o cercare di essere qualcos'altro; piuttosto, concedete a voi stessi di essere come la materia che comprende ogni aspetto della vostra esistenza fisica. Nel libro *La risposta dell'acqua*, Masaru Emoto spiega che noi siamo acqua, e l'acqua vuole essere libera. L'autore ha ampiamente esplorato i modi in cui questo elemento reagisce, osservando che rispettandolo e amandolo possiamo letteralmente cambiare il suo processo di cristallizzazione. Se tenuta in un contenitore con impresse le parole *amore*, *grazie*, o *sei bella*, l'acqua si trasforma in bellissimi cristalli raggianti. Tuttavia se sul contenitore ci sono parole come *Sei stupida*, *Satana*, o *Ti ucciderò*, i cristalli si rompono, si distorcono e appaiono confusi.

Le implicazioni dell'opera di Emoto sono stupende. Poiché la consapevolezza è situata dentro di noi e noi siamo essenzialmente acqua, allora è possibile che, se siamo sbilanciati rispetto alle nostre intenzioni, esse possano influire in maniera distruttiva sull'intero pianeta (e oltre). Come potrebbe esprimersi il nostro creatore, l'eterno Tao, «l'acqua della vita sono io, che sgorgo per gli uomini assetati».

ORA METTETE IN PRATICA IL TAO

Bevete acqua in silenzio, e a ogni sorso ricordate a voi stessi di alimentare gli altri, così come i ruscelli dissetano gli animali e la pioggia bagna le piante. Osservate in quanti luoghi l'acqua è lì pronta a servirvi, scorrendo naturalmente. Dite una preghiera di ringraziamento per questa sostanza che sostiene la vita e che sempre scorre.

9.

Meglio fermarsi in tempo
che riempire fino all'orlo.
Il liquido che raccogliete con le mani
trabocca se ne versate troppo.

Affilate troppo una lama
e non ne conserverete il filo.
Riempite le vostre stanze d'oro e giada
e non le renderete sicure.
Colmatevi di onori e di orgoglio
e andrete verso il fallimento.
Quando avete terminato l'opera ritiratevi;
questa è la via del cielo.

VIVERE L'UMILTÀ

Essendo sempre in un continuo stato di creazione, il Tao sa precisamente quando la misura è colma. Nel profondo di noi stessi avvertiamo che questo principio organizzatore di doni incondizionati sa qual è il limite, perciò non c'è motivo che mettiamo in dubbio le quantità che il Tao ci offre. La Sorgente creatrice è armoniosamente equilibrata secondo il principio dell'umiltà illustrato nel nono capitolo del *Tao Te Ching*.

Il Tao ha la capacità di generare ogni cosa in quantità che lascerebbero stupito un osservatore, tuttavia la sua delicata umiltà sembra sapere quando ci sono abbastanza alberi, fiori, api, ippopotami, e ogni altra creatura vivente. Il Tao rifugge l'eccesso. Non ha bisogno di mettere in mostra la sua illimitata capacità di creare, sa esattamente quando fermarsi. Questo capitolo ci invita a essere in rapporto spirituale con questa caratteristica del Tao.

Riempire la vita di beni, piaceri, orgoglio e attività fino al punto in cui ovviamente più diventa meno indica che siamo in armonia con l'ego, non con il Tao! Vivere l'umiltà significa sapere quando è il momento di dire basta, di lasciar andare, e di godere dei frutti della nostra fatica. Questo capitolo fa una chiara analogia tra l'inseguire più prestigio, più soldi, più potere, più approvazione, più *roba*, e il limare un coltello quando questo è già affilato al massimo. Naturalmente, continuare porterebbe solo a spuntarlo, ed è ovvio che una punta affilata rappresenta la perfezione.

Lao-Tzu ci consiglia di stare attenti ad accumulare grandi ricchezze e metterle da parte. Tale pratica ci induce a spendere buona parte della nostra vita a mantenere al sicuro la nostra fortuna, mentre allo stesso tempo sentiamo il bisogno di dover avere di più. Egli suggerisce di essere soddisfatti a un livello tale da favorire il vivere con umiltà. Se si desiderano ricchezza e fama dobbiamo sapere quando è ora di ritirarsi da questo circolo vizioso e vivere come il Tao. Questa è la via del cielo, in contrapposizione al mondo in cui viviamo, che è schiavo del *più*.

Possiamo diventare più consapevoli del fatto che la pubblicità viene creata innanzitutto per vendere prodotti e servizi, convincendoci che abbiamo sempre bisogno di qualcosa di nuovo per poterci sentire felici. Gli analisti possono anche dirci che l'economia è in calo se non continua a crescere, ma noi siamo in grado di comprendere che la crescita eccessiva, come un cancro, alla fine distruggerà se stessa. Possiamo vedere i risultati degli eccessi di produzione negli ingorghi che si verificano nella maggior parte delle autostrade: oggigiorno ci vuole più tempo ad andare da un capo all'altro di Londra di quanto ce ne volesse prima dell'invenzione dell'auto! Vediamo in azione questo principio anche ogni volta che andiamo a fare acquisti. Io lo chiamo « sovraccarico di scelta »: antidolorifici per mal di schiena, dolori mestruali, mal di testa, dolori articolari, al mattino o alla sera, in capsula o liquidi o in polvere? E questo sia quando compriamo della carta igienica sia quando compriamo un'aranciata o qualsiasi altra cosa.

Credo che Lao-Tzu ci mandi, dalla sua antica ottica, il seguente, moderno messaggio:

ARRIVATE A IMPARARE IL CONCETTO RADICALE DEL « QUANDO LA MISURA È COLMA »!

Prendete questo impegno anche quando vivete in un mondo ormai assuefatto all'idea che non si ha mai abbastanza di tutto. Per parafrasare Lao-Tzu, fate il vostro lavoro e poi fate un passo indietro. Esercitate l'umiltà piuttosto che l'ostentazione e il consumo incontrollato. La crisi di obesità nel mondo occidentale, soprattutto in America, è un risultato diretto del non comprendere (e del non vivere) la semplice saggezza del nono capitolo del *Tao Te Ching*. Mangiate, ma fermatevi quando vi siete sfamati; continuare a riempire di cibo un corpo sazio significa rimanere intrappolati nella convinzione che ancora qualcosa in più è ciò che vi procura felicità. E questo è vero anche per quel che riguarda il riempirsi di qualsiasi simbolo artificiale del successo. Pensate invece all'infinita saggezza del Tao, che dice: «Meglio fermarsi in tempo che riempire fino all'orlo». Abbastanza non significa solo abbastanza, ma essere in sintonia con la perfezione dell'eterno Tao.

CERCATE LA GIOIA NELLE VOSTRE ATTIVITÀ PIUTTOSTO CHE FOCALIZZARVI NEL PROGRAMMA DELL'EGO

L'ego vuole che voi raccogliate sempre più ricompense per le vostre azioni. Se siete in condizioni di riuscire ad apprezzare amorevolmente ogni momento della vostra vita presente, significa che vi state liberando dell'assurda idea che siete qui per accumulare ricompense e onorificenze per i vostri sforzi. Cercate il piacere in ciò che state facendo, piuttosto che nei vantaggi che vi dovrebbe portare alla fine. Cominciate ad avere fiducia in quella saggezza infinita che vi ha fatto nascere in questo mondo materiale. Dopotutto, sapeva esattamente il momento in cui sareste arrivati qui. Non ha detto: «Se nove mesi creano un bambino così bello, allungherò il periodo di gestazione a cinque anni!» No, il Tao dice che nove mesi sono perfetti, è quello che serve e non avete bisogno di più tempo.

La prossima volta che vi trovate invischiati nel desiderio di avere di più, fermatevi e pensate al Tao. Questo principio creatore comprende interamente l'idea che quando il lavoro è ultimato allora, per l'amor di Dio, è ora di fermarsi! Come consiglia Lao-Tzu: «Questa è la via del cielo». Perché mai scegliere di essere in conflitto con essa?

ORA METTETE IN PRATICA IL TAO

La prossima volta che sarete a tavola, esercitatevi a tenere sotto controllo le porzioni, chiedendovi dopo parecchi bocconi se siete ancora affamati. Oppure, fermatevi e aspettate. Se non fa capolino alcun senso di fame, avete finito. Nel corso di quel pasto avrete messo in pratica la frase del nono capitolo del *Tao Te Ching*: «Quando avete terminato [di mangiare] ritiratevi; questa è la via del cielo».

10.

Abbracciando l'Uno
nel corpo e nello spirito
sapete evitare la separazione?

Riuscite a rendere il vostro corpo
flessibile come quello di un neonato?
Aprendo e chiudendo le porte del cielo
sapete assumere il vostro lato femminile?

Amando il vostro popolo
e governando il vostro stato
sapete rinunciare ad affermare la vostra importanza?

Generate e nutrite
senza possedere;
lavorate senza prendere la ricompensa;
guidate senza controllare o dominare.

Chi possiede tale forza
porta il Tao nel mondo.
Questa è la virtù primaria.

VIVERE L'UNITÀ

Questo capitolo del *Tao Te Ching* analizza la natura paradossale della vita sulla Terra. Lao-Tzu incoraggia a imparare ad accettare con serenità l'apparente opposizione di corpo e anima, che forma la base della nostra vita quotidiana. Siamo connessi con il potere dell'eterno Tao, mentre allo stesso tempo siamo esseri con una fisicità mortale. Assumendo questa posizione apparentemente ambigua, ci si comincia a rivelare un mondo senza difetti. Tutto ciò che sembra essere assoluto è un'opportunità per riconoscere la sua realtà paradossale.

Questi insegnamenti prendono la forma di una serie di domande: *Può un corpo adulto, con tutte le implicazioni inerenti all'invecchiamento, come per esempio la rigidità, i dolori, le limitazioni causate da articolazioni doloranti, e così via, essere flessibile come quello di un bambino appena nato? È possibile essere un uomo che lavora e lotta e al tempo stesso essere lo spirito femminile creatore di nuove vite? Può una persona riuscire in questo o in altri modi e tuttavia astenersi dall'affermare la propria importanza? È possibile rimanere leali al Tao senza permettere all'ego di dominare, e tuttavia riuscire a essere operativi in un mondo dominato dall'ego?*

Il decimo capitolo promuove un modo di vivere guidato dal potere dell'«abbracciare l'Uno» quando l'illusione del dualismo sembra più potente. Leggete cosa scrive Hafiz sull'argomento migliaia d'anni dopo il *Tao Te Ching*:

Solo

Quell'Uno
Illuminato

Che continua
Ad attrarre l'informe nella forma

Ha il fascino per vincere
Il mio cuore.

Solo un perfetto Uno

Che ride sempre
Alla parola
Due

Può farti conoscere

L'Amore.

La nostra origine non può essere separata, tuttavia siamo in un mondo che troppo spesso sembra rifiutare la perfetta unicità che è il Tao. Possiamo vivere personalmente il Tao eliminando la nostra credenza negli opposti e riattivando la nostra consapevolezza della sua unità, cioè, possiamo rinunciare al nostro ego ed essere *in* questo mondo, senza essere *di* questo mondo.

Questa è la mia interpretazione del consiglio di Lao-Tzu dalla sua prospettiva di duemilacinquecento anni fa:

Abbracciate l'unità vedendo voi stessi in ciascuno che incontrate

Piuttosto che dare giudizi su coloro che considerate diversi, guardate gli altri come un'estensione di voi stessi. Ciò diminuirà l'importanza che vi attribuite e vi unirà con ciò che Lao-Tzu chiama « la virtù primaria ». Abbandonare i pensieri dominati dall'ego vi fa sentire l'unità che condividete con gli altri;

così, date a voi stessi l'opportunità di sentirvi parte del Tao che abbraccia tutto.

Esercitate la consapevolezza interiore ogni volta che vi sentite sul punto di criticare qualcuno o un gruppo. Notizie di telegiornale, redatte per incoraggiare il vostro senso di distacco o di superiorità rispetto agli altri, possono essere un'occasione perfetta per farlo: pensate a voi stessi come a uno di loro. In situazioni in cui ci si aspetta che voi proviate odio verso un presunto nemico, smettete di giudicare e calatevi nei suoi panni. Fate questo con ogni forma vivente, perfino con il mondo vegetale. Vedete voi stessi in ciascuno e in ogni creatura, riconoscendo il Tao in questa semplice osservazione: *noi siamo il mondo*.

Provate piacere per ciò che possedete senza essere attaccati alle cose

Smettete di identificarvi con i vostri beni e con i vostri successi. Provate invece a godere di ciò che fate e che scorre nella vostra vita semplicemente per il piacere di fare e di osservare lo scorrere in sé. Voi letteralmente non possedete niente e nessuno: tutto ciò che è composto si disferà; tutto ciò che è vostro se ne andrà per diventare di qualcun altro. Perciò fate un passo indietro e concedetevi di essere osservatori di questo mondo di forme. Diventare un testimone distaccato vi porrà in uno stato di beatitudine, mentre allenterete la stretta presa da tutti i vostri beni. È in tale processo che conquisterete la libertà di vivere secondo ciò che il Tao insegna con gli esempi.

Ora mettete in pratica il Tao

Oggi, fate pratica per cogliere l'unità laddove prima vedevate la dualità (la separazione). Sentite l'energia invisibile che fa battere il vostro cuore, e poi osservate come allo stesso tempo fa battere il cuore di ogni altra creatura vivente. Ora sentite l'energia invisibile che vi permette di pensare, e avvertitela agire allo stesso modo con ogni altro essere vivente.

Riflettete su queste parole di Tommaso tratte dal Vangelo: «I suoi discepoli gli chiesero: 'Quando verrà il Regno?' Gesù disse: 'Non verrà cercandolo. Non si dirà "Guarda, è qui!" oppure "Guarda, è lì!" Piuttosto, il regno del Padre è sulla Terra, ma nessuno lo vede'». Oggi sappiate che esercitando il pensiero dell'unità riuscirete a vedere quel Regno.

11.

Trenta raggi convergono sul mozzo,
ma è il foro al centro che
permette di usare la ruota.

Si plasma un recipiente con l'argilla,
ma è lo spazio all'interno che lo rende utile.
Scolpite con maestria porte e finestre,
ma è lo spazio vuoto della stanza che si usa.

L'utilità di ciò che è
dipende da ciò che non è.

VIVERE IL VUOTO

In questo provocatorio undicesimo capitolo del *Tao Te Ching*, Lao-Tzu cita il valore del vuoto che spesso viene ignorato. Spiega questa idea utilizzando le immagini di un buco al centro di un mozzo, lo spazio all'interno di un vaso d'argilla, e l'area interna di una stanza, concludendo che «l'utilità di ciò che è dipende da ciò che non è». In altre parole, le parti separate non hanno l'utilità che invece è il centro a fornire. Questo brano ci invita a vivere partendo dal vuoto che è al centro del nostro essere; cioè, a cambiare il nostro modo di concepirlo.

Riflettendo sul vostro essere, pensate al termine paradossale *non-essere*. Voi siete formati da ossa, organi, e fiumi di liquidi incapsulati in un ampio strato di pelle modellato per tenervi assieme. Questa è certamente una qualità distintiva dell'essere che «voi» siete, così organizzato in parti corporali, tuttavia se fosse possibile smontarvi e collocare sopra una coperta tutti i vostri componenti fisici, ancora funzionanti, non ci sarebbe un voi. Sebbene tutte queste parti sarebbero lì presenti, la loro utilità dipende da un non-essere, o, nelle parole di Lao-Tzu, «ciò che non è».

Immaginate di mettere in fila tutti i muri della stanza in cui vi trovate in questo momento, con tutti gli elementi presenti: senza lo spazio al centro, non c'è più una stanza, anche se tutto il resto è rimasto uguale. Una teiera di ceramica non è una teiera senza il vuoto che l'argilla ha incapsulato. Una casa non è una casa se dentro non c'è uno spazio interno che l'esteriore possa delimitare.

Una volta un compositore mi disse che il silenzio da cui

emerge ogni singola nota è più importante della nota stessa. Disse che è lo spazio vuoto tra le note che letteralmente permette alla musica di essere musica, se non c'è vuoto, allora c'è solo un suono continuo. Potete applicare questa sottile consapevolezza a ogni cosa di cui fate esperienza nella vita di tutti i giorni. Chiedetevi cos'è che rende albero un albero. La corteccia? I rami? Le radici? Le foglie? Tutte queste cose sono *ciò che è*. E tutte loro non costituiscono un albero. Per avere un albero c'è bisogno di *ciò che non è*, una forza vitale impercettibile, invisibile, che sfugge ai nostri cinque sensi. Potete tagliare e scolpire e cercare le cellule dell'albero all'infinito e non la catturerete mai.

Nel primo verso di questo capitolo, quel buco al centro che è necessario per il movimento della ruota può essere paragonato al vuoto che è vitale affinché vi muoviate attraverso la vita. Nel centro di voi stessi c'è uno stato interiore di non-essere, perciò considerate ciò che è visibile (il vostro corpo) tanto quanto l'essenza invisibile da cui dipende la vostra esistenza, la parte di voi che è Tao.

Ciò che segue è ciò che ho sentito dire a voi da Lao-Tzu riguardo questo concetto di vivere nel vuoto al giorno d'oggi:

Il vostro centro impercettibile è la vostra essenza vitale

Prendete del tempo per porre ora la vostra attenzione al cosiddetto non-essere che è la vostra essenza. Verso cosa vi invita ad andare? Lo spazio scaturisce dall'invisibilità che è responsabile di tutta la creazione, e i pensieri che emergono dal vostro io interiore sono puro amore e gentilezza.

Il vostro non-essere interiore non è separato da voi, perciò cercate quel centro misterioso ed esploratelo. Pensatelo come uno spazio contenuto dal vostro io fisico, dal quale scorrono tutti i vostri pensieri e le vostre percezioni verso il mondo. Invece di cercare di avere percezioni positive e amorevoli, semplicemente rimanete in ascolto dell'essenza del vostro essere. La Via del Tao è *lasciar fare* piuttosto che *cercare di*. Perciò, lasciate che quel centro essenziale di puro amore attivi la vostra speciale utilità. Lasciate che i pensieri entrino nel vostro mondo fisico così come si formano, e che poi si allontanino. Lasciate fare e poi lasciate andare, proprio come il vostro respiro. E impegnatevi a dedicare ogni giorno parte del vostro tempo alla percezione dell'incredibile potere della vostra silenziosa essenza vitale.

Ogni giorno esercitate il potere del silenzio

Ci sono molti modi individuali di farlo. La meditazione, per esempio, è uno strumento meraviglioso per aiutarvi a sentire la beatitudine che si accompagna al connettersi col vostro vuoto interno, il luogo dove sperimentate la Via del Tao. Impegnatevi a diventare più coscienti del «luogo senza luogo» dentro di voi, dove tutti i vostri pensieri scorrono verso l'esterno. Trovate il vostro modo di entrare nello spazio dentro di voi che è pulito, puro, e in armonia con l'amore.

La differenza tra i santi e il resto di noi non è che loro hanno credenze amorevoli e pure e noi no; piuttosto, loro operano esclusivamente in base alla loro essenza, laddove la Via del Tao scorre invisibile attraverso il loro essere fisico. Questo è lo scopo principale dell'apprendere la meditazione, o del rimanere in silenzio, invitando la vostra essenza a rivelarsi e lasciandovi vivere il vuoto.

Ora mettete in pratica il Tao

Dedicate oggi almeno 15 minuti al vuoto che voi siete. Ignorate il vostro corpo e ciò che vi circonda, dimenticate ciò che vi identifica nel mondo materiale, come nome, età, etnia, professione, e così via; e siate solo in quello spazio intermedio, quel vuoto che è assolutamente cruciale alla vostra stessa esistenza. Guardate il vostro mondo da «ciò che non è», e riconoscete che la vostra stessa utilità come essere materiale dipende totalmente da questo vuoto. Oggi lavorate sul fare amicizia con la parte di voi «che non è».

12.

I cinque colori accecano l'occhio.
Le cinque note assordano l'orecchio.
I cinque sapori guastano il palato.
La corsa e la caccia infiammano la mente.

Sprecare energie per acquisire oggetti preziosi
ostacola la crescita.

Il maestro osserva il mondo,
ma confida nella propria visione interiore.
Lascia che le cose vàdano e vengano.
Preferisce ciò che è dentro a ciò che è fuori.

VIVERE CON UNA VISIONE INTERIORE

In questo brano del *Tao Te Ching*, Lao-Tzu rammenta che dedichiamo troppa attenzione ai piaceri e alle esperienze dei sensi, a scapito della visione interiore. Concentrarsi solo sui dati sensoriali crea un mondo di apparenze, che sono, in ultima analisi, illusioni. Poiché ogni cosa viene e va, la natura del mondo materiale è ovviamente limitata allo stato transitorio. Quando i nostri occhi guardano solo i colori che hanno di fronte, sono destinati a diventare ciechi a ciò che si trova oltre il mondo delle apparenze. Non possiamo conoscere il creatore se ci focalizziamo esclusivamente su ciò che è stato creato. Allo stesso modo, perdiamo la nostra stessa creatività se siamo inconsapevoli di ciò che è dietro gli atti della creazione.

Vista, odore, suono, tocco e gusto sono il terreno di azione dei sensi. Se siete imprigionati nella convinzione che il perseguimento della soddisfazione sensoriale sia il fuoco della vita, sarete consumati da ciò che Lao-Tzu chiama «la corsa». Questa ricerca di adorazione, soldi e potere è una perdita di energia, perché non ce n'è mai abbastanza, al punto che lottare per avere di più delinea il vostro regime quotidiano. Non potete arrivare a uno stato di pace e di soddisfazione interiore se tutta la vostra esistenza è motivata dal non avere abbastanza. In effetti, Lao-Tzu afferma che la corsa incessante è la formula della pazzia.

Colui che vive secondo la Via del Tao è chiamato saggio o maestro, un essere illuminato che osserva il mondo ma che non si identifica solamente con ciò che è visibile; è *nel* mondo, mentre contemporaneamente è consapevole di non essere *di* questo mondo. Il maestro procede dalla sua interiorità, laddove le sue convinzioni interiori sono al posto della corsa. In silenzio, gode del nutrimento al di là dei dettami del palato. Visto da una prospettiva interiore, non c'è bisogno di altro. Consapevole della sua natura infinita, la persona saggia comprende che questo è un mondo transitorio di apparenze fisiche, compreso il corpo con cui è arrivata e col quale se ne andrà. Il maestro vede la follia delle apparenze ed evita il richiamo seducente dei beni materiali e della fama.

Credo che il nostro antico amico e insegnante Lao-Tzu volesse comunicarci queste semplici verità quando ha dettato il dodicesimo capitolo del *Tao Te Ching*:

Ampliate la vostra prospettiva oltre il livello dei sensi

La vostra visione interiore sa che una rosa è più che un semplice fiore, nel suo offrire una piacevole fragranza e petali vellutati. Usate quella conoscenza per percepire l'invisibile forza creativa che porta un intricato miracolo in fiore a essere dal *nessun luogo* al *qui ora*. Fate esperienza dell'essenza del creatore che ha permesso che da un minuscolo seme emergesse questo miracolo fiorente. Badate bene che il seme è arrivato da ciò che noi possiamo definire solo come il mondo del niente informe o dello spirito. Vedete lo spirito che anima i colori, i profumi e la struttura; e guardate tutta la vita da un punto di vista trascendentale. Sarete meno inclini a unirvi alla corsa e più inclini a vivere in base alla visione interiore che la vostra vera essenza non è di questo mondo.

Sottraetevi alla pressione di dover incessantemente accumulare di più

Lasciate che gli altri si consumino nella corsa, se hanno scelto di fare così, mentre voi imparate a rilassarvi. Piuttosto che focalizzarvi sull'esterno, rivolgetevi all'interno. Come pietre di paragone interiore coltivate il timore reverenziale e l'apprezzamento, invece del proposito esteriore di volere ricevere più attenzioni e di accumulare di più. Quando osservate un bel panorama, o ascoltate un suono incantevole o gustate un cibo squisito, permettete a voi stessi di pensare al miracolo nascosto all'interno di questi piaceri sensoriali. Siate come il maestro che «preferisce ciò che è dentro a ciò che è fuori». Lasciate che le cose vengano e vadano senza provare il bisogno di attaccarvi a questo mondo effimero di ciò che nasce e muore.

Ora mettete in pratica il Tao

Piantate un seme e coltivatelo, osservando la sua natura interiore lungo il corso di tutta la sua vita. Annotate in un diario ciò che è dentro il bocciolo, e fissate con timore reverenziale quello che nel seme un giorno creerà un fiore. Poi abbracciate con il medesimo timore reverenziale voi stessi e il seme che ha contenuto anche *voi*. Usate questo come promemoria del vostro invisibile io interiore, che è il Tao all'opera.

13.

Il successo e l'insuccesso generano entrambi preoccupazioni.
Un'elevata posizione sociale affligge la persona.

Perché successo e insuccesso sono fonti di preoccupazioni?
Cercare il successo è indecoroso:
quando lo si ottiene ci si preoccupa,
quando lo si perde ci si preoccupa.

Perché un'elevata posizione sociale affligge la persona?
La ragione per cui soffriamo
è che teniamo troppo a noi stessi.
Se non tenessimo troppo a noi stessi,
che problemi avremmo?

La vera essenza dell'uomo è eterna,
eppure egli pensa: io sono questo corpo e presto morirò.
Se non possediamo un corpo, quali calamità potremmo avere?
Colui che vede se stesso come il mondo
è adatto a essere custode del mondo.
Colui che ama se stesso come il mondo,
è adatto a essere maestro del mondo.

VIVERE L'INDIPENDENZA DELLA MENTE

Il messaggio essenziale del tredicesimo capitolo del *Tao Te Ching* sembra voler sottolineare l'importanza di rimanere indipendenti dalle posizioni sia positive che negative delle altre persone. Senza tener conto del fatto che ci amino o ci disprezzino, se daremo ai loro giudizi più importanza che ai nostri, finiremo per soffrire molto.

Cercare il favore degli altri non è la Via del Tao. Perseguire il raggiungimento di una posizione sociale arresta il flusso naturale dell'energia Divina verso l'indipendenza della vostra mente. La vostra indole di base è unica, imparate a fidarvi del Tao connaturato in voi e siate liberi dall'opinione altrui. Lasciatevi guidare dalla vostra essenza, il vostro «io naturale» che alimenta l'indipendenza della vostra mente. Al contrario, inseguire lo status che preferite o titoli altisonanti per darvi importanza di fronte agli altri dimostra che vivete con la mente condizionata da fattori esterni, invece di ascoltare la voce interiore della vostra natura.

Il Tao non costringe, né interferisce con le cose; le lascia agire a modo loro per produrre naturalmente dei risultati. Qualsiasi approvazione riceviate, lo farà in perfetta sintonia. Qualsiasi disapprovazione vi si presenti, sappiate che anch'essa fa parte di questa perfetta corrispondenza. Lao-Tzu fa notare ironicamente che perseguire il consenso altrui è pericoloso, indipendentemente dal risultato. Guadagnare l'approvazione vi renderà schiavi delle espressioni di lode e la vostra vita sarà governata dall'opinione di qualcun altro. Se otterrete disapprovazione, insisterete ancora di più per far cambiare idea agli altri e sarete ancora sottomessi a forze al di fuori di voi. Nella mente dominata dalla dipendenza si producono entrambi gli esiti, mentre nella Via del Tao l'indipendenza dell'intelletto fiorisce liberamente.

Il tredicesimo capitolo riafferma che l'ego e il bisogno di sentirsi importanti portano guai, alimentati dal vostro io terreno. La Via del Tao vi rende consapevoli della vostra natura eterna e vi permette di uscire dalla dimensione del vostro io materiale. Niente ego significa niente guai, un grosso ego equivale a grossi guai. Il *Tao Te Ching* domanda retoricamente: «Se non possediamo un corpo, quali calamità potremmo avere?» Se porrete questa domanda a *voi stessi*, scoprirete un'anima Divina, invisibile, che è indipendente dalle opinioni di tutti gli afflitti schiavi dell'ego che popolano il mondo. Nello spirito del Tao, la vostra vera natura sostituirà la ricerca del favore altrui con la consapevolezza di non considerare affar vostro ciò che gli altri pensano di voi.

Mettete in pratica i seguenti principi contenuti nel messaggio di Lao-Tzu e guadagnerete una smisurata pace interiore. Sarete in equilibrio con le leggi naturali dell'universo, vivrete l'indipendenza della mente nello spirito del Tao:

Esercitatevi ad avere fiducia nella vostra natura interiore

Ogni pensiero appassionato che avete sul modo in cui volete condurre la vita è la prova che siete in armonia con la vostra natura unica. Tutto ciò di cui avete bisogno è crederci ardentemente. Se avete la tentazione di sentirvi insicuri perché gli altri vi disapprovano, ricordate l'ammonimento di Lao-Tzu: «Cercare il successo è indecoroso» e vi allontanerà dal vostro vero io.

Concedete a voi stessi il permesso di ricordare che non siete solo il vostro corpo, e che le opinioni degli altri su ciò che dovreste o non dovreste fare probabilmente non tengono conto della nostra autentica, eterna essenza. Anche le altre persone non sono soltanto i loro corpi, quindi cercare l'approvazione raddoppia l'illusione che tutti siamo solo esseri materiali.

Il vostro io fisico non è la vostra vera identità, quindi fidatevi di ciò che vi comunica il vostro io eterno. Lo farà attraverso la vostra natura interiore, dove lo onorerete attraverso l'indipendenza della mente. Rispettate la vostra visione e siate certi che i vostri pensieri spontanei e appassionati sono in sintonia con l'amorevole essenza del Tao.

Siate la persona che Lao-Tzu descrive nel tredicesimo capitolo

Affermate quanto segue: *Sono il custode del mondo* e *Sono adatto a essere il maestro del mondo.* Perché? Perché riconoscete di essere connessi a tutti e a tutto, attraverso l'indipendenza della vostra mente, la cui Sorgente è amore. Vivendo in sintonia con il vostro io eterno, diverrete custodi e mistici maestri. L'approvazione che il vostro io terreno ha cercato sarà percepita per quello che è: la lotta di una mente dipendente che impegna la vita come se dipendesse dall'approvazione altrui.

Ora mettete in pratica il Tao

Adesso chiedetevi: *Qual è la mia vera natura se non esiste qualcuno al di fuori che ha il potere di dirmi chi sono o che cosa dovrei essere?* Poi datevi da fare per vivere una giornata in completa armonia con la vostra vera natura, ignorando ogni pressione che vi induce a essere diversi. Se, per esempio, la vostra intima natura ricerca la pace, l'amore e l'armonia come un genio della musica, oggi agite soltanto in base a essa.

14.

Ciò che non si può vedere è detto invisibile.
Ciò che non si può sentire è detto inaudibile.
Ciò che non si può toccare è detto senza forma.
Queste tre qualità non si possono definire,
perciò, sono fuse in una sola.

Ognuna di esse sfugge alla descrizione,
ma l'intuito può vederle,
sentirle,
percepirle.
Ciò che è invisibile,
inaudibile,
e senza forma
è presente come unità.

Il suo sorgere non è luminoso,
il suo tramontare non è oscuro.
Innominabile,
esso torna sempre al nulla.

Se vi avvicinate, non ne vedete l'inizio.
Se lo seguite, non ne vedete la fine.
Non potete conoscerlo, ma nel corso della vostra vita
potete facilmente identificarvi con la sua essenza.

Scoprire che tutte le creature esistono da sempre
conduce all'armonia con la Via.

VIVERE OLTRE LA FORMA

Provate a immaginare il concetto di eternità: ciò che non è mai cambiato, ciò che non ha inizio né fine. Non può essere visto, né sentito né toccato, ma sapete che esiste e che è sempre esistito. Pensate che persino adesso, in questo preciso momento mentre leggete queste parole, dentro di voi possedete l'assoluta conoscenza, quell'essenza che vi pervade e permea tutto il resto, e che tuttavia sfugge sempre alla vostra comprensione.

Questo principio primordiale ha governato, e governa tuttora, ogni essere; tutto ciò che esiste o che sia mai esistito è il risultato del suo dispiegarsi. Lao-Tzu insiste che diventiate consapevoli di questo precetto sull'essenza informe, senza contare sui vostri sensi per fare esperienza di questa unità. All'inizio di questo capitolo, siete esortati a vedere senza gli occhi, a sentire senza le orecchie, a tenere senza toccare; questi tre modi per vivere oltre la forma necessitano di appartenere alla vostra consapevolezza. Questi regni senza forma si fondono nel mondo dello spirito (il Tao), che crea e governa la vita. Siete incoraggiati a vivere con una totale cognizione del principio che tutto abbraccia.

Alcuni studiosi hanno stimato il quattordicesimo capitolo del *Tao Te Ching* come il più significativo tra tutti i suoi ottantuno insegnamenti, perché mette in risalto il valore dell'unico principio che sostiene tutta l'esistenza.

Attingere a questa forza invisibile, intoccabile, incommensurabile vi consentirà di ottenere l'armonia che deriva dall'essere connessi all'unità, e l'armonia è il vostro obiettivo supremo se decidete di vivere «nello Spirito». Volete imparare ad abbandonare l'ego, che si identifica con il mondo materiale, i beni, il successo, e rientrare nel non-luogo da cui provenite, come tutti gli altri. Nel farlo, riconquistate l'energia mistica, quasi magica, della vostra eterna Sorgente dell'essere. Qui, vivete oltre il mondo della forma.

Quando vivete esclusivamente « nella forma », vi concentrate sull'accumulo di « in-forma-zioni ». Il quattordicesimo capitolo del Tao vi impone di immergervi nell'ispirazione piuttosto che nell'informazione, per divenire una cosa sola con ciò che esiste da sempre, e, come conclude questo capitolo del Tao in modo così sagace, « scoprire che tutte le creature esistono da sempre conduce all'armonia con la Via ».

La Via non ha in sé conflitti. Come potrebbe? È pura unità, l'invisibile, l'inaudibile, l'intangibile fusi insieme. Immaginate un mondo in cui il conflitto è impossibile, dove, dice Lao-Tzu, non ci sono tenebre e luce. La Sorgente senza nome, che esiste da sempre, dona soltanto la pace e l'armonia che desiderate. Riconoscete, dunque, questa unità infinita e tenetela bene in mente. Scoprirete che la Via è semplicemente la Via, quando smettete di porre domande sul perché le cose sono come sono! Liberi dalle paure che si identificano con il mondo della forma, potete abbracciare la vostra infinita natura. Ciò vuol dire che potete amare la vostra eternità, invece di avere il terrore che la vita finisca con la morte del corpo. Voi, il vostro corpo, e tutti gli esseri viventi, siete il frutto dell'espandersi dell'eternità.

Ecco ciò che Lao-Tzu riferisce nel quattordicesimo capitolo del *Tao Te Ching*, dalla sua prospettiva di duemilacinquecento anni fa:

Praticate la meditazione camminando per ottenere la conoscenza dell'assoluto

Mantenetevi in uno stato di perenne consapevolezza del principio eterno che anima tutta la vita. Nel vedere la presenza di Dio in chiunque incontriate, e in tutto ciò che identificate con il vostro mondo basato sull'ego, diventerete più simili a Lui e assomiglierete meno a quello che deteriora il vostro legame con

Lui. Questo l'allineamento che vi riporterà in equilibrio e ripristinerà l'armonia che è la vostra vera natura priva dell'ego.

MIGLIORATE LA VOSTRA VISIONE GUARDANDO OLTRE CIÒ CHE AVETE DAVANTI AGLI OCCHI

Qualsiasi cosa vi capiti di vedere, chiedetevi: *Qual è la vera essenza di ciò che gli occhi mi rivelano?* Domandatevi che cos'è la magica forza che risveglia un albero in primavera e fa sbocciare i fiori, dove solo poche settimane prima non c'erano che rami gelati. Chiedete *cos'è l'energia che sottende la creazione di quella zanzara, o di ogni mio pensiero*? Ponetevi la stessa domanda anche per quanto riguarda ciò che udite. I suoni che emergono e tornano al silenzio. Migliorate la vostra capacità di udire, ascoltando «il suono del silenzio».

La gratitudine e la venerazione cresceranno, quando abbraccerete questo eterno principio. Ma andrete oltre questo, vi risveglierete a nuove potenzialità che comprendono la vostra magnificenza Divina. La vostra mente si libererà dal falso identificarsi con il mondo transitorio e scorgerà l'eternità in ogni cosa. Sì, Lao-Tzu dice che trasformerete la vostra vita essendo nello Spirito. Ritroverete questo concetto nella seguente poesia di Rumi, millesettecento anni dopo le potenti parole di Lao-Tzu:

Ogni pianta e ogni albero del prato,
che agli occhi dei più parevano fissi e immobili,
sembravano danzare.

Vi invito a vedere la danza delle «creature che esistono da sempre» nel presente invisibile, inaudibile e inafferrabile.

ORA METTETE IN PRATICA IL TAO

Prendete nota di tutto ciò che percepite come invisibile, mentre osservate un albero, una stella lontana, una montagna, una nuvola o qualsiasi altro fenomeno del mondo naturale. Abbracciate la forza che permette la sua esistenza, poi rivolgetevi al vostro mondo interiore e fate la stessa cosa nei confronti di voi stessi, del vostro corpo. È la stessa energia che espande i vostri polmoni, fa battere il cuore e crescere le unghie. Oggi immergetevi in questa forza per dieci minuti e prendete nota di come vi sentite connessi alla Sorgente dell'Essere.

15.

Gli antichi maestri erano sottili e penetranti.
La loro saggezza profonda come un abisso.
Non c'è modo di descriverla.
Si possono solo ritrarre vagamente nel loro aspetto.

Cauti, come uomini che attraversano un fiume d'inverno.
Vigili, come uomini coscienti del pericolo.
Semplici, come legno grezzo.
Cedevoli, come il ghiaccio che sta per sciogliersi.
Amorfi, come acqua torbida.

Ma l'acqua più torbida torna a essere limpida
quando rimane ferma.
E da quella immobilità sorge la vita.

Chi abbraccia il Tao non cerca la pienezza.
Ma, non essendo mai colmo,
può rimanere come un germoglio nascosto
e non ha fretta di maturare troppo presto.

VIVERE SENZA FRETTA

Il quindicesimo capitolo parla di antichi maestri che godettero di un livello indescrivibilmente profondo di collaborazione con il loro mondo. Lao-Tzu usa le similitudini per rappresentare l'esistenza di questi saggi, vissuta nella tolleranza e nella pace. Immaginate di attraversare d'inverno la superficie ghiacciata di un fiume che da un momento all'altro potrebbe rompersi, siete cauti e attenti mentre, al tempo stesso, cercate di mettere in guardia gli altri dal pericolo imminente. Queste descrizioni dipingono un ritratto di coloro che vivono senza fretta, ma sono anche profondamente coscienti.

Considerate i due modi di essere presentati in questo capitolo del *Tao Te Ching*: prima fondetevi con ciò che vi circonda più da vicino, divenendo di conseguenza uno con esso; e poi restate simultaneamente così rilassati da far sì che la vostra quiete permetta a ciò che vi sta intorno di fermarsi, mostrandosi in tutta chiarezza. State in guardia e siate avvedutamente consapevoli, ma, al tempo stesso, mantenete un'assoluta calma dentro di voi. Non abbiate fretta né pretese, ma siate totalmente responsabili del vostro mondo interiore. Questo passaggio del Tao mi ricorda le seguenti parole della Bibbia: «'Fermatevi'», dice, «'e riconoscete che io sono Dio'» (Salmi 46:10).

Siete stati concepiti nella quiete, da cui provengono tutte le creature. Rimanete semplici e creativi, come dice Lao-Tzu, simili al «legno grezzo», che simboleggia l'intelletto e il potenziale illimitato del principiante. La vostra mente sia disposta a scorrere con la vita e a essere modellata dalle eterne forze del Tao. Seguite gli esempi descritti: state in allerta, ma rimanete tranquilli e in pace; siate vigili, fiduciosi e non impazienti; flessibili, ma immobili, nell'attesa che le acque diventino limpide.

Questo capitolo vi ricorda che, per mezzo della natura, alla fine tutto si appiana. Il vostro scopo sia quello di rimanere in armonia con la natura come il seme nascosto sottoterra, che attende di germogliare senza premura per compiere il suo destino. Come ogni cosa in natura, non può accadere frettolosamente. La creazione ha i suoi tempi. Anche per voi vale chiaramente questa metafora: sbocciate secondo un disegno divino. Tutto ciò di cui avete bisogno vi sarà donato senza fretta. Smettete di chiedere con insistenza e confidate nel perfetto concretizzarsi del Tao. Rimanete in uno stato di attenta gratitudine e sintonizzatevi con la Via.

Nel tentativo di sondare la mente e le intenzioni di Lao-Tzu attraverso la meditazione e la ricerca sul *Tao Te Ching*, ecco ciò che credo direbbe per noi oggi:

Smettete di inseguire i sogni

Lasciate che si realizzino secondo un perfetto ordine e al momento giusto. Rallentate il ritmo frenetico, siate vuoti come una grotta e aperti a tutte le possibilità, come il legno grezzo. Fate della calma una regolare pratica quotidiana. Immaginate tutto ciò che desiderate attuare nella vita e poi lasciate andare. Abbiate fiducia nell'azione divina del Tao, che opera in ogni cosa su tutto il pianeta. Non avete affatto necessità di affrettarvi né di forzare nulla. Osservate e disponetevi a ricevere, invece di dirigere la vostra vita con prepotenza. È attraverso un tranquillo svolgersi degli eventi che dominerete l'esistenza nella Via del Tao.

Immettetevi nel flusso della vita e abbandonatevi dolcemente alla corrente

Smettete di lottare e cominciate a fidarvi della saggezza del Tao. Ciò che vi appartiene giungerà da voi, quando non cercherete di spingere il fiume. Probabilmente è tutta la vita che vi incoraggiano a darvi da fare attivamente e a inseguire i desideri: ora è giunto il momento di confidare nell'eterna saggezza che scorre in voi.

Il libro *The Way of Life According to Lao-Tzu*, tradotto da Witter Bynner nel 1944, riassume poeticamente il quindicesimo capitolo del Tao in questo modo:

> *Come potrà la vita di un uomo mantenere il suo corso*
> *Se egli non la lascerà fluire?*
> *Coloro che si abbandonano al corso della vita sanno*
> *Di non avere bisogno di altra forza:*
> *Non si logorano, non piangono,*
> *non necessitano né di correzioni, né di riparazioni.*

È un valido consiglio per vivere senza fretta.

Ora mettete in pratica il Tao

Adesso posate questo libro. Prendetevi dieci minuti per sedervi in tranquillità, riflettendo su tutto ciò che avete e su tutto ciò che abbonda nella vostra vita, secondo i tempi stabiliti dal disegno divino. State in pace e ringraziate per ciò che permette alla vostra esistenza di svolgersi in modo perfetto. Abbandonate tutti i pensieri dettati dalla fretta.

16.

Raggiungete il vuoto assoluto
e la pace del cuore.
In mezzo al convulso viavai del mondo
osservate come ogni fine diventa un inizio.

Le diecimila creature sorgono insieme,
per ritornare alla Sorgente...
a ciò che è e a ciò che sarà.

Ritornare alla radice significa trovare la pace.
Trovare la pace vuol dire compiere il proprio destino.
Compiere il proprio destino è costante ciclicità.
Conoscere la costante ciclicità significa essere saggi.
Ignorarla porta all'eterno disastro.

Conoscere la costante ciclicità dona una prospettiva.
Questa prospettiva è imparziale.
L'imparzialità è la qualità più nobile;
la nobiltà più elevata è Divinità.

L'essere Divini vi unirà al Tao.
Essere uniti al Tao significa eternità.
Benché il corpo muoia,
questo durerà per sempre.

VIVERE LA COSTANTE CICLICITÀ DEGLI EVENTI

Il sedicesimo capitolo del *Tao Te Ching* descrive l'importanza di essere assolutamente consapevoli che tutto è sottoposto alla legge della ciclicità. Invece di considerare il cambiamento come qualcosa di indesiderato e inquietante, potete scegliere di ritenere i mutamenti che si verificano come preziosi influssi nel ciclo di un'esistenza centrata sul Tao.

Quando percepite il cambiamento come l'unica vera costante, cominciate a considerarlo un principio naturale della vita e lo accogliete con gratitudine, come un passo avanti verso la vostra personale realizzazione. In questo modo, siete restituiti all'esperienza della Sorgente e alla tranquillità di una prospettiva imparziale. Iniziate questo processo eliminando i pensieri basati sull'ego e assaporando il senso di beatitudine che deriva dall'essere uno con il Tao. In seguito diventate acuti osservatori di come funziona realmente il vostro mondo e permettete a voi stessi di stare in armonia con la natura ciclica di tutti gli esseri viventi.

Esiste un ciclo immutabile di « non vita – vita – non vita » di cui siamo parte. Tutto viene e tutto va. La vita si materializza in una varietà di forme, comincia e a un certo punto finisce in ciò che chiamiamo morte. Questo venire e andare potrebbe sembrare una condizione transitoria, ma è in verità una costante imprescindibile perché non cessa mai. Accettate questa realtà del cambiamento ciclico e crescerete.

La fine di qualcosa può essere un motivo per sentirsi addolorati, sia che si tratti di una fase della vita che si chiude, o la conclusione di un progetto, la fine di una relazione o la morte di qualcuno. Ma Lao-Tzu vi invita a comprendere che, dopo la fioritura, le cose «ritornano alla Sorgente, a ciò che è e a ciò che sarà». La costanza dei cicli della vita è un'opportunità per tornare alla radice, dove si trova ciò che è e ciò che sarà. La suprema dimora della pace e dell'illuminazione sta in questo continuo ritorno al luogo senza nome e senza limiti da cui avete origine.

Lao-Tzu dice che tornare alla Sorgente, dove tutti i cicli iniziano e finiscono, dona un senso di pace interiore. Il destino di ognuno di voi si realizza nel conoscere e nell'essere il Tao, la costante oltre il nascere e il morire. Siete già stati in molti corpi, e ogni giorno ne avete uno nuovo. Siete passati attraverso molte relazioni, eppure il vostro io immortale sopravvive nonostante i cambiamenti da un inizio a una fine per tornare a un nuovo inizio. Ora siete esortati a conoscere voi stessi come creature del mondo materiale *e* come parte dell'eterno Tao.

Il Tao, che infonde la vita in ogni cosa, voi compresi, è totalmente imparziale. Non fa preferenze: che lo vogliate o no, fa arrivare l'inverno. Allontana da voi le persone che amate e le riporta indietro, senza tenere conto dei vostri desideri. Ogni essere vivente deve tornare al Tao, senza scuse o eccezioni.

Quando non siete consapevoli di questo influsso immutabile, vi fissate a un elemento di un ciclo della vita, sfociando così in ciò che Lao-Tzu chiama «l'eterno disastro». Quando una persona vi lascia, vi sentite come se il mondo vi crollasse addosso. Quando un affare va male, o siete bocciati a scuola, vi ammalate seriamente o vi capita un infortunio, vi sentite depressi. Se rimarrete emotivamente intrappolati in queste situazioni, non riuscirete a ritenere simili eventi come dei semplici fatti della vita, e finirete per sentirvi separati dalla Sorgente. Restate arenati nel «convulso viavai del mondo», incapaci di rammentare la costante ciclicità, in cui «ogni fine diventa un inizio».

La realtà è che gli inizi spesso si presentano sotto forma di dolorose fini. Perciò, se sapete che esiste una costante ciclicità oltre il disagio del momento presente, riuscite a percepire che «anche questo passerà», così è sempre stato e sempre sarà. Quando cambiate il vostro modo di vedere, anche le cose cambiano!

È questo che Lao-Tzu sembra volervi dire nel sedicesimo capitolo del *Tao Te Ching*:

DEDICATE DEL TEMPO A OSSERVARE LA VITA CON IMPARZIALITÀ, SOPRATTUTTO QUANDO LA FINE DI QUALCOSA CAUSA DISPERAZIONE

Ricordate a voi stessi che la Sorgente è all'opera dentro ogni evento, e poi decidete di connettervi a Essa col pensiero. Ogni fine fa parte di un processo ciclico; voi state semplicemente tornando al punto di partenza, come Lao-Tzu ha insegnato in questo passo. Non dovete apprendere nulla, né cambiare alcun comportamento, o adottare nuove strategie, pensate soltanto alla parola *ritorno*, e trovate conforto nel Tao, perennemente costante nella ciclicità, che porta la pace dove è la disperazione. Il Tao non abbandona né delude mai ed è sempre equanime. Qualunque sia la vostra posizione dentro il ciclo emotivo, non venite giudicati. Piuttosto, state imparando a vivere in tutte le varie fasi, liberi dai giudizi e consapevoli della legge della costante ciclicità.

SCRIVETE QUESTE PAROLE E METTETELE IN EVIDENZA NELL'AMBIENTE IN CUI VIVETE: *ANCHE QUESTO PASSERÀ*

Questa frase vi ricorderà che il cambiamento è l'unica costante nella vita. Tutto ciò che percepite sta dentro il ciclo di nascita e morte. Tutto! Senza eccezioni. Siatene consapevoli e lasciate scorrere i pensieri nella costante ciclicità del cambiamento. Questa è la radice, la Sorgente di tutti gli eventi che accadono in modo ciclico. È perfetta. È Divina. È qualcosa su cui potete contare. Fa sbocciare i fiori in primavera, causa il processo di invecchiamento, porta alla rinascita, crea nuove relazioni, è il Tao ed è costante. Tornate a Esso e fate esperienza della vostra natura eterna, qui e ora, nel contenitore provvisorio che è il vostro corpo, con tutti i suoi drammi. *Anche questo passerà*... Potete contarci!

ORA METTETE IN PRATICA IL TAO

Dedicate una giornata alla ricerca mirata di situazioni per praticare, osservandole con imparzialità, le fini e gli inizi. Sfidatevi a trovarne un numero preciso per mezzogiorno. Cominciate al mattino con la consapevolezza che la fine del sonno è l'inizio del risveglio. Spezzate il momento di svegliarvi in sezioni, osservando, senza giudicare, le fini che lasciano spazio agli inizi. Cominciate a vivere coscientemente la costanza della ciclicità aprendo la mente al fatto che il cambiamento sia l'unica certezza. Ricordate di inserire tutti i vostri sentimenti nel suo ciclo. Per esempio, osservare imparzialmente *la tristezza* permette di vederne la fine e la sua naturale trasformazione in un inizio. State mettendo in pratica il Tao!

17.

Di un grande leader che lo governa,
il popolo non avverte quasi la presenza.
Poi viene quello amato e stimato.
Poi quello temuto.
Infine quello disprezzato e combattuto.

Quando un capo non si fida di nessuno,
nessuno si fida di lui.

Il grande leader parla poco.
Non parla mai sconsideratamente.
Lavora senza badare ai propri interessi
e si ritira in buon ordine.
A opera compiuta, i sudditi dicono:
abbiamo fatto tutto da soli.

VIVERE COME UN LEADER ILLUMINATO

Riflettere sulla lezione di questo capitolo del *Tao Te Ching* significa cambiare la propria idea di autorità, cioè considerare dei leader grandi e illuminati quelli che in verità *non comandano* nessuno! Attraverso la prospettiva del Tao, questi individui creano un ambiente in cui tutti sentono di avere una responsabilità personale e di essere parte attiva in un dato processo. Adottando questo modello di capo illuminato, con tutta probabilità modificherete il vostro modo di giudicare e ammirare capitani d'industria, leader politici o religiosi, e altrettanto cambierete il modo in cui *voi* comandate gli altri.

I consigli del diciassettesimo capitolo sono indirizzati a tutte le categorie di persone investite d'autorità: infatti si possono personalizzare sostituendo al temine *leader* quello di *insegnante* o di *genitore*. Analizzate il modo di considerare le vostre tattiche di comando, poi operate i cambiamenti necessari per diventare una persona che fa una differenza illuminata nella vita degli altri. Innanzitutto, dovete rimanere in disparte e divenire acuti osservatori di ciò che accade; poi chiedetevi come, senza interferire, potete creare un ambiente che aiuterà tutti ad agire responsabilmente.

Il Tao consiglia di rendervi invisibili il più possibile, se volete essere veramente un capo efficace. Così, forse, la vostra strategia migliore sarebbe quella di lasciare, in effetti, la stanza e permettere a tutti gli altri di agire senza sentire il bisogno di fare una buona impressione su di voi. Magari potreste offrire un piccolo spunto e poi andarvene. Un sorriso o un gesto di approvazione che trasmetta al gruppo la vostra fiducia nelle sue capacità di capire le cose potrebbe funzionare meglio. Forse servirà che raccontiate una breve storia su come gli altri hanno risolto casi simili. Oppure potete limitarvi a meditare e inviare a tutti i presenti energie positive per risolvere il conflitto.

Qualsiasi decisione prenderete, sarete consapevoli del bisogno di creare un ambiente in cui tutti potranno dire: « L'abbiamo fatto da soli, senza che qualcuno dovesse intervenire, non abbiamo davvero bisogno di un supervisore ». Naturalmente, questo approccio comporta di eliminare il vostro desiderio di essere visti come un capo dotato di forte autorità.

I leader veramente ispirati ottengono risultati con l'esempio: incoraggiano gli altri a diventare responsabili e a fare la cosa giusta, ma non fanno sfoggio e non si vantano della loro irreprensibile capacità dirigenziale. Concedono agli altri lo spazio per essere ispirati ed esprimere la propria bravura. Quando giunge il momento di ricevere elogi, scompaiono nell'ombra, desiderando che tutti gli altri sentano i risultati ottenuti come frutto delle proprie capacità. Il massimo leader taoista lascia sempre che le persone scelgano e seguano la propria strada nella vita, la propria concezione del bene. I capi illuminati non vedono se stessi come sedicenti autorità, piuttosto sviluppano l'energia di un ambiente attraverso un punto di vista che elevi inclinazioni più basse.

In questo capitolo, il Tao presenta altri tre possibili modi di essere leader. Uno è fare la differenza nelle vite altrui, risolvendo i conflitti attraverso l'amore. Diventando strumenti d'amore e sforzandosi di lodare gli altri, questo capo è in armonia con il Tao. Coloro che vengono elogiati sviluppano l'autostima e agiscono con un atteggiamento di collaborazione piuttosto che di competizione. L'inconveniente è che usare l'affetto e l'approvazione di un capo come motivazione significa consegnare nelle sue mani il controllo della propria vita. Ma, se dovete scegliere tra la paura e l'amore, il Tao mette l'amore al primo posto.

Uno stile di comando basato sulla paura è ovviamente inefficace: se riesco a farvi fare ciò che desidero usando quest'arma, voi ubbidirete solo fino a quando avrò il potere di minacciarvi. Come smetto di farlo, cessa anche la mia influenza su di voi. Alcuni studi hanno misurato l'efficacia di insegnanti considerati molto rigidi nel mantenere la disciplina. In questo scenario, gli studenti si comportavano bene quando il temuto individuo si trovava in aula, ma appena costui o costei usciva in classe si scatenava il caos.

Con i docenti che consideravano l'insegnamento un'opportunità per lodare e incoraggiare gli studenti, si verificava l'opposto. La loro presenza o assenza in classe non provocava reazioni degne di nota. Se siete madri o padri dovete ricordare questa domanda importante: volete che i vostri figli si comportino bene solo quando sono con voi, oppure desiderate che abbiano un'autodisciplina tale da agire in modo sensato indipendentemente dalla vostra presenza? Credo da sempre che i genitori non debbano essere solo un aiuto, piuttosto abbiano il dovere di insegnare ai figli a non avere bisogno di essere aiutati.

Il sistema meno efficace di dirigere gli altri è quello di usare tattiche che li indurranno a disprezzarvi, perché, come vi allontanerete dalla loro vista, si opporranno a tutto ciò che dite e sostenete. Quasi sempre i dittatori finiscono per scoprirlo a proprie spese, quando il popolo che hanno oppresso si ribella e li minaccia con gli stessi metodi intollerabili che ha dovuto subire. Analogamente, i figli che disprezzano un genitore tendono a emulare le stesse odiose tattiche a cui sono stati sottoposti, oppure si distaccano totalmente dall'adulto dittatoriale e impiegano anni a rimarginare le ferite del terribile trattamento.

Il capo illuminato si fida delle persone che dirige. Tra loro e il capo esiste un rapporto di reciproca fiducia. Di conseguenza, essi potranno dire: «Abbiamo fatto tutto da soli». Quindi, insegnate ai vostri figli a essere autosufficienti, affinché prendano le loro decisioni appena sono in grado di farlo, e siate orgogliosi delle loro scelte. Vedetevi come un capo illuminato e mostrate al mondo un nuovo modo di governare. I bambini che crescono in quest'ottica saranno i grandi leader della prossima generazione che Lao-Tzu descrive.

Ecco ciò che oggi vi propone lo stimato maestro Lao-Tzu:

NON CREDIATE DI SAPERE CHE COSA È MEGLIO PER GLI ALTRI, PIUTTOSTO CONFIDATE NELLA LORO CAPACITÀ DI SAPERE CHE COSA È MEGLIO PER SÉ

Permettete agli altri di condividere tra loro le idee sulla strada che scelgono di seguire. Fate in modo che conoscano la vostra opinione, ma comunicate anche la vostra fiducia nelle loro scelte. Poi ritiratevi in buon ordine e siate certi che il vostro modo di vedere cambierà. Quando coloro di cui siete responsabili prendono una decisione, lodateli anche se vi scontrate con il loro comportamento. Confidate nel fatto che la cosa migliore per voi non è dimostrare di avere ragione. Ricordate questa frase del *Tao Te Ching*: «Quando un capo non si fida di nessuno, nessuno si fida di lui». Il modo più sicuro per conquistare la fiducia di coloro che dirigete o controllate è lasciarli decidere da soli il più possibile.

SIATE FIERI NEL RIFIUTARE DI ATTRIBUIRVI IL MERITO PER I SUCCESSI ALTRUI

Se considerate i successi degli altri una buona ragione per essere elogiati, ringraziati e ricevere complimenti, cambiate il vostro punto di vista. Lasciate che le lodi vadano a coloro che sono i beneficiari della vostra direzione. Parlate meno di frequente e cercate di non essere al centro dell'attenzione, piuttosto lasciate che i vostri subalterni si esprimano. Cambiate il modo di vedere le loro prestazioni: da riconoscimenti della vostra abilità all'emozione che essi mostrano davanti ai propri successi. Smetterete di attribuirvi il merito e gusterete la gioia e l'orgoglio che provano.

Nel XIV secolo Hafiz l'ha descritto in questa poesia:

Anche
dopo
tutto questo tempo
il sole non dice mai alla terra:
«mi sei debitrice».

Guardate
ciò che accade
con un amore così grande,
s'illumina
tutto
il cielo.

Amate coloro che vi sono affidati per essere guidati, così come il sole ama il nostro pianeta. Semplicemente, siate lì per servire, senza chiedere mai nulla in cambio.

Ora mettete in pratica il Tao

Scegliete alcune situazioni insieme ai vostri figli (o chiunque di cui siete responsabili) per diventare attivi osservatori. Annuite, sorridete, accigliatevi o fate qualche gesto senza proferire parola, dove prima sareste intervenuti immediatamente. Notate come reagiscono direttamente le persone che avete il compito di dirigere.

18.

Quando la grandezza del Tao è presente,
l'azione nasce dal cuore.
Quando la grandezza del Tao è assente,
l'azione nasce dalle regole
di «cortesia e giustizia».

Se avete bisogno di regole per essere cortesi e giusti,
se vi comportate da virtuosi,
questo è un segno sicuro di assenza della virtù.
Così nasce la grande ipocrisia.

Quando c'è discordia in famiglia,
si parla di pietà filiale e di devozione.
Quando la nazione precipita nel caos,
appaiono i ministri virtuosi;
così nasce il patriottismo.

VIVERE SENZA REGOLE

Immaginate di vivere in un mondo senza regole e leggi, dove ciascuno vive in pace e armonia. Non c'è gerarchia, rapina, odio o guerra; la gente vive, lavora, ama e gioca senza bisogno di venire governata. Riuscite a immaginare un pianeta dove il bisogno di codici di condotta e di comandi per governare la popolazione siano praticamente superflui? Questo è il tipo di idealistica divagazione mentale che ha portato Lao-Tzu a creare il diciottesimo capitolo del *Tao Te Ching*, nel quale afferma chiaramente che non avete bisogno di regole per essere rispettosi e giusti.

Ciò che voglio dire è che, quando inizierete a considerare in modo diverso la ragione per cui esistono i regolamenti, alla fine cambieranno le organizzazioni che controllano la società, la politica e il sistema giudiziario. (C'è bisogno che aggiunga «per il meglio»?) Modificando il vostro punto di vista e orientandolo al Tao, non penserete più che la motivazione del vostro essere e fare sia seguire ciò che vi viene imposto dalla vostra nazione, città, scuola, religione o addirittura dalla vostra assemblea condominiale! Molti ritengono che le leggi e le regole siano gli unici motivi per cui si agisce con cortesia, giustizia e amore, ma voi potete scegliere di vivere col cuore, e considerare queste virtù come responsabilità individuali, alle quali aderite senza che siano uno statuto o una convenzione a dirvi di farlo. Ecco ciò che intendo con l'espressione «vivere senza regole»: scegliete di vedere voi stessi in armonia con le regole e le leggi degli affari, dello Stato, della famiglia e della religione, invece che *per via di* esse. Vi assicuro che, adattando il vostro pensiero basato sulle regole in un comportamento basato sul cuore, la vostra vita cambierà!

Secondo il Tao, la gioia illimitata, la gentilezza, l'abbondanza e il benessere scorrono attraverso tutto; vedere la vita in questo modo rende le regole marginali. Potete agire in sintonia con la generosità e la carità, che sono l'essenza del Tao. Fate che sia l'amore la motivazione principale che spinge i vostri famigliari a essere affettuosi, e non il sentirsi obbligati a essere gentili con gli altri. Ciò non vuol dire che non esista una certa etichetta o comportamento da seguire, significa, invece, che la ragione per farlo è che l'amore e la gentilezza scorrono in tutti gli individui. E se *c'è* un «peccato» è quello di bloccare o ostacolare quell'energia del Tao.

Voi e i vostri figli potete imparare a cambiare il vostro modo di vedere le imposizioni e le leggi. Può sembrare utile adottare una legge quando l'armonia è perduta, ma assicuratevi che ciascun membro della famiglia comprenda che sono invitati a imparare a vivere senza! L'esistenza dei codici di condotta sono la prova che non stiamo lasciando scorrere liberamente il Tao attraverso le nostre vite. Imparare che vivere senza imposizioni è responsabilità di ciascun singolo individuo alla fine dimostrerà che, cambiando i vostri pensieri, cambia la vostra vita.

Questa idea ha ripercussioni più ampie: chiedetevi se le leggi creano una società sana, e se il patriottismo è un valore. Oppure, quando una nazione si ritrova nel caos o in una qualche forma di guerra civile, diventa necessario far rispettare le leggi e i codici sul patriottismo? Le leggi vengono prodotte per imporre punizioni che permettano di controllare o governare le persone che non hanno imparato ad assumersi le proprie responsabilità come membri di un unico gruppo. Tuttavia, non c'è bisogno di un senso di unità nazionale per imporre un senso di unità universale, poiché l'unicità del Tao è più grande di qualsiasi gruppo sulla Terra.

Ecco ora una sintesi di ciò che accade quando si abbandona la Grande Via: il bisogno di giustizia aumenta. La falsità tra le persone genera la necessità di stabilire delle leggi, e di legislatori che le impongano per ristabilire l'ordine. I ministri politici sembrano portare luce laddove c'è disordine e buio. Tenendo tutto ciò a mente, credo sia essenziale tornare alla situazione che vi avevo chiesto di immaginare qualche paragrafo fa, e di applicare ciò che Lao-Tzu dice in questo significativo capitolo del *Tao Te Ching*:

Fate in modo che le vostre azioni nascano dal vostro cuore incentrato sul Tao

Quando siete incentrati sul Tao, non avete bisogno di regole, né siete legati a ciò che è dichiarato legale o illegale. La ragione per la quale non rubate agli altri non è perché ciò è contro la legge, piuttosto, è perché voi assumete la responsabilità personale delle vostre azioni. La vostra vita non è basata sul vivere secondo le regole; la ragione per la quale non rubate è che voi rispettate i diritti degli altri di essere liberi dal subire furti, perché ciò riecheggia ciò che esprime il Tao. Nel Tao non esiste furto, perché ogni cosa appartiene a tutti. Non ci sono proprietà terriera o possesso, c'è solo la buona volontà di amare e rispettare tutte le persone e tutte le cose. Le leggi che rendono illegale rubare, mutilare, o combattere hanno origine nell'allontanamento dal Tao.

Non comportatevi da virtuosi, siate virtù

Comportarsi da virtuosi non è la stessa cosa che *essere* virtuosi, perciò il Tao vi dice di essere autentici in tutte le vostre interazioni. Siate pii perché il vostro cuore sente la pietà che è il grande Tao. Siate generosi verso gli altri con spontaneità, perché lo richiede la vostra voce interiore, non perché altri hanno redatto un codice di leggi e deciso che così è come dovreste comportarvi. Non aspettate che scoppi il disordine per essere generosi e gentili verso gli altri. Un disastro naturale può suscitare in voi il desiderio di avvicinarvi agli altri esseri umani per aiutarli, tuttavia, se modificate il vostro modo di considerare i disastri naturali, potreste anche vederli come un incitamento a lasciare che il Tao sia la vostra guida spirituale in tutte le situazioni. Questo influenzerebbe il vostro amor di patria ad abbracciare tutta l'umanità, invece che rimanere confinato al paese nel quale vi è capitato di nascere.

Ancora una volta, vorrei ricordarvi che Hafiz, il grande poeta sufi, ha espresso un sentimento simile:

Ognuno
è Dio che parla.
Perché non essere cortesi
e ascoltarlo?

E ognuno significa davvero *ognuno*, non solo coloro che sottostanno alle vostre regole e alle vostre leggi.

Ora mettete in pratica il Tao

Oggi date risalto al motivo per cui obbedite alle leggi fatte dall'uomo. Dedicate del tempo a entrare in contatto con la ragione per cui vi fermate quando il semaforo è rosso, per cui avete la patente di guida, per cui indossate la cintura di sicurezza, per cui pagate l'ingresso al cinema, e per cui non bevete alcol se dovete guidare. Osservate se il vostro ego prova gioia a « rompere » le regole per raggiungere certi scopi; fate un elenco di tutte le regole e leggi a cui obbedite o disobbedite nell'arco della giornata, e poi individuate le « regole che vi stanno a cuore » più importanti per voi.

19.

Abbandonate la santità, rinunciate alla saggezza,
e sarà cento volte meglio per tutti.
Gettate via la moralità e la giustizia,
e la gente farà la cosa giusta.
Rinunciate al profitto, e all'operosità,
ed eviterete i furti.

Tutte queste non sono che forme esteriori,
che di per sé non sono sufficienti.

Per realizzare voi stessi,
la cosa più importante
è convertirvi alla semplicità,
eliminare l'egoismo
e moderare il desiderio.

VIVERE SENZA ATTACCAMENTO

A una prima lettura del diciannovesimo capitolo del *Tao Te Ching*, sembra che Lao-Tzu ci stia incoraggiando ad abbandonare i massimi principi del Tao. Rinunciate alla santità, alla saggezza, alla moralità, alla giustizia, all'operosità e al profitto, dice il grande saggio, e tutto andrà bene. Lao-Tzu ci dice che «tutte queste non sono che forme esteriori» e che non sono sufficienti per vivere secondo la Via suprema.

La prima di queste categorie è l'istruzione e come considerate le vostre sorgenti di apprendimento. Questo capitolo vi consiglia di trasformare l'idea di trovarvi sulla via della santità per il solo fatto di seguire gli insegnamenti di una religione organizzata, o che siete importanti per via dei diplomi che avete ricevuto da un'istituzione scolastica. Lao-Tzu vi informa, con delicatezza, che ha molto più valore coltivare la vostra vera natura.

Come accade con praticamente tutti gli insegnamenti del Tao, viene riposta la massima fiducia nella vostra capacità di accedere al sacro centro del Tao all'interno di voi stessi. Dentro di voi c'è un pezzo di Dio che sa d'istinto cosa fare e come essere. Fidatevi di voi stessi, e rivaluterete la reale importanza delle istituzioni scolastiche e religiose. Quando modificherete il vostro modo di vederle, vi accorgerete che la vostra vera essenza è «cento volte meglio per tutti». Lao-Tzu potrebbe dire che una verità è una verità finché non la organizzate, perché a quel punto essa diventa una bugia. Perché? Perché a un certo momento gli scopi dell'organizzazione inizieranno ad avere la priorità su ciò che in un primo tempo avevano cercato di tenere in ordine.

«Gettate via la moralità e la giustizia», esorta questo capitolo, « e la gente farà la cosa giusta. » Qui, nella dimensione delle forme esteriori, Lao-Tzu mette in luce che il sistema legale ha la priorità sulla vostra naturale integrità interiore. Se avete raggiunto la consapevolezza di essere stati originati da una Sorgente irreprensibile di onore e uguaglianza, non avete bisogno di affidarvi a un sistema giudiziario. Lao-Tzu vi ricorda che è molto importante non giudicarvi in una posizione inferiore perché le leggi morali dicono chi siete « realmente ». Consideratevi centrati nella perfezione del Tao, che è la vostra natura, invece che costretti a consultare un codice di leggi, un tribunale o un giudice per stabilire qual è la vostra posizione etica. Questi labirintici sistemi creati per giudicare tutte le questioni inerenti a ciò che è giusto e ciò che è sbagliato sono una prova di quanto ci siamo allontanati dalla semplicità della nostra indole congenita.

L'ultima delle forme esteriori è l'intero mondo degli affari. Un'interpretazione possibile è la seguente: « Rinuncia a conseguire il profitto, lascia perdere l'operosità, i libri contabili, e i ladri spariranno del tutto ». Lao-Tzu vi suggerisce di rimanere centrati nell'integrità onnicomprensiva del Tao e di sganciarvi dall'idea che profitto e guadagno monetario siano gli indicatori di quanto successo avete raggiunto. Guardando la vita nella prospettiva dell'insegnamento del Tao, non avrete bisogno di mettere da parte grandi quantità di denaro. Al contrario, scoprirete il piacere di servire gli altri nello spirito della generosità infinita. O, come viene espresso in questa traduzione del *Tao Te Ching*, « eliminare l'egoismo e moderare il desiderio ».

Sono queste, dunque, le tre forme esteriori: istruzione, giustizia e affari. Siete invitati a rivalutare le ragioni per cui vi è stato insegnato a giudicare quegli ambiti della vita, da persone che avevano le migliori intenzioni, i metodi che hanno usato e il modo in cui lo hanno fatto. Cambiando il modo di vederle, noterete la semplicità e la sacralità di un principio supremo, che arricchirà di significato quelle istituzioni con il Tao, che scorre liberamente. Comprenderete la vostra vera natura, rigetterete l'egoismo e modererete il desiderio. Siate *nel* mondo dell'istruzione, della giustizia e degli affari, ma non *di* esso, e vedrete il mondo interiore dove voi siete centrati sul Tao.

Questo è ciò che Lao-Tzu dice, attraverso di me, dal suo rifugio di duemilacinquecento anni fa:

Osservate la vostra relazione coi sistemi dell'istruzione, della giustizia e degli affari

Fate attenzione ai tentativi che vengono fatti per inquadrarvi: la vostra approvazione dipende da un sistema di ricompensa e punizione? Le regole e i codici che seguite vengono dal cuore, oppure per sentirvi «speciali»? Non combattete contro queste pressioni istituzionali, e tanto meno contro il fatto che esistano, semplicemente, liberatevi dal vostro attaccamento a esse. Non siete santi (o una persona buona) perché lo dice un'organizzazione, ma piuttosto perché siete connessi con la Divinità della vostra origine. Non siete intelligenti per via di una pagella, voi siete l'intelligenza stessa, che non ha bisogno di conferme esterne. Non siete morali perché obbedite alle leggi, voi siete la moralità stessa, perché siete uno con ciò da cui siete stati originati.

Scegliete di vedere le forme esteriori come umili sostitute della vostra vera natura, e comincerete a vivere senza attaccamento a quelle forme. Vedrete le vostre leggi interne, che non necessitano di codificazione; vivrete in libertà e semplicità. Fidatevi prima di tutto e principalmente di voi stessi.

Siate generosi e vivrete senza attaccamento

Smettete di valutarvi in base a quanto avete accumulato e a quanto c'è nel vostro portafoglio. Non assegnate più un valore monetario a ciò che avete e fate. Abbandonate il bisogno di fare un «buon affare», e scegliete invece di essere una persona che condivide con gli altri. Sarà una sorpresa sentire la piacevole sensazione data dal semplice cambiare l'idea che si ha successo solo se si fanno soldi. Meno vi concentrate sul guadagnare, spostando invece la vostra energia a vivere il vostro scopo in armonia con tutti gli altri, più i soldi vi arriveranno, e più opportunità di generosità saranno a vostra disposizione.

Il mondo delle pressioni istituzionali è costruito su un elenco infinito di cose permesse e non permesse, creato dall'uomo. Lao-Tzu insiste affinché voi scopriate il vero desiderio del vostro cuore, ricordando sempre che nessun altro può dirvi cos'è.

Ora mettete in pratica il Tao

Annotate la seguente affermazione e tenetela sempre bene in mente: *Sono una persona morale, utile e un ingegno straordinario, al di là di quello che possa affermare qualsiasi pagella scolastica o un estratto conto bancario*. Ripetete questo mantra fino a che non diventi il vostro modo di essere. Proverete una sensazione di pace interiore, sentendo che vi state liberando dall'influenza che le forme esteriori hanno su di voi.

20.

Smettete di imparare e sarete liberi,
da tutti gli affanni.
Che differenza c'è tra il consenso e il rifiuto?
Che differenza c'è tra il bene e il male?

Dovrei temere anch'io ciò che temono gli altri?
Dovrei temere la rovina
quando c'è l'abbondanza?
Dovrei temere l'oscurità
quando la luce splende ovunque?

In primavera, alcuni vanno al parco e salgono sul terrazzo,
ma solo io vago senza meta e non so dove sono.
Come un neonato che non sorride ancora,
sono solo, senza un luogo dove andare.

Molta gente ha più di quanto occorra;
a me soltanto sembra che manchi qualcosa.
La mia è la mente di un idiota
nella sua incontaminata semplicità.
Sono solo un ospite in questo mondo.
Mentre gli altri si danno da fare per guadagnare,
io accetto quello che mi viene offerto.
Sembro un inetto,
guadagno poco e spendo ancora meno.

Gli altri lottano per la fama,
io evito la ribalta,
preferisco stare in disparte.
Sembro davvero uno stolto,
senza coscienza, senza inquietudini.

Vado alla deriva, come un'onda sull'oceano.
Sono volubile come il vento.

Tutti seguono i solchi tracciati;
solo io, ostinato come sono, vado per conto mio.
Ma la cosa che più di tutte mi rende diverso dagli altri è
saper trarre il nutrimento dalla Grande Madre.

VIVERE SENZA COMPIERE SFORZI

In questo capitolo del *Tao Te Ching* siete incoraggiati a vivere la vostra vita libera dagli sforzi terreni. Lao-Tzu consiglia di ridurre le vostre incessanti richieste per avere di più, e di placare i vostri sforzi per riempire ogni momento con l'aspettativa di essere in qualche altro luogo. Siete invitati a vivere la vita in un modo che può essere riassunto col titolo del libro di Ram Dass, *Be Here Now* (*Siate qui ora*).

Siate qui con la mente e col corpo, con uno stato d'animo incline ad apprezzare e a non desiderare. Smettete di chiedervi se state facendo le cose giuste. Liberatevi dai dubbi e dalle domande su tutti i vostri obiettivi per il futuro, sostituiteli con il potere di questo istante. Siate qui, e ricordatevi di farlo ora, perché pensare di essere in un altro luogo consuma i vostri preziosi momenti presenti. Il saggio illuminato si esercita a immergersi completamente nell'attuale « ora » della sua vita.

L'essere qui ora si realizza accettando la vita così come ci è presentata dalla Grande Madre, o dal Tao. È un processo di resa, se volete, lasciando che la Sorgente, creatrice e nutrice di ogni essere, vi porti dove vuole. Abbandonate l'idea di dover ottenere di più o di dover essere da un'altra parte in futuro, e invece vedetevi integri e completi già come siete. Questo processo di resa vi permette di essere testimoni dell'abbondanza illimitata e dell'eterna luce che è sempre presente. Rieducate voi stessi, abbandonando le idee riguardo le vostre mancanze e carenze; al contrario, affidatevi alla grande Sorgente che provvede a ciò di cui avete bisogno, come ha sempre fatto per tutti gli esseri.

Lao-Tzu sottolinea che questo non era uno standard accettato dalla società nemmeno duemilacinquecento anni fa, infatti parla di sé come di un outsider, diverso dagli altri. Fare sforzi per conseguire successi a quell'epoca veniva considerato come un modo di agire opportuno, proprio come avviene oggi. Il narratore di questo capitolo ammette di lasciarsi trascinare dalla corrente, senza sapere dov'è, tuttavia usa un tono ironico. È come se stesse dicendo: «Nessuno sa davvero dove si trova in questo universo eterno senza inizio e senza fine. Quindi, perché non ammetterlo e lasciarsi trasportare dal Tao che vi ha condotto qui dal nulla?»

Siete incoraggiati a semplificare la vostra vita, smettendo di cercare altre cose. Sì, gli altri potrebbero giudicarvi privi di motivazioni e darvi dell'ignorante, ma la vostra ricompensa sarà il forte senso di pace interiore che deriva dalla conoscenza diretta di essere qui come ospite che viene costantemente seguito. Sì, potrebbe sembrare che vi manchi qualcosa, ma quel qualcosa non è altro che un'illusione. Non state più vivendo col desiderio di essere qualcun altro o di ottenere qualcosa che tutti quelli che vi stanno intorno sembrano avere. Voi avete barattato lo *sforzo* con *l'arrivo*.

«Accetto quello che mi viene offerto», continua il narratore. Egli continua a dire che questo potrebbe sembrare stupido, in qualche modo echeggiando i vostri pensieri, mentre considerate il concetto di abbandono di ogni sforzo. Lao-Tzu vi dice di cambiare il modo di vedere ciò che è ora nella vostra vita, poiché in seguito diventerà esattamente ciò di cui avrete bisogno per essere felici. In altre parole, potete cambiare il vostro modo di concepire gli sforzi e sentirvi soddisfatti senza ansia e paura.

Vivendo secondo i principi spiegati in questo capitolo, cominciate ad avere una vita priva di preoccupazioni. Immaginatevi! Niente preoccupazioni o paure, solo un senso di connessione con la Sorgente di tutto, nella consapevolezza che si occuperà di ogni cosa, al vostro posto, essendo la stessa forza che sempre si occupa di tutto. Lao-Tzu vi insegna a liberare la vostra mente dal suo persistente assillo. È già il Tao a occuparsi del mondo e di tutto ciò che è in esso, lo ha sempre fatto e sempre lo farà.

La mente vi induce di continuo a sforzarvi, nonostante esista la perfezione del Tao che provvede a tutto; vi incita a cercare di conseguire la fama, a cercare una traccia o uno scopo. Lao-Tzu vi incoraggia a fare esattamente l'opposto: invece di preoccuparvi e di lottare, tenetevi fuori dalla gara insensata, e lasciate che la mente sia in pacifica armonia col Tao. La riga conclusiva di questo brano del *Tao Te Ching* dice tutto, indicandovi di cambiare il modo in cui considerate la vostra vita: « Saper trarre il nutrimento dalla Grande Madre! »

Quelli che seguono sono suggerimenti di Lao-Tzu, rivolti a voi nel ventesimo capitolo del Tao:

Esercitatevi a lasciare andar via i pensieri che riguardano ciò che non è qui ora

Non dovete far altro che fondervi nella perfezione dell'universo nel quale vivete. Non avete bisogno di qualcos'altro per essere felici; tutto vi viene fornito proprio qui, proprio ora. Vivete questo momento, e liberatevi dallo sforzo di avere qualcos'altro o di essere qualcun altro. È un esercizio mentale che vi metterà in contatto con la pace del Tao. Affermate: *Tutto è perfetto. L'amore di Dio è ovunque e non dimentica nessuno. Confido in questa forza che mi guida, e non permetto all'ego di entrare ora.* Notate come vi sentite liberi quando vi rilassate in questo atteggiamento privo di paure e di preoccupazioni.

Abituatevi a lasciar andare tutto e affidarvi a Dio ogni giorno

Continuate a ripetervi queste parole finché non riuscite a sentire la differenza. Abbandonarsi è una particolare esperienza fisica e psicologica, molto diversa dallo sforzarsi. Abbandonate le vostre richieste, così come la convinzione che non potete essere felici per via di quella cosa che supponete manchi alla vostra vita. Insistere che avete bisogno di ciò che non avete è da pazzi! Il fatto che siate ok, senza ciò di cui credete di aver bisogno, è il cambiamento che necessitate di vedere. Allora potete notare che avete già tutto ciò che vi serve per essere in pace, felici e contenti, proprio qui e proprio ora! Rilassatevi in questa consapevolezza, e affermate ancora una volta: *Lascio andare e mi affi-*

do a Dio. Sono un glorioso neonato, allattato dal seno della Grande Madre, che provvede a tutto.

ORA METTETE IN PRATICA IL TAO

Cominciate a fare caso alle situazioni in cui non vivete il presente perché vi sforzate di portare a termine o di raggiungere qualcosa in vista di un futuro beneficio. Probabilmente non vi rendete conto di quanto spesso cercate di ultimare tutta una serie di cose con l'idea che, dopo averlo fatto, alla fine vi resterà il tempo di fare ciò che *realmente* volete. Questa è una delle maniere più dannose con cui molti di noi inconsciamente ostacolano (o continuamente rimandano) una vita libera dagli sforzi. Non è facile acquistare consapevolezza, e potrebbe essere più facile constatarla quando qualche membro della famiglia o un'emergenza lavorativa fanno cambiare rotta al vostro tempo libero.

Ecco un esempio: avete accumulato delle ore di straordinario al lavoro per tutta la settimana, così da poter avere un bel giorno libero per fare quello che volete, ma venite a sapere che il vostro consorte o la vostra consorte ha invitato a fermarsi a casa vostra l'amico di un amico, che è la prima volta che viene da queste parti, e che voi non avete mai incontrato.

Questa situazione presenta due opportunità di mettere in pratica il concetto di vivere senza sforzo. La prima, naturalmente, è quella di cogliervi in flagrante, mentre siete assorbiti nello sforzo di conseguire un beneficio futuro, accorgervi di ciò che state facendo, e focalizzarvi sul presente. La seconda viene dopo l'esempio citato, ed è un esercizio difficile ma incredibilmente gratificante. Mettere in pratica il Tao ora, accettando ciò che vi viene offerto, siate, cioè, consapevoli che questa situazione, che in qualche modo il vostro ego ribelle rifiuta, è in effetti un'occasione di nutrimento proveniente dalla Grande Madre.

21.

La virtù più grande è seguire solo ed esclusivamente il Tao.

Il Tao è inafferrabile e intangibile.
Benché sia intangibile e senza forma,
dà origine a essa.
Pur essendo vago e inafferrabile,
genera ogni creatura.
Quantunque sia incomprensibile e oscuro,
è lo spirito, l'essenza,
il respiro vivente di ogni cosa.

Nel corso dei secoli, il suo nome è stato preservato
allo scopo di conoscere l'origine di ogni cosa.
Come so che questa è l'origine di tutte le cose?
Guardando dentro me stesso e comprendendo ciò che vi trovo.

VIVERE IL PARADOSSO INAFFERRABILE

Nel ventunesimo capitolo del *Tao Te Ching*, Lao-Tzu ci riporta al primissimo presupposto del libro: vivere il mistero. È tornato alla definizione e alla virtù del concetto, riaffermandolo con grande chiarezza e precisione. In questo insegnamento, non solo ci chiede di diventare consapevoli della natura inafferrabile del Tao, un principio che semplicemente non può essere definito né sperimentato coi sensi, ma anche di avvalorare questa consapevolezza riconoscendo noi stessi come esempi di questo paradosso inafferrabile.

Rileggete le righe conclusive di questo importante capitolo: «Come so che questa è l'origine di tutte le cose? Guardando dentro me stesso e comprendendo ciò che vi trovo». Ora ripercorrete tutta la vostra vita fino al suo inizio, come siete arrivati qui? Non mi riferisco alla gocciolina o alla particella di protoplasma umano; andate anche prima di quella. La fisica quantistica insegna che le particelle emergono da un campo energetico invisibile e senza forma. Perciò tutta la creazione, inclusa la vostra, è una funzione del movimento: dall'energia informe a una forma, dallo spirito a un corpo, dal Tao senza nome a un oggetto con un nome. Il processo di creazione e la tematica della comprensione dell'eterno inesprimibile scorrono attraverso il *Tao Te Ching*. Questo è il paradosso inafferrabile che siete invitati a esaminare, ad accettare e a vivere. Potete conoscerlo analizzando la vostra vera natura e riconoscere che lo stesso principio che crea ogni cosa anima ogni vostro pensiero e azione.

In questo esatto momento prendete la semplice decisione di

muovere l'indice destro. Torcete gli alluci. Poi sollevate il braccio. Infine chiedetevi: *Che cosa mi permette di compiere questi movimenti?* In altre parole, che cosa vi permette di vedere le forme e i colori? Quale forza dietro i vostri occhi vi segnala in maniera invisibile di elaborare che il cielo è blu e che un albero è alto? Qual è l'energia informe che provoca una vibrazione da qualche parte nel vostro orecchio, generando un suono?

Cos'è tutto ciò, che è senza forma e senza nome? È qualcosa di vago, è vero. È qualcosa di oscuro. E quando cominciate a vedere il mondo in questo modo cominciate a comprendere questo aspetto di voi stessi. Questo è ciò che Lao-Tzu descrive come «il respiro vivente di ogni cosa», e non è necessario che rimanga un mistero. Voi avete lo stesso eterno Tao dentro di voi, e lo applicate un milione di volte al giorno... *siete* voi.

Questo capitolo vi chiede di smettere di cercare appagamento nel denaro, nei beni, nella fama, e così via. Invece, spostate la vostra energia all'inizio di ogni cosa, il Tao inafferrabile e intangibile. La più grande virtù è trovare dentro voi stessi questa forza senza nome e senza forma. La riconoscerete guardando dentro e vedendola all'opera in tutti i vostri pensieri e azioni.

Questo è ciò che Lao-Tzu comunicava, più di duemilacinquecento anni prima che voi nasceste:

Abbiate una sete inestinguibile della forza intangibile ed enigmatica che sostiene tutta la vita

Comunicate con la Sorgente regolarmente: chiedetene la guida, e meditate sulla sua sacralità. Più mettete in pratica il profondo rispetto per il Tao invisibile più vi sentirete connessi con esso. Sapere di avere una connessione con il Tao vi libererà dalle preoccupazioni, dallo stress e dall'ansia, che sono il modo in cui l'ego vede il mondo. Mentre gli altri intorno a voi possono essere concentrati sulla ricerca di ricchezza, fama e potere, voi ne prenderete nota e sorriderete con compassione, esprimendo gratitudine per «il respiro vivente di ogni cosa», compresi voi stessi. Vi sentirete al sicuro nella consapevolezza di essere in una collaborazione Divina con il Tao, che sa tutto e che provvede a tutto.

Vi consiglio di ritagliarvi più volte nell'arco della giornata uno o due momenti per dire a voce alta: «Grazie, Dio, per tutto». Fatene il vostro personale rituale di rispetto. In effetti, proprio un minuto fa ho detto queste stesse parole: «Grazie, Dio, per aver fatto apparire queste parole, perché le potessi scrivere. So che la Sorgente di ogni cosa, comprese queste parole, è il Tao inafferrabile e intangibile».

Memorizzate gli ultimi due versi di questo capitolo e recitateli in silenzio quando necessario

Ripetete queste due frasi: «Come so che questa è l'origine di tutte le cose? Guardando dentro me stesso e comprendendo ciò che vi trovo». In questo modo, vi ricorderete che il Tao viene dalla verità, che è tutto il tempo dentro di voi. Abbandonate l'idea di dover convincere gli altri che il vostro modo di vedere le cose è corretto, quando saranno pronti, sicuramente appariranno all'orizzonte i maestri per loro.

E ora un pensiero conclusivo sulla natura inafferrabile del Tao, scritta da Hafiz molti secoli dopo la morte di Lao-Tzu:

Se pensi che si possa conoscere la Verità
dalle parole,

se pensi che il Sole e l'Oceano
possano passare attraverso quella piccola apertura chiamata
Bocca.

Oh, qualcuno dovrebbe cominciare a ridere!
Qualcuno dovrebbe cominciare a ridere di gusto.
Ora!

Ora mettete in pratica il Tao

Oggi, diventate consapevoli della forza che permette ogni vostro singolo movimento. Durante la meditazione, rimanete fermi per cinque minuti nell'intervallo tra un pensiero e l'altro, e osservate la Sorgente invisibile inafferrabile, ma onnipresente che vi permette di parlare, di udire, di toccare e di muovervi. (Ho creato una meditazione che vi può essere d'aiuto in questo processo; la potete trovare nel mio libro *Getting in the Gap*.)

22.

Chi è flessibile si conserva integro.
Chi si piega si può raddrizzare.
Chi è vuoto si può riempire.
Chi è consumato si può rinnovare.
Il povero si arricchisce.
Il ricco rimane confuso.

Perciò il saggio abbraccia l'uno.
Non si mette in mostra,
per questo risplende.
Non vuole dimostrare nulla,
per questo la gente si fida di ciò che dice.
Non conosce se stesso,
per questo la gente si riconosce in lui.
Non ha alcuno scopo da raggiungere,
per questo tutto ciò che fa gli riesce.

Il vecchio detto: «Chi è flessibile si conserva integro» è davvero giusto!
Se avete veramente raggiunto la pienezza,
ogni cosa fluisce spontaneamente.

VIVERE CON FLESSIBILITÀ

Vivendo vicino l'oceano da molti anni, ho osservato la bellezza e la maestosità delle palme slanciate che crescono sulla riva, e che spesso raggiungono un'altezza di nove-dodici metri. Questi maestosi giganti sono in grado di resistere all'enorme forza dei venti che, nel corso di un uragano, arrivano a soffiare a trecentoventi chilometri all'ora. Migliaia di altri alberi vengono sradicati durante gli uragani, e spazzati via, mentre queste palme imponenti rimangono attaccate alle loro radici, dominando orgogliosamente sulle altre piante. Qual è dunque il segreto per cui le palme rimangono intere? La risposta è la flessibilità. Si piegano quasi fino a toccare terra a volte, ed è proprio questa qualità che permette loro di rimanere intatte.

Nel ventiduesimo capitolo del *Tao Te Ching*, Lao-Tzu vi invita a dotarvi di una simile elasticità. Cominciate ad avvertire l'unità del Tao, che vi dà la resistenza e le radici che vi aiutano a resistere docilmente alle tempeste della vita, come la flessibile palma. Quando arriva un'energia distruttiva, resistete alla distruzione, piegandovi. Considerate le volte in cui potete scegliere di superare una crisi lasciandola soffiare senza opporre resistenza. Non lottando, ma, al contrario, rilassandovi e assecondando tutto ciò che vi sta di fronte, entrate nel «tempo del Tao».

Questo capitolo implica un ulteriore vantaggio derivante dall'unità, che attrae a voi ogni cosa. In altre parole, se volete abbondanza, conoscenza, salute, amore e tutti gli altri attributi personificati dal Tao, dovete essere disponibili a riceverli. Lao-Tzu dice che dovete essere vuoti per poter venire riempiti, poiché l'attaccamento vi tiene così chiusi che niente può entrare nel vostro io già pieno. In questo senso essere vuoti significa non essere pieni di convinzioni, di beni e di idee dettate dall'ego, ma piuttosto rimanere aperti a *tutte* le possibilità. Significa rimanere con il Tao senza nome: esso non si limita a un particolare punto di vista o modo di fare le cose; anima tutto. Similmente, la persona flessibile è aperta a tutte le possibilità, non deve dimostrare niente perché questo è compito del Tao, non dell'ego.

La consapevolezza del Tao alimenta la flessibilità, mentre la rimozione della vostra rigidità crea un'atmosfera di fiducia. Quando vivete nella prospettiva del poter dire: «Non lo so per certo, ma sono disposto ad ascoltare», diventate una persona con la quale gli altri riescono a identificarsi. Perché? Perché la vostra flessibilità permette loro di vedere che il loro punto di vista è il benvenuto. Aprendovi a tutte le possibilità, chiunque vi incontri sente che le sue idee hanno valore, e che non è necessario entrare in conflitto con voi.

Entrando sempre più in contatto con la vostra natura, che coincide con il Tao, comincerete a notare che questo principio è sempre presente, disponibile in ogni momento. In altre parole, il Tao non cerca di portarvi in un luogo diverso da quello in cui si trova. Non ha obiettivi, non ha desideri, non dà giudizi; scorre ovunque, perché è l'energia della creazione. Essere in armonia col Tao significa essere liberi da obiettivi, immersi in tutto ciò che state facendo senza preoccuparvi del risultato, semplicemente osservando ogni momento e lasciandovi scorrere con la Sorgente creatrice che dà energia a tutto e a tutti nell'universo. Quando vivete in questa maniera diventa impossibile fallire. Come potete fallire se siete voi stessi e vi affidate completamente alla saggezza della Sorgente della creazione? Una volta eliminato il fallimento dalla vostra vita, capirete che cosa intende Lao-Tzu quando dice che «tutto ciò che egli fa gli riesce».

Quelli che seguono sono i messaggi che Lao-Tzu ha scritto nel ventiduesimo capitolo del *Tao Te Ching* due millenni e mezzo fa:

Cambiate il vostro modo di vedere le tempeste della vita

Lavorate per eliminare l'ego dalla posizione di dominio che ha su di voi. Liberatevi del bisogno di attenzioni da parte degli altri, e sperimenterete che la gente verrà attirata da voi in maniera spontanea. Abbandonate l'idea di dover discutere e aver ragione, cambiando l'atmosfera del confronto con un'affermazione come « è molto probabile che tu abbia ragione. Grazie per avermi fornito un nuovo punto di vista ». Questo tipo di dichiarazione dà a ciascuno il permesso di rilassare la propria rigidità, perché non c'è bisogno di dimostrare di aver ragione o che gli altri abbiano torto. Se cambiate il vostro modo di pensare, la vita che state vivendo cambierà, perciò siate disposti a dire « Non lo so » o « Non sono nemmeno sicuro di perché ho fatto quello che ho fatto ». Come vi ricorda Lao-Tzu, quando sospendete la boria e la rigidità, gli altri si riconoscono nella vostra natura flessibile, e vi daranno fiducia.

Immaginatevi come una palma alta e imponente

Siate un organismo senza scopi e obiettivi, al contrario, siate forti e appagati, capaci di adattarvi alle forze della natura. Siate disposti a adeguarvi a qualsiasi cosa vi accada, concedendovi in un primo momento di vivere quell'energia, in modo simile all'albero che si piega ai forti venti dell'uragano. Quando arrivano le critiche, state ad ascoltare. Quando forze possenti vi spingono in qualche direzione, curvatevi invece di opporvi, inclinatevi invece di spezzarvi, e siate liberi da qualsiasi rigido insieme di regole, così facendo rimarrete protetti e integri. Mantenete una visione interiore del vento, simbolo delle situazioni difficili, mentre fate l'affermazione: *Non ho rigidità dentro di me. Posso piegarmi e rimanere integro. Userò la forza del vento per rendermi ancora più forte e più protetto.*

Questo semplice insegnamento porta così tanto piacere che vi chiederete perché non ve ne siate resi conto prima. Nel tempo del Tao, riconoscete la « tempesta » e poi lasciatela soffiare contro il vostro corpo, osservatelo senza giudicarlo, proprio come l'albero che si piega al vento. Fate caso se riappare la rigidità, e lasciate che i venti soffino, mentre vi avvalete del Tao invece che dell'ego! Cercate di portare alla luce le radici della vostra intransigenza, e diventare più flessibili attraverso le tempeste della vita. Se vista come un'opportunità di aprirsi all'energia del Tao, le turbolenze della vita possono essere trasformate in eventi eccitanti, che svelano più cose sulla vostra vera natura d'amore.

Ora mettete in pratica il Tao

Oggi ascoltate qualcuno esprimere un'opinione contraria alla vostra. L'argomento potrebbe essere la politica, l'ambiente, la religione, la droga, la guerra, la pena di morte, o ciò che voi possedete. Rifiutatevi di imporre la vostra posizione, ma, al contrario, commentate: « Non avevo mai preso in considerazione questo punto di vista. Grazie per aver condiviso con me le tue idee ». Permettendovi l'ascolto di un'opinione contraria alla vostra, respingerete l'atteggiamento dell'ego e accoglierete la flessibilità del Tao.

23.

Parlare poco è naturale:
i venti impetuosi non soffiano tutta la mattina;
una pioggia torrenziale non dura tutto il giorno.
Chi li crea? Il cielo e la terra.

Ma questi sono fenomeni atmosferici violenti,
ecco perché non possono durare a lungo.
Se il cielo e la terra
non possono sostenere a lungo un'azione violenta,
come potrebbero riuscirci gli uomini?

Coloro che seguono la Via
diventano uno con la Via.
Coloro che seguono il bene
diventano uno con il bene.
Coloro che si allontanano dalla Via e dal bene
diventano uno con il fallimento.

Se vi assimilate alla Via,
la sua forza scorrerà attraverso di voi.
Le vostre azioni diverranno come quelle della natura,
il vostro modo di essere come quello del cielo.

Apritevi al Tao
e confidate nella vostra capacità di reagire in modo naturale...
Vedrete che ogni cosa si placa.

VIVERE IN ARMONIA CON LA NATURA

Ogni *cosa* che si crea alla fine si decompone. Ho messo in evidenza la parola *cosa,* perché tutte le cose sulla Terra sono transitorie e in costante cambiamento. Come esseri viventi di questo pianeta anche voi siete sottoposti al principio del cambiamento costante e del disfacimento. Nel ventitreesimo capitolo del *Tao Te Ching* vi si chiede di osservare come si comporta la natura e poi scegliere di vivere in armonia con essa.

La natura non insiste, non spinge, non forza nulla; dopotutto, le tempeste non durano per sempre. I venti soffiano forte, ma alla fine si placano. Il Tao crea da una prospettiva eterna, ma nel momento in cui ogni cosa prende vita compie il suo viaggio di ritorno a casa. Così Lao-Tzu insegna che, se vivrete in armonia con questo semplice principio, sarete sintonizzati con la natura. Abbandonate il desiderio di forzare qualcuno o qualcosa e scegliete invece di essere consapevolmente parte del disegno della natura. Lao-Tzu vi ricorda che neppure il cielo può sostenere un'azione forzata. Nella sua intrinseca essenza, tutte le azioni hanno un'esistenza temporanea e ritornano a uno stato di calma maggiore. Nel linguaggio contemporaneo, si direbbe che «ogni cosa si placa».

Gli insegnamenti di questo passo vi invitano a fare una pausa nel mezzo di un conflitto o di una tensione e ricordare che la serenità e la pace sono in arrivo. Questo capitolo sottolinea enfaticamente che avete sempre una scelta! In ogni singola situazione, potete scegliere di rilevare un'energia esagerata e forzata. Potrebbe trattarsi di un tentativo per controllare verbalmente una situazione, oppure un imprecare contro il modo in cui gli eventi della vita si evolvono; in ogni caso, questi momenti possono essere un invito ad aprire il Tao, anche in mezzo al caos e all'angoscia. Questo significa «seguire la Via»: ricordate come la natura si scatena e poi si placa. Seguite la bontà del Tao e diventerete buoni. Allontanatevi dalla bontà e incontrerete il fallimento.

Siete sottoposti alla legge della forma nel tempo e nello spazio, della creazione e decomposizione. Ogni cosa in natura torna alla Sorgente... La domanda è: volete partecipare consapevolmente alla sua naturale bontà, o preferireste trascorrere momenti di ansia e di sconfitta? La risposta del Tao a questo cruciale interrogativo non sta nel vostro ego, perché esso crede fortemente nella vostra capacità di forzare le cose, per far sì che accadano o per essere in una posizione di potere. Il Tao fa notare che la Via è responsabile di tutto, con assoluta spontaneità. Vi ricorda che quello che sembra tanto devastante al momento è una benevola perfezione in un altro. Quando vi conformate alla naturalezza dell'universo, collaborate con il potere che tutto crea che scorre attraverso di voi. Abbandonate i progetti ispirati dall'ego e diventate invece partecipi del potere che vi ha creati, permettetegli di essere la forza che guida la vostra vita.

Ecco che cosa vi dice Lao-Tzu in questo capitolo del *Tao Te Ching*, dalla sua prospettiva di duemilacinquecento anni fa:

Cambiate la vostra vita osservando attivamente come agisce la natura

Guardate come i temporali o i forti venti sono condizioni temporanee che passano, invece di considerarli eventi distruttivi o fastidiosi. Quando si verifica ciò che sembra una situazione scomoda e burrascosa, cercate il ciclo naturale. Affermate: *Questo è un ostacolo temporaneo. Sto per liberarmi dal dover stare sempre all'erta.* Poi osservate ciò che sentite, aperti a ciò che è in questo momento. Ricordate che questo è il metodo della natura. Centrate la mente in modo naturale, in perfetto rapporto con la pazienza dell'universale Tao.

Cambiate la vostra vita confidando nella capacità di reagire in modo naturale alle circostanze che vi si presentano

Dapprima, potreste ritrovarvi a comportarvi in maniera accomodante, invece di reagire istintivamente. Quando sentite il desiderio di fare conoscere la vostra opinione, lasciate che questo impulso comunichi in silenzio ciò che vuole *veramente*. Il vostro corpo sa come stare in pace ad attendere la fine delle tempeste della vita, ma è necessario che gli permettiate di percepire che accogliete volentieri i suoi segnali... State calmi e concedete a voi stessi di essere in armonia con il Tao creatore, aprendovi al suo potere.

T.S. Eliot evoca il ciclo naturale nel poemetto *Mercoledì delle Ceneri*:

> *Poiché ora so che il tempo è sempre il tempo*
> *E che lo spazio è sempre ed è soltanto spazio*
> *E che ciò che è reale lo è solo per un tempo*
> *E per un solo spazio*
> *Godo che quelle cose siano come sono...*

Questa è l'idea: *godete* nella tranquillità del Tao.

Ora mettete in pratica il Tao

Trascorrete un'intera giornata osservando la natura e gli innumerevoli esempi della ciclicità biologica. Cercate almeno tre modi in cui vi piacerebbe essere più naturali nella vostra risposta alla vita. Il gatto che si acciambella languidamente al sole potrebbe rappresentare come vi piacerebbe essere. O forse è l'aurora che illumina lentamente il buio, senza fretta. Magari preferite concentrarvi sulla marea che viene e va senza fatica. Trovate le vostre immagini simboliche, qualsiasi esse siano, e invitate quelle che a esse corrispondono nel Tao a fiorire dentro di voi.

24.

Se state in punta di piedi, non vi reggete stabilmente.
Se camminate a grandi passi, non andate lontano.

Mettendovi in mostra non vi rivelerete illuminati.
Rivestendovi di gloria non otterrete nulla.
Chi ritiene di essere giusto non sarà rispettato.
Chi si vanta non durerà a lungo.

Tutti questi modi di agire sono esecrabili, disgustosi.
Sono eccessi superflui.
Sono come un dolore al ventre,
un tumore nel corpo.

Nel cammino del Tao,
è proprio questo il ciarpame,
da estirpare, da gettar via, da lasciarsi alle spalle.

VIVERE SENZA ECCESSO

In questo capitolo, Lao-Tzu raccomanda che il cammino del Tao sia ripulito dalle erbacce infestanti dell'importanza eccessiva che si attribuisce a se stessi. In fondo, ciò che riusciamo a ottenere deriva dalla Sorgente creatrice di ogni cosa che Lao-Tzu chiama il « Tao ». Tutto quello che vediamo, tocchiamo o possediamo è un dono del Tao; perciò, è vostro dovere rimuovere l'ego e assumere un atteggiamento di gratitudine e generosità verso la creatività del Tao. In questo modo, seguite il cammino del Tao, diventando simili a Esso, che dona sempre senza limiti. È a questo modo di essere che il ventiquattresimo capitolo del *Tao Te Ching* suggerisce vivamente di tornare.

Osservate come agisce il flusso naturale del Tao: non vi chiede nulla, quando fornisce illimitatamente a voi e a chiunque altro cibo, aria, acqua, sole, terra e bellezza. Crea sempre a vantaggio di tutti e non ha bisogno di vantarsi o di pretendere qualcosa in cambio.

Ripeto qui i versi di Hafiz per descrivere questo concetto:

Anche
dopo
tutto questo tempo
il sole non dice mai alla terra:
« mi sei debitrice ».

Guardate
ciò che accade
con un amore così grande,

s'illumina
tutto
il cielo.

Il sole simboleggia il Tao all'opera: offre il suo calore, la luce e l'energia vitale a tutto il creato, illuminando il globo senza pretendere una ricompensa. Immaginate se il sole avesse bisogno di attenzione e richiedesse elogi per i suoi sforzi, splenderebbe soltanto dove si sentirebbe più apprezzato o quando riceverebbe un indennizzo per l'energia vitale che dà! Quanto prima il mondo sarebbe parzialmente escluso dalla luce del sole, e alla fine l'intero pianeta verrebbe avvolto nelle tenebre mentre scoppierebbero guerre che azzererebbero i tentativi di placare il «dio sole». È facile capire perché Lao-Tzu definisce tali inclinazioni di autocompiacimento e superiorità «esecrabili» e simili «a un tumore nel corpo».

Siate coloro che danno, piuttosto che coloro che ricevono, provvedete agli altri e non chiedete nulla in cambio, così camminerete lungo la Via del Tao. Poi osservate i vostri desideri di gloria e di ammirazione come semi che incontrate per strada. Considerarvi persone importanti e speciali in virtù del vostro talento artistico, per esempio, significa camminare lungo la via dell'ego. Seguire il cammino del Tao vuol dire apprezzare le mani che vi permettono di creare una scultura.

Lao-Tzu vi suggerisce come camminare lungo il sentiero del Tao, liberi dal desiderio indotto dall'ego di ottenere una ricompensa per tutti gli sforzi che fate e i risultati che conseguite:

Cambiate vita scegliendo di assumere consapevolmente un atteggiamento di gratitudine

Il viaggio della vostra vita prenderà una nuova direzione, quando darete importanza alla gratitudine per tutto ciò che siete, per tutto ciò che ottenete e ricevete. Ripetete mentalmente *Ti ringrazio*, al vostro risveglio, durante la giornata e quando vi addormentate. Non importa chi ringraziate, se Dio, lo Spirito, Allah, il Tao, Krishna, Budda, la Sorgente, o l'io, perché tutti questi nomi rappresentano la grande tradizione di saggezza. Rendete grazie per il sole, la pioggia, il vostro corpo, con tutti i suoi componenti. Un giorno apprezzate il fegato, un altro giorno il cervello, un altro il cuore, fino ad arrivare all'alluce. La pratica della gratitudine vi aiuta a concentrarvi sulla vera Sorgente di tutto, oltre a farvi notare quando vi lasciate dominare dall'ego. Fate in modo che sia una silenziosa pratica quotidiana: ringraziate per il letto, le lenzuola, i cuscini e la stanza in cui dormite; al mattino dite: *Ti ringrazio* per ciò che vi attende. Poi iniziate una bella giornata compiendo un'azione gentile verso un altro essere umano da qualche parte sul pianeta.

Cambiate la vostra vita analizzando l'impulso all'autocompiacimento e alla superiorità

Quando state per vantarvi con gli altri per i vostri meriti o per i risultati che avete ottenuto, percepite un istante l'impulso e richiamate alla mente il consiglio di Lao-Tzu: «È proprio questo il ciarpame, da estirpare, da gettar via, da lasciarsi alle spalle». Sulla Via del Tao, il consenso interiore è sano e puro, mentre l'autocompiacimento è semplicemente superfluo. Quando vi accorgete di darvi delle arie, potete scegliere di tornare sulla Via del Tao, ricordando il ventiquattresimo capitolo del *Tao Te Ching*. La vanagloria e l'auto-esaltazione si possono considerare come semi di cui non avete veramente bisogno. Tornando a un'umiltà radicale e osservando la grandezza che è dentro ciascun essere umano, ripulite la vostra vita dall'eccessiva importanza che attribuite a voi stessi... questa è la Via del Tao.

Ora mettete in pratica il Tao

Domani mattina fate qualcosa che esprima la vostra benevolenza verso qualcuno, che resterà totalmente sorpreso dalle vostre azioni. Mandategli un'e-mail in cui comunicate affetto e stima. Chiamate un nonno o una nonna che vive in una casa di riposo e potrebbe soffrire di solitudine. Mandate fiori a una persona che amate e che in questo momento è lontana e sola, oppure anche a una persona che conoscete appena, se ne ha bisogno. Notate come la vostra gratitudine per gli altri alimenta il vostro cammino lungo la Via del Tao e non del vostro ego.

25.

Qualcosa di perfetto, senza forma esisteva
prima che nascesse l'universo.
Sereno. Vuoto.
Solitario. Immutabile.
Infinito. Eternamente presente.
È la Madre dell'universo.
In mancanza di un nome migliore,
la chiamerò il Tao.

La chiamerò grande.
Grande significa senza confini;
senza limiti scorre eternamente;
sempre scorre e sempre ritorna.

Perciò, la Via è grande,
il cielo è grande,
la terra è grande,
L'essere umano è grande.

Per conoscere l'umanità,
comprendete la terra.
Per conoscere la terra,
comprendete il cielo.
Per conoscere il cielo,
comprendete la Via.
Per conoscere la Via,
comprendete la grandezza che è dentro di voi.

VIVERE LA GRANDEZZA

Molti studiosi che nel corso dei secoli hanno scritto sul *Tao Te Ching* considerano il venticinquesimo capitolo una delle lezioni più significative dell'intero manoscritto. Nelle mie ricerche, tutte le traduzioni di questo passo contengono effettivamente la parola *grande* per descriverlo.

Questo capitolo racconta che prima della creazione esisteva «qualcosa di perfetto, senza forma». Questa perfezione senza forma è «la Madre dell'universo». Pur essendo senza nome, è chiamata il «Tao», ed è sinonimo di ciò che è grande. Non c'è nulla nel Tao che significhi il contrario di grande, non c'è nulla di minuscolo, di insignificante, di debole, di non importante, e persino di mediocre.

La storia sembra voler far comprendere al lettore che esiste un'energia pura e senza tempo dentro ogni creatura del nostro pianeta, che rimane incontaminata dalla solida sembianza della forma. La conclusione esorta voi lettori a conoscere questa perfezione senza forma. Dovete «comprendere la grandezza che è dentro di voi». Siete i protagonisti di questa meravigliosa saga!

Poiché siete animati dall'eterno Tao, il messaggio di grandezza contenuto in questa narrazione vi invita a cambiare il vostro stile di vita e ad accorgervi del cambiamento nella vostra esistenza. Potete iniziare a farlo analizzando i pensieri e le idee che risultano incongruenti con questa straordinaria osservazione di Lao-Tzu, che è stata trasmessa da altri nel corso della storia. Nel suo libro *The Journey* (*Il Viaggio*), pubblicato nel 1954, Lillian Smith lo descrive così:

Il bisogno che ciascuno avverte ogni giorno della propria esistenza, anche se non ne ha la consapevolezza. Essere in relazione con qualcosa di più grande di sé, qualcosa di più vivo, qualcosa di più antico e qualcosa di non ancora nato, che durerà nel tempo.

Quel «qualcosa» di duraturo conferma la vostra grandezza, la vostra connessione assoluta con l'infinito. Avete la sensazione di essere perennemente in sintonia con una specie di partner più anziano che è la stessa grandezza.

Lao-Tzu vi consiglia di osservare il pianeta, i suoi abitanti, il cielo e percepire la grandezza. Poi vi dice di guardare voi stessi e rendervi conto che siete parte di essi. Ciò significa prendere confidenza con ciò che sembra essere il grande mistero della creazione scoprendo la grandezza che sta dentro di voi, e poi tuffarvi nella gioia che deriva dal condividere la stessa grandezza del cielo, della terra e di tutta l'umanità. Restando perennemente uniti alla vostra «eredità di grandezza», garantite la presenza costante del Tao nella vostra vita. Da una prospettiva di grandezza, da voi può emergere solo grandezza. Da un'intrinseca prospettiva d'inferiorità, potete attrarre soltanto eventi che concordano con ciò di cui siete convinti.

Non troverete la vostra grandezza in un'aula scolastica, né durante un tirocinio in un maestro o nei commenti confortanti di famigliari, amici o fidanzati, animati da buone intenzioni. La troverete dentro di voi. L'importante è che siate coscienti della grandezza che scorre attraverso di voi costantemente. La incontrerete concentrandovi nella meditazione per esprimere la vostra gratitudine e smettendo di farvi influenzare da punti di vista contrari.

In particolare, osservate e ascoltate le critiche che derivano dal dialogo interiore con voi stessi. Quando tali pensieri nascono nella vostra mente, lasciate che vi dicano ciò che vogliono. Se a queste idee, che in fondo non sono un granché, permetterete di esprimersi, scoprirete sempre che in realtà desiderano solo star bene. Date loro il tempo necessario per convincersi che la loro esistenza non è così vantaggiosa, ed esse confluiranno felicemente nella grandezza che sta dentro di voi. Entrare in questa realtà vi permette di partecipare alla grandezza del tutto, dove il potere del Tao scorre senza essere ostacolato da spaventose autocritiche. Cambiate il vostro modo di vivere attingendo da questa grandezza, e la vostra esistenza cambierà letteralmente.

Di seguito troverete i pensieri che Lao-Tzu, scrivendo questo capitolo del *Tao Te Ching* circa venticinque secoli fa, avrebbe voluto che assumeste:

Confidate nella vostra grandezza

Voi non siete il corpo che occupate, che è transitorio e destinato a tornare al nulla da cui è venuto. Voi siete pura grandezza... esattamente la stessa grandezza che crea la vita. Tenete ben presente questo concetto e riuscirete ad attrarre a voi gli stessi poteri della creazione: appariranno le persone giuste. Si verificheranno proprio gli eventi che desiderate. Il denaro di cui avete bisogno arriverà. Tutto questo accadrà perché la grandezza attira se stessa *verso* di sé, così come i pensieri di scarsità agiscono secondo una convinzione che farà della carenza una realtà. Ripetete a voi stessi più volte la seguente affermazione, finché non diventa automaticamente la vostra risposta interiore al mondo: *Vengo dalla grandezza. Attiro grandezza.* Sono *grandezza.*

Cercate convinzioni che contraddicano il vostro status come esseri di grandezza

Sorprendetevi nel mezzo di una qualsiasi espressione che rifletta la vostra convinzione di essere mediocri. Parlate sottovoce, in modo amichevole, a quella convinzione e chiedetele che cosa vuole. Forse crede di proteggervi dalla delusione o dalla sofferenza, come probabilmente ha già fatto nel corso della vostra vita. Ma ricevendo di continuo la vostra approvazione quest'idea finirà per ammettere di volersi sentire grande. Dunque, permetteteglielo! Siete abbastanza bravi a sostenere le delusioni passeggere e la sofferenza che affligge la vita sul nostro pianeta, ma cercare di proteggere voi stessi credendo di non incarnare la grandezza è veramente eccessivo.

Cercate queste convinzioni erronee e date loro la possibilità di trasformare ciò che vogliono veramente, e che volete anche voi. Qualsiasi cosa desideriate diventare o attirare a voi, spostatela interiormente da *probabilmente non mi succederà* a *sta per accadere*! Poi cominciate a cercare anche le minime prove della realizzazione imminente del vostro desiderio. È fondamentale tenere in mente questo antico assioma: *Ottengo quello che penso, che io lo desideri o no.* Così pensate come siete fortunati ad avere la grandezza che dimora in voi. Ora potete vivere l'estremo paradosso: potete incarnare la grandezza ed essere nessuno, contemporaneamente.

Ora mettete in pratica il Tao

Copiate le seguenti parole e applicatele a voi stessi: *Vengo dalla grandezza. Devo essere simile a ciò da cui provengo. Non smetterò mai di credere nella mia grandezza e nella grandezza degli altri.* Leggete queste parole ogni giorno, magari ponendole in evidenza dove le potete avere sempre sott'occhio. Serviranno a ricordarvi la verità della vostra grandezza. Oggi meditate dieci minuti, concentrandovi sulla vostra grandezza interiore.

26.

Il pesante è la radice del leggero.
La tranquillità domina l'agitazione.

Consapevole di questo,
la persona di successo
è calma ed equilibrata
nel mezzo di ogni attività;
circondata dall'abbondanza,
non ne resta soggiogata.

Perché mai il signore che governa il paese
dovrebbe svolazzare come un matto?
Se vi lasciate sbatacchiare avanti e indietro,
perdete il contatto con la radice.
Agitazione significa perdere la padronanza di sé.

VIVERE CON TRANQUILLITÀ

Questo capitolo del *Tao Te Ching* consiglia di mantenere un senso di tranquillità, indipendentemente da ciò che vedete accadere intorno a voi. Il vero maestro sa che la capacità di mantenere la calma risiede sempre dentro di noi. Da questa prospettiva, non è necessario attribuire agli altri la responsabilità di ciò che provate. Anche se nel mondo in cui vivete il biasimo e la critica sono una piaga endemica, sarete padroni dei vostri sentimenti e delle vostre azioni. Saprete che le circostanze non determinano il vostro stato d'animo, perché quella forza rimane con voi. Quando mantenete un atteggiamento di tranquillità interiore anche in mezzo al caos, cambiate la vostra vita.

La saggezza di questo capitolo del *Tao Te Ching* vi esorta a tenere presente che avete la possibilità di scegliere. Volete stare in uno stato di confusione o preferite avere un tranquillo paesaggio interiore? Dipende da voi! Forte di questa intuizione, il maestro Tao non permette a un evento esterno di causargli turbamento. Tuttavia, Lao-Tzu dice che attribuirvi la colpa per la vostra mancanza di tranquillità non porterà mai alla condizione esistenziale che state cercando di raggiungere con tutte le vostre forze. La padronanza di sé fiorisce quando diventate consapevoli e responsabili di ciò che provate.

Questo passo spinoso del *Tao Te Ching* è uno di quelli su cui probabilmente vorrete tornare più volte. Dopotutto, che cosa c'è di meglio dell'essere liberi di affrontare la vita, alleggeriti dalla sensazione che le persone e le circostanze vi controllano senza il vostro permesso?

Siete depressi? Irritati? Frustrati? Esilarati? Innamorati cotti? Qualunque sia il vostro stato attuale, se credete che lo scenario economico o il panorama degli eventi che accadono intorno a voi sia responsabile, che usate questi fattori esterni per spiegare il vostro stato d'animo, allora avete perso il contatto con la radice. Perché? Perché vi lasciate sbatacchiare avanti e indietro dai venti mutevoli delle circostanze.

La giusta soluzione per un'esistenza dominata dall'inquietudine è scegliere la calma. La quiete del Tao ignora i tumulti che caratterizzano il mondo delle diecimila creature. Siate come il Tao, raccomanda Lao-Tzu: «La tranquillità domina l'agitazione». Potete scegliere in qualsiasi momento e decidere se avere Dio come *ospite* e portare sempre con voi la tranquillità del Tao o essere un ostaggio del vostro ego, che insiste a convincervi di non poter fare a meno di sentirvi sottosopra, quando la situazione in cui vi trovate sembra un pandemonio.

Ecco ciò che in questo passaggio Lao-Tzu mostra della vita semplice e profonda che, duemilacinquecento anni prima della vostra, ha scelto di condurre:

Ripromettetevi di cercare una calma risposta interiore alle circostanze della vita

In mezzo a inquietudini di ogni genere, che si tratti di liti, ingorghi nel traffico, crisi monetarie, o qualsiasi altra cosa, decidete di assumere immediatamente un atteggiamento di calma. Invece di pensare a ciò che sta accadendo, prendete qualche respiro profondo e scegliete di svuotare la mente da ogni giudizio, così diventerà impossibile «svolazzare come un matto» mentalmente. La volontà di mettere in pratica questo suggerimento, specialmente quando il caos e la collera sono state le vostre scelte precedenti, vi rende capaci di dominare l'agitazione. Una volta credevo che fosse impossibile. Ora so che, anche nei momenti più problematici, reagisco scegliendo la calma... la Via del Tao.

Non perdete il contatto con la radice

Con una frase scritta o un'immagine posta strategicamente in casa o nel luogo di lavoro, ricordate a voi stessi che nessuno può farvi perdere il contatto con la radice, senza il vostro consenso. Affermate spesso quanto segue: *Ho la capacità di mantenere la calma e l'equilibrio, indipendentemente da ciò che accade intorno a me.* Poi ripromettetevi di mettere in pratica questo nuovo modo di essere la prossima volta che vi troverete in agitazione per qualche motivo. Allenatevi mentalmente e acquisterete la padronanza di sé a cui si riferisce Lao-Tzu in questo capitolo. E, cosa ancor più significativa, sarete in armonia con il Tao, che è la vostra suprema chiamata.

Ora mettete in pratica il Tao

Sedetevi in un luogo tranquillo e immaginate che una persona, con la quale vi trovate in conflitto da molto tempo, sia seduta davanti a voi. Ora pronunciate ad alta voce, rivolgendovi direttamente a lui o lei: «Ti perdono. Ti avvolgo nel mio amore e nella mia luce e faccio la stessa cosa con me stesso». Questo metterà in azione il messaggio contenuto nel ventiseiesimo capitolo del *Tao Te Ching*, generando in voi un senso di tranquillità.

27.

Chi conosce la verità
viaggia senza lasciare traccia,
parla senza recare offesa,
dona senza tenerne conto.
Chiude la porta che nessuno può aprire
anche se è priva di serratura.
Lega i nodi che nessuno può sciogliere,
anche se non possiede una corda.

Siate saggi e aiutate tutti con imparzialità,
senza abbandonare nessuno.
Non sprecate le opportunità.
Questo si chiama seguire la luce.

L'uomo buono altro non è che il maestro del cattivo.
L'uomo cattivo altro non è che materia con cui il buono lavora.
Se il maestro non è rispettato
e l'allievo non è bene istruito,
si creerà confusione, per quanto possa esservi sapienza.
Questo è il grande segreto.

VIVERE LA LUCE INTERIORE

Immaginate solo per un istante di mettere gli oggetti più preziosi che avete, compresa una grossa somma di denaro contante, su un tavolo nella vostra camera da letto, in bella vista di chiunque possa entrare. Ora immaginate anche che i vostri magnifici gioielli, i soldi e i documenti importanti che possedete siano completamente al sicuro, non avete bisogno di un'assicurazione e nessuno potrà mai rubare il vostro tesoro. Ci si può fidare ciecamente in questa situazione? Credo di sì, dal momento che riponiamo la nostra fiducia in ciò che afferma il ventisettesimo capitolo del *Tao Te Ching*: «... La porta che nessuno può aprire anche se è priva di serratura».

«Chi conosce la verità» vive con una luce interiore. Questa luce mette in evidenza l'idea che il furto non appartiene alla via della verità, quindi non c'è bisogno di chiudere a chiave nulla. I beni sono al sicuro tra coloro che vivono con una luce interiore, che riflette la perfezione del Tao. È la Sorgente che siete sempre incoraggiati a portare con voi e a consultare quando sentite il bisogno di aiuto o di consiglio.

Lao-Tzu raccomanda di dare senza tenerne conto e senza pretendere qualcosa in cambio, perché questa è la natura del Tao e voi siete il Tao. Dare è sinonimo di ricevere, quando vivete con questa illuminazione. Fidatevi della luce interiore, perché è la vostra eredità. Il Tao è la vostra origine, più di quanto lo siano i vostri genitori, la vostra cultura, il vostro paese.

È importante anche che viviate con maggiore spontaneità, non vi serve infiocchettare alla perfezione ogni dettaglio della vostra esistenza. Capite questo concetto e potrete viaggiare senza essere vincolati a un programma che preveda qualsiasi possibile situazione. La vostra luce interiore merita più fiducia di qualunque guida di viaggio e indicherà la direzione più vantaggiosa, sia a voi che a tutti coloro che incontrerete. Quando imparerete a confidare nel Tao, cambierete il modo di guardare la vita. Vi stupirete davanti alla luminosità e alla chiarezza di ciò che inizierete a vedere: la paura, l'ansia, lo stress e l'agitazione diventeranno semplicemente aspetti di voi stessi che si scorgono nel bagliore del Tao, come candele che segnano il vostro cammino e vi aiutano ad amare tutti come una parte di voi.

Lao-Tzu consiglia: « Siate saggi e aiutate tutti con imparzialità, senza abbandonare nessuno ». Ciò significa che per aiutare gli altri non avete bisogno di seguire regole altrui. Dare del proprio diventa la vostra risposta naturale perché state seguendo la luce interiore del Tao. Siete uno col dare; siete uno col ricevere. In questa relazione, rivestite entrambi i ruoli.

I versi più significativi di questo capitolo vi rammentano che « l'uomo buono altro non è che il maestro del cattivo. L'uomo cattivo altro non è che materia con cui il buono lavora ». Questo è un modo estremamente energico di vedere la vita ed eliminare lo stress e la collera: se percepite voi stessi come una persona « buona », tutti coloro che chiamate i « cattivi », compresi i criminali incalliti o i nemici dall'altra parte del mondo, sono la materia con cui lavorate! Provate a pensare che siete qui per insegnare a voi stessi e agli altri, in qualche modo, e che l'obiettivo è far crescere l'energia collettiva dell'intero universo. Coltivate la consapevolezza della luce interiore che tutti possiedono. *Siate* il Tao!

Ogni traduzione del *Tao Te Ching* che ho analizzato si riferisce virtualmente a tutti come al singolo e tutti abbiamo bisogno l'uno dell'altro. Questo è il grande segreto: non sprecate le opportunità, non abbandonate nessuno, rispettate i maestri, prendetevi cura degli allievi. Venticinque secoli dopo, il Tao rimane ambiguo per la maggior parte di noi perché viene messo in pratica raramente. Malgrado ciò, deve essere inculcato dentro di noi se siamo veramente destinati a camminare nello splendore della Grande Via.

Conoscete la verità, come suggerisce Lao-Tzu, dimenticando le serrature, le catene, le mappe, i programmi. Viaggiate senza lasciare traccia, fidatevi della bontà che è la radice di ogni cosa e, invece di maledire l'oscurità che sembra tanto minacciosa, raggiungetela e lasciate splendere la vostra luce su coloro che non vedono la propria eredità nel Tao.

Dal suo antico trono spirituale, Lao-Tzu vi dice di agire con queste nuove modalità:

Credete in voi stessi

Sviluppate un codice di comportamento interiore che sia basato esclusivamente sulla vostra connessione irreversibile con il Tao. Quando confidate in questa saggezza creata da voi, confidate in voi stessi. Sappiate che nulla può dissuadervi dal vostro codice interiore di onestà, e vivete secondo questo standard. Se vi capita l'occasione di poter imbrogliare qualcuno con facilità, forse un commesso frettoloso che vi ha dato un resto sbagliato alla cassa, decidete di essere onesti fino all'ultimo centesimo. Inoltre, fidatevi di voi stessi quando dovete partire per un viaggio pianificandolo al minimo. Abbandonatevi fiduciosi all'energia del Tao che vi guida, invece di contare su programmi stabiliti da qualcun altro.

Non giudicate voi stessi o gli altri

Non criticate il comportamento o l'apparenza di coloro che avete valutato come «persone cattive». Piuttosto, sostituite i vostri pensieri con questa riflessione: *Sono allievo di me stesso e ho questa occasione per apprendere che sto insegnando piuttosto che giudicando. Ora smetterò di criticare me stesso o chiunque altro ed essendo il Tao insegnerò.* Se tutto il mondo delle diecimila creature conoscesse la semplice verità che tutti siamo uno, sono convinto che la guerra, le ostilità, la confusione e persino le malattie cesserebbero di esistere.

Perché non essere un unico individuo che sceglie di rispettare se stesso e tutti gli altri come maestri *e* come allievi? Quando vedrete che il mondo offre innumerevoli opportunità di aiutare, un pensiero e un'azione alla volta, vivrete con la vostra luce interiore.

Il grande poeta sufi Hafiz lo esprime nella poesia *Mai più un distacco*:

A un certo punto
la tua relazione
con Dio
sarà così:

la prossima volta che Lo incontrerai nella foresta
o in una via affollata della città

non ci sarà mai più

un distacco.

Ciò significa
che Dio si intrufolerà
nella tua tasca.

Allora porterai te stesso

semplicemente

insieme a te!

Ora mettete in pratica il Tao

Trovate una persona etichettata come « cattiva », e usate questa opportunità per svolgere il vostro compito. Siate per lei un maestro, inviatele un messaggio d'affetto, magari potreste offrirle un libro, scriverle un'e-mail o una lettera, o chiamarla al telefono. Oggi fate una buona azione, fosse anche con un estraneo che vive nella cella di una prigione. Adesso è questa persona il vostro compito.

28.

Abbiate la forza dell'uomo
ma mantenete la delicatezza della donna!
Siate una valle sotto il cielo;
in questo modo, la virtù
non vi abbandonerà mai.

Conoscete il bianco,
mantenete il nero,
e siate lo stampo del mondo.
Essere lo stampo del mondo significa
camminare perennemente nella virtù,
senza mettere mai un piede in fallo,
e ritornare poi all'infinito.

Colui che conosce la gloria
conservando l'umiltà
agisce in accordo con il potere eterno.
Essere la fonte del mondo significa
vivere un'esistenza traboccante di virtù.

Quando ciò che è senza forma la assume negli oggetti,
le sue qualità originali vanno perdute.
Se preservate le vostre qualità originali,
potete governare il mondo.
In verità, il migliore tra i governanti
è quello che governa il minimo.

VIVERE LA VIRTÙ

In questo capitolo la parola *virtù* è sinonimo di «natura» o del «Tao». Essendo uno con la natura, il saggio è in accordo con il Tao ed è una persona virtuosa nella vita quotidiana. Qui Lao-Tzu parla del vostro cammino personale e anche di un modo per governare gli altri orientato verso il Tao. Gli altri possono essere i vostri famigliari, i colleghi, i soci in affari, gli amici e l'intera comunità che amministrate se rivestite una carica politica. Infatti, una buona parte del *Tao Te Ching* è finalizza a insegnarci come creare una gestione del potere che sia in accordo con questi sommi principi del Tao. È mia ferma intenzione diffondere questi insegnamenti in tutto il mondo, in modo tale da favorire una trasformazione di tutti coloro che si definiscono «leader» e occupano, o sono destinati a occupare, una posizione di potere.

Ogni persona ha una capacità intrinseca di suscitare enormi cambiamenti che possono condurre alla tranquillità, all'armonia e alla pace che sono la nostra eredità. Lao-Tzu chiama questa prerogativa le nostre «qualità originali». Tali qualità richiedono il minimo controllo da parte nostra, così è ovvio renderci conto che governiamo meglio se lasciamo fiorire la nostra natura Tao, che esercita il minimo controllo.

Vivere virtuosamente è ciò che fate quando permettete al Tao di guidarvi. I consigli che dà Lao-Tzu per farlo sono illustrati in quattro distinte immagini di questo capitolo:

1. Il primo è «Siate una valle sotto il cielo». Lasciate che il fiume della vita scorra attraverso di voi. Come una valle sotto il

cielo, siete un luogo fertile di grazia dove ogni cosa è accolta e accettata. Potreste considerarlo come lo spazio più basso nella totalità delle diecimila creature, oppure come il punto da cui potete vedere ogni cosa scorrere sopra di voi. In questa posizione di umiltà, la virtù costante del Tao non svanirà mai. Per me, questo significa vivere con radicale umiltà. Quindi, scendete (se potete) al livello visivo di un bambino piccolo. Guardando in alto, vedete se le « qualità originali » sono più percepibili. Siate come la valle sotto il cielo, pronti ad abbracciare e a prendervi cura dei semi che incontrerete sul vostro cammino.

2. La seconda immagine che vi invita a vivere virtuosamente è « Siate lo stampo del mondo ». Guardate la natura non alterata deturpata dalle coltivazioni, perfetta come un pezzo di legno grezzo. Lo stampo del mondo, non toccato dagli uomini, è il disegno del Tao. Dunque, piuttosto che insistere a cambiare o resistere, siete incoraggiati a far navigare la vostra barca, e la vostra vita, *abbandonandovi* dolcemente alla corrente. Fidatevi della perfezione del Tao per riportarvi felicemente al vostro luogo d'origine. In pratica, Lao-Tzu vi dice di lasciarvi andare e affidarvi al Tao. Ignorate l'ego, che avete creato, e permettete a voi stessi di essere nel mondo, cambiando il vostro modo di guardare il mondo.

3. « [Agite] in accordo con il potere eterno » è la terza immagine per vivere virtuosamente. Riflettete solo per un momento sull'idea di una fonte del mondo, che non si esaurisce mai, non finisce, ed esiste al di là del nascere e morire delle diecimila creature. Questo genere di potere crea e poi si ritira, forma e poi rende informe. È sempre là, un geyser infinito che zampilla virtù a profusione.

   Siete in accordo con il potere eterno quando escludete l'ego e prendete coscienza del Tao che scorre nella fonte che siete. Immaginate di sgorgare, non dalle idee che affermano la vostra importanza e il vostro potere sugli altri, bensì da una sorgente inestinguibile di bene e di virtù che è in armonia con la vostra natura infinita. Cambiate l'immagine di voi stessi in quella di un essere in accordo con il potere eterno, e la vita virtuosa che volete diventerà visibile.

4. «Preservate le vostre qualità originali» è la quarta immagine del vivere virtuosamente, quella che amo particolarmente. Le vostre qualità originali sono quelle che esistevano prima di voi! È ciò che Gesù intende quando dice: «E ora, Padre, glorificami davanti a te, con quella gloria che avevo presso di te prima che il mondo fosse» (Giov. 17:5). Immaginate che cosa vuol dire «prima che il mondo fosse». Le qualità originali di cui parla Lao-Tzu sono l'amore, la gentilezza e la bellezza che definivano la vostra essenza prima che foste plasmati in una particella e poi in un essere umano. In altre parole, vivere virtuosamente non ha niente a che vedere con obbedire alle leggi, essere buoni cittadini, o realizzare qualche idea ispirata dall'esterno della persona che siete destinati a diventare.

Questo profondo capitolo del *Tao Te Ching* vi spiega come vivere virtuosamente. Siate una valle sotto il cielo praticando l'umiltà e lasciando scorrere attraverso di voi gli apparenti opposti. Siate lo stampo del mondo, *osservando* lo stampo del vostro mondo e vivendo in armonia, senza un ego che domina gli altri. In accordo col potere eterno, siate una fonte del pianeta riversando consapevolmente dall'oceano infinito della bontà e della virtù che è il vostro diritto di nascita. Preservate le vostre qualità originali recuperando e riavvicinandovi all'essenza del Tao, che ha preceduto la vostra nascita nella forma ed è la vostra qualità originale.

Ecco ciò che Lao-Tzu propone dalla sua prospettiva di duemilacinquecento anni fa nel ventottesimo capitolo del *Tao Te Ching*:

Credete l'esatto opposto di ciò che siete stati condizionati a credere

Invece di lottare per vedervi come superiori agli altri, scegliete magari di essere come l'immagine della valle. Da questa posizione a livello del terreno, fertile e recettiva, siate disposti ad ascoltare e ricevere. Ascoltate attentamente quando siete propensi a offrire consigli. Siate un'umile sorgente della terra piuttosto che una persona presuntuosa ispirata dall'ego. Nell'ultimo verso del ventottesimo capitolo, Lao-Tzu lo dice chiaramente: « In verità, il migliore tra i governanti è quello che governa il minimo ». Questo non è un consiglio finalizzato a sminuire l'opinione che avete di voi stessi, ma a farvi percepire connessi alla Sorgente, con una forza tale da sapere e confidare di essere una parte di Essa.

Sostituite la negatività con l'amore

Kahlil Gibran, lo spirituale poeta libanese, una volta ha consigliato che: « Se non potete lavorare con amore, ma solo con riluttanza, allora è meglio lasciare il lavoro e sedere alla porta del tempio e accettare elemosine da chi lavora con gioia ». Cominciate attivamente a preservare le vostre qualità originali diventando strumenti dello Spirito, soprattutto nei luoghi in cui dimenticate facilmente il vostro vero io virtuoso.

Ora mettete in pratica il Tao

Siate come bambini almeno una volta al giorno. Scegliete deliberatamente una tipica situazione stressante e diventate una valle sotto il cielo. Giocate invece di lavorare, anche mentre siete sul posto di lavoro. Scherzate invece di mantenere un'aria seria. Lasciatevi stupire un paio di volte. Per esempio, trovate una ragnatela e osservate semplicemente il miracolo davanti a voi: una minuscola creatura che tesse una tela perfetta allo scopo di catturare qualche insetto per cena... che meraviglia!

29.

Credete di poter governare l'universo e migliorarlo?
A mio parere non è possibile.

Il mondo è un recipiente sacro che non si può controllare.
Chi cerca di maneggiarlo lo rovina.
Chi cerca di impadronirsene lo perde.

Lasciate che la vostra vita scorra secondo natura.
Sappiate che anch'essa è un recipiente di perfezione.
Come nel respiro, l'aria entra e poi esce,
c'è un tempo per avanzare
e un tempo per retrocedere;
un tempo per muoversi
e un tempo per restare fermi;
un tempo per essere attivi
e un tempo per essere stanchi;
un tempo per sentirsi al sicuro
e un tempo per essere in pericolo.

Per il saggio
la vita è un cammino verso la perfezione,
perciò egli rifugge
gli eccessi, le stravaganze e il fanatismo.

VIVERE SECONDO LA LEGGE DI NATURA

Questo capitolo tratta della legge di natura che non è dominata dall'ego. Il messaggio? Non siete voi a comandare, non l'avete mai fatto e non lo farete mai. Perciò, siete invitati ad abbandonare qualsiasi idea di controllare tutto e tutti, voi stessi compresi. Per la maggior parte di noi è una dura lezione da imparare. Come dice Lao-Tzu all'inizio del capitolo: « A mio parere non è possibile ».

Le parole di Albert Einstein, uno degli scienziati più famosi del mondo, lo confermano:

> La religiosità [dello scienziato] consiste in un estasiato stupore davanti all'armonia delle leggi della natura, che gli rivela un'intelligenza così superiore che, al suo confronto, il pensiero sistematico e le imprese umane non sono che miseri riflessi. Questo sentimento religioso è il principio che guida la sua vita e il suo lavoro...

È a questo sentimento che vi esorto a rivolgervi, quando mettete in pratica la saggezza del ventinovesimo capitolo del *Tao Te Ching*. Facendo appello a questo estasiato stupore davanti alla sacra perfezione del mondo, vi liberate del desiderio di controllare tutto e tutti. In questo modo riuscirete a vivere nell'« armonia delle leggi della natura » di cui parla Einstein.

Lao-Tzu vi rammenta che « il mondo è un recipiente sacro », non siete tenuti a riempirlo. Poiché siete anche voi parte del mondo, forse avete bisogno di cambiare il modo in cui guardate la vostra vita, il vostro passato, così come la vostra visione del futuro. Che siate d'accordo o no, che vi piaccia o no, tutto si svolge fuori dal dominio del vostro ego. Ogni evento si compie secondo la stessa legge di natura che regola l'alternanza delle stagioni, le fasi lunari, le migrazioni delle balene e degli uccelli, che si spostano senza l'aiuto di una mappa o di un sistema di orientamento creato dall'uomo. Quando guarderete la vostra vita in questo modo, comincerete a vedere che essa procede in sintonia con i principi biologici.

Il Tao è una legge di natura, non una forza che vi controlla e vi manipola. Nel libro *Il Tao della filosofia*, Alan Watts ci rammenta ciò che Lao-Tzu disse una volta: «Il Grande Tao scorre dovunque, sia a destra che a sinistra. Ama e nutre tutte le creature, ma non estende il proprio dominio su di esse». Il Tao è il principio informatore di Dio, non il signore e padrone della natura. Non è un mostro assetato di potere e dominato dall'ego! Il sentimento di superiorità è un'invenzione umana. Il Tao non agisce da despota, imponendosi a voi o a chiunque altro. Esso permette semplicemente a tutto il creato di esprimersi con tempismo perfetto... e tutto ciò che si manifesta è sacro perché fa parte del Tao senza ego.

Vi suggerisco di trovare qualche momento tranquillo per rileggere questo capitolo e riflettere sulla natura sacra di tutta la vostra esistenza. Non escludete le esperienze del passato a cui attribuite la colpa di avervi privato dell'abbondanza, della salute, della felicità che volevate e che vi aspettavate. Meditate sul fatto che c'è un tempo per ogni cosa: «Come nel respiro, l'aria entra e poi esce», sapete che ciò che accadrà è preceduto da ciò che è già successo. Tutte le volte che vi siete sentite traditi, abbandonati, maltrattati, spaventati, ansiosi o privati di qualcosa, sappiate che è accaduto secondo la legge di natura, la stessa che vi ha fatto sentire, amati, protetti, confortati e così via. C'è un tempo per ogni cosa, comprese le esperienze di oggi.

Cominciate a riconoscere che ogni momento della vostra vita è in sintonia con il Divino Tao. In questo modo, passerete dal giudizio (forse anche dalla collera), alla gratitudine per essere capaci di sentirvi sia stanchi che riposati, spaventati e sicuri, trascurati e amati. Tutto ciò fa parte della legge di natura. La vostra mente dominata dall'ego cerca di proteggervi dal dolore insistendo sul fatto che potreste imparare a eliminare alcuni aspetti della vita. Tuttavia, il saggio dentro di voi desidera essere più in armonia con la perfezione del Tao. Come esaudite questo desiderio? Lao-Tzu vi invita a evitare i fanatismi, gli eccessi, le stravaganze e a sapere che tutto si compie in modo perfetto, anche se pensate che sia il contrario. Questi pensieri devono anche fare il loro tempo e, nel naturale corso degli eventi, saranno sostituiti da altri... che si presenteranno al momento giusto.

Credo che Lao-Tzu in questo capitolo voglia comunicarvi questo, dalla sua prospettiva di duemilacinquecento anni fa:

Rinunciate al bisogno di controllare

Iniziate un programma consapevole per lasciar andare e permettere al vostro mondo e a tutti coloro che vi appartengono di agire come è stabilito. Lasciar andare è un processo mentale: richiede un secondo netto per smettere di farlo e avere un breve colloquio con voi stessi lì per lì, su due piedi. Rammentatevi solo di farvi da parte ed essere un testimone piuttosto che un protagonista. Invitate il Divino ordine naturale lasciando semplicemente andare avanti ciò che state sperimentando senza criticare o controllare; in questo modo, vi muovete verso il centro. Pensate al bisogno di controllare come a un segnale per lasciare che il Tao possa scorrere liberamente nella vostra vita. Al principio, la mente dominata dall'ego può schernire ad alta voce l'idea che il Tao sia responsabile del perfetto realizzarsi di ogni cosa. Tocca a voi ammettere che la vostra convinzione che l'ego possa controllare la vita è un'illusione.

Abituatevi a riconoscere che c'è un tempo per ogni cosa

Quando vi trovate in un momento di difficoltà, ripetete i versi che Lao-Tzu vi ha dato. Io lo faccio mentre pratico yoga quando mi sento esausto mantenendo una posizione troppo a lungo. Rammento che esiste *un tempo per essere stanchi* ed esiste *un tempo per essere attivi*. Ciò mi libera immediatamente dall'ego esigente, che dice: *Non dovresti sentirti così stanco.* Potete fare anche voi la stessa cosa in qualunque momento della vita. Le esperienze del dolore, della perdita, della paura, della collera e persino dell'odio sembrano svanire, quando ricordate che fanno parte del perfetto fiorire della legge di natura e che presto verrà un tempo per la consolazione, per la pace e per l'amore.

Applicate questo capitolo del *Tao Te Ching* creando un'espressione tutta vostra da usare in situazioni che implicano la criminalità, l'AIDS, la fame e la guerra. Provate a dire qualcosa come: *Sì, sembra che in questo momento simili orrori possano prevalere, ma io scelgo di non reagire portando agli eccessi la mia collera e il mio rancore. Eppure desidero fortemente fare qualcosa in queste circostanze, è naturale che provi questo sentimento. Decido di agire sul mio intimo desiderio di porre rimedio a queste situazioni. Mantenendo un senso di pace interiore ed evitando il fanatismo, affronterò il mondo nello stesso modo amorevole e benevolo che il Tao manifesta eternamente.*

Non è quello che vedete intorno a mantenervi in connessione con il Tao; è la vostra comprensione di come agisce il suo eterno scorrere. Come dice Ralph Waldo Emerson: «Il cielo opera attraverso atomi, particelle minuscole, infime. Gli aghi non sono nulla, il magnetismo è tutto».

Ora mettete in pratica il Tao

Oggi trovate un luogo dove il controllo è dilagante e rinunciate a esso. Reprimete l'inclinazione a interferire, rammentando che c'è un tempo per ogni cosa e voi state diventando più abili a osservare pacificamente piuttosto che prendere il sopravvento. Attaccate questo consiglio di Naomi Long Madgett in un posto dove potete sempre leggerlo per ricordarvi costantemente il vostro desiderio di vivere secondo natura:

Se fossi in te, non curerei troppo la pianta.
Quelle attenzioni premurose potrebbero danneggiarla.
Smetti di zappare e lascia riposare il terreno
e aspetta che sia secco prima di bagnarlo.
La foglia trova da sola la propria direzione;
dalle possibilità di cercare il sole per conto suo.

Troppi stimoli e una tenerezza troppo assillante
arrestano la crescita.
Dobbiamo imparare a lasciare in pace le cose che amiamo.

30.

Chi vuole guidare un governante nelle circostanze della vita
lo ammonirà contro l'uso delle armi per sottomettere.
Le armi spesso si rivolgono contro colui che le utilizza.

Dove sono passati gli eserciti,
crescono solo roveti e spine.
Dove è stata combattuta una battaglia,
il suolo è sterile e non dà raccolto.
La terra giace priva della sua fertilità.

Dopo che avete raggiunto il vostro scopo,
non dovete ostentare il successo,
non dovete vantarvi delle vostre capacità,
non dovete sentirvi orgogliosi;
piuttosto rimpiangete di non essere riusciti
a evitare la guerra.

Non dovete mai credere di conquistare gli altri con la forza.
Tutto ciò che si ottiene con la forza
andrà subito in rovina.
Non è in sintonia con la Via.
Ciò che non è in sintonia con la Via
non può durare a lungo.

VIVERE SENZA USO DELLA FORZA

Se doveste seguire esplicitamente il consiglio presentato nel trentesimo capitolo del *Tao Te Ching*, vi trovereste a vivere un'esistenza senza conflitti. Immaginatevi! Se l'intera popolazione mondiale comprendesse e vivesse secondo i dettami di questo capitolo del *Tao Te Ching*, saremmo finalmente liberi dallo stress causato dagli scontri e dalle devastazioni che la guerra continua a spargere sul pianeta sin da quando esiste memoria storica. Come ci è stato saggiamente insegnato dal ventinovesimo capitolo, c'è un tempo per tutto, potrebbe essere *questo* il tempo per vivere senza l'uso della forza?

Ecco la mia impressione di ciò che vi è presentato in questo capitolo: l'uso della forza crea una forza contraria, e tale scambio va avanti fino a innescare una guerra su tutti fronti. Una volta scatenata, la guerra provoca massacri e carestie, perché la terra smette di produrre raccolti. Ebbene, quando scatenate una guerra nella vostra vita personale, essa provoca una carestia di amore, gentilezza e gioia, che priva voi, e tutti quelli che vi stanno intorno, della Maternità Divina. Lao-Tzu vi sta incoraggiando a cercare un'alternativa all'uso della forza quando dovete appianare delle controversie. Se non riuscite a trovare nessun'altra possibilità, allora siete incoraggiati a rinunciare a considerarvi vincitore o conquistatore.

L'uso della forza si riferisce a qualsiasi abuso fisico o psicologico, in cui le armi utilizzate sono l'odio e l'intolleranza. Ci sarà sempre una forza contraria, e ciò che avete scelto di fare non è «in sintonia con la Via». Ciò significa che alla fine perderete, specialmente quando riflettete sulle parole di Martin Luther

King Jr., il quale una volta ha detto che il solo modo di trasformare un nemico in amico è attraverso l'amore.

Sfortunatamente ogni volta che si fa ricorso alla forza, il risentimento e infine la vendetta sono i mezzi con cui ci viene risposto. Se pensiamo in termini di guerra, l'uccisione di un gran numero di persone indicate come nemici lascia i loro figli e figlie a crescere nell'odio verso i dominatori. Alla fine quei sopravvissuti prenderanno le armi in mano per vendicarsi sui figli di coloro che li hanno dominati. L'uso della forza alimenta il proseguimento della guerra per intere generazioni. O, nelle parole di Lao-Tzu, «le armi spesso si rivolgono contro colui che le utilizza».

Pensare in accordo col Tao è valido in qualsiasi conflitto vi ritroviate coinvolti. Facendo ricorso alla forza, le discussioni con il vostro consorte, i vostri figli, i vostri partner d'affari, e perfino coi vostri vicini di casa si intensificheranno sempre di più. Questo avviene perché la Grande Via del Tao è quella della cooperazione, non quella della competizione.

La Sorgente creatrice di tutto provvede sempre, non chiede niente in cambio, e proviene dalla condivisione del suo insito amore. Sa che tutto è parte delle diecimila creature, e che devono collaborare tra di loro, perché hanno in comune la stessa origine. Perciò, ogni volta che vi trovate spinti verso l'uso della forza, vuol dire che avete perso di vista la vostra connessione col Tao. Inoltre, qualsiasi gruppo di persone (per esempio le comunità o le nazioni) ricorra alle armi per far valere i propri scopi non è in sintonia con la Via. Lasceranno la terra e i cuori delle persone abitabili solo « da roveti e spine ». La scelta di impegnarvi a mettere in pratica il Tao include anche il rifiutarvi di partecipare in qualsiasi maniera, sia psicologica che fisica, a qualsiasi azione che violi il consiglio di questo brano del *Tao Te Ching*.

Forse la lezione più facile qui presentata è l'invito a evitare di vantarvi e di ostentare qualsiasi cosa sia stata ottenuta attraverso l'uso della forza. Ricordate che qualsiasi cosa raggiunta con questi mezzi produce una forza contraria, che alla fine volgerà la vostra vittoria in sconfitta. Se in qualche modo sentite che non avete altra soluzione che ricorrere alla violenza per difendere voi stessi o i vostri cari, distoglietevi subito dalla tentazione di vantarvene o di congratularvi con voi stessi. Impegnatevi a lavorare al ristabilire un equilibrio di amore laddove prima c'era odio, e a fare tutto quello che potete per correggere ogni eventuale danno che possa risultare dall'uso della forza. Questa è la Via. È stata anche chiamata *wu-wei*, o «non forzare», che vuol dire assumere la condotta di opporre la minor resistenza in tutte le proprie azioni, e così facendo creare più forza.

Ecco ciò che credo possiate imparare e mettere in pratica dal consiglio di Lao-Tzu nel trentesimo capitolo del *Tao Te Ching*:

Eliminate la forza verbale e/o fisica in tutte le situazioni

Esaminate quelle relazioni in cui vi trovate in disaccordo con l'altra persona. Decidete di diminuire l'uso di linguaggio irritante e di distoglіervi da qualsiasi intenzione di arrivare all'aggressione fisica nel corso di un alterco. Esercitatevi a interrompere i pensieri violenti, spostandovi subito in una posizione d'ascolto. Mordetevi la lingua! Domatevi! Per il momento, trattenetevi dal rispondere.

Questi sono dei grandi inviti a sintonizzarvi con la Via. Ricordate, qualsiasi atto di forza produrrà sicuramente una forza contraria, perciò, se insistete con l'escalation distruttiva, le armi si ritorceranno contro di voi.

Rifiutatevi di partecipare ad azioni in qualche modo violente

Mettete le distanze tra voi e ogni forma di violenza. Questo include l'ascolto di notizie in TV o alla radio o anche la lettura di articoli di giornale sull'uso che della forza si fa su tutto il pianeta. Notate se giustificate l'ascolto o la lettura di azioni ostili con la necessità di essere «pienamente informato». Una volta saputo che da qualche parte si ricorre alla forza per soggiogare gli altri, comprenderete che la ripetizione costante di quelle notizie vi rende partecipi della violenza. Rifiutandovi di far entrare questa energia nella vostra vita, anche solo come osservatore passivo, vi mantenete in sintonia con la Via.

Alla fine, quando un buon numero di voi non sarà più disposto a tollerare questo comportamento, in nessuna delle sue forme, saremo più vicini alla fine del ricorso alla forza sul nostro pianeta. Ricordate che ogni uso della forza, anche il più piccolo, produce una forza contraria.

Ecco ciò che ha detto un grande mistico del XVI secolo, san Giovanni della Croce:

Potreste mettere a tacere tutto il mondo per un istante
se pregate.

E se amate, se
amate davvero,

le vostre pistole
appassiranno.

Ora mettete in pratica il Tao

In linea con il concetto di modificare il modo di vedere il mondo, oggi cambiate ogni canale televisivo e ogni stazione radio che presenti immagini o notizie sull'uso della violenza. Poi estendete la politica di «tolleranza zero» ai film, video e giochi che mostrino percosse, omicidi e scene di inseguimenti.

31.

Le armi sono strumenti di violenza;
tutti gli uomini buoni le detestano.
Perciò, i seguaci del Tao non le usano mai.

Le armi sono al servizio del male.
Sono gli strumenti di coloro che si oppongono
a un governo saggio.
Usatele solo come ultima scelta.
Poiché il cuore dell'uomo buono preferisce la pace e la quiete,
la vittoria non è per lui motivo di gioia.

Chi gioisce per una vittoria
uccide volentieri,
e chi uccide volentieri
non dominerà mai il mondo.

Quando la natura più elevata dell'uomo emerge
è un buon segno.
Quando prevale la sua natura più bassa
è un cattivo segno.

Quando si commette una strage,
si prova dolore e rimpianto.
Ogni vittoria è un funerale;
quando vincete una guerra,
festeggiate con il lutto.

VIVERE SENZA ARMI

Il trentunesimo capitolo del *Tao Te Ching* afferma inequivocabilmente che gli strumenti di violenza sono al servizio del male. Lao-Tzu sapeva chiaramente che le armi, progettate per uccidere, sono strumenti della futilità, e che, se decidete di vivere secondo i principi del Tao, dovreste starne alla larga. Ciò include la progettazione, la produzione, la pubblicità, la distribuzione e, naturalmente, l'uso di armi nel commercio della morte. Il Tao riguarda la vita; le armi si occupano di morte. Il Tao è una forza creativa; le armi sono fatte per distruggere. L'umanità non è riuscita a imparare questo profondo insegnamento del *Tao Te Ching*, scritto in un'epoca in cui le armi che circolavano erano archi e frecce, lance, asce e così via.

Dalla sua posizione di osservatore e di individuo dalla saggezza Divina, Lao-Tzu ha riconosciuto che non c'è vittoria in nessuna azione che scaturisca in un assassinio. Perché? Perché tutte le persone, qualsiasi sia la loro collocazione geografica o il loro sistema di valori, sono connessi le une con le altre dallo spirito che li ha originati. Tutte veniamo, conserviamo e ritorneremo al Tao. Distruggendoci gli uni con gli altri, distruggiamo l'opportunità di lasciare che il Tao ci pervada e scorra liberamente dentro la forma nella quale ci troviamo. Quella che al nostro ego sembra una vittoria da festeggiare è in realtà un funerale, un momento di lutto. Lao-Tzu ci ricorda che provare piacere per aver vinto una battaglia riflette la volontà dell'ego di uccidere. Il Tao ha solo volontà di creare, di nutrire e di amare. Su questo piano fisico, la nostra natura più elevata si esprime attraverso i precetti del Tao, mentre la nostra natura più infima si esprime partecipando al commercio della morte.

Da sempre la storia scritta dell'umanità richiama alle guerre, e noi misuriamo la nostra supposta marcia verso il progresso in base a quanto sofisticate siano diventate le nostre armi nel corso del tempo. Siamo passati dalle semplici lance usate nei combattimenti corpo a corpo agli archi e frecce che uccidono da breve distanza, ai fucili e dispositivi esplosivi che ammazzano da lontano, alle bombe che, sganciate dall'alto, provocano massacri. Siamo arrivati al punto di dover inventare termini come *strage* e *armi di distruzione di massa* per descrivere la nostra attuale capacità di distruggere milioni di persone e altre forme di vita con un'esplosione nucleare.

Dire che attualmente abbiamo raggiunto un livello avanzato di progresso tecnologico significa che possediamo la capacità di distruggere tutta la vita sul nostro pianeta con le armi che abbiamo accumulato. Siamo arrivati a questa pericolosa condizione perché abbiamo ignorato i principi basilari del *Tao Te Ching*, in particolare quello espresso nell'infinita saggezza di questo capitolo: «Le armi sono al servizio del male. Sono gli strumenti di coloro che si oppongono a un governo saggio».

Credo che Lao-Tzu non stesse parlando solamente delle armi fisiche, ma anche di quei comportamenti che possono essere distruttivi. Questo include le parole violente, i gesti e le minacce, che non fanno parte della natura più elevata dell'umanità. Se cambiate il modo di vedere il mondo, dovete anche prestare attenzione al linguaggio che usate e a come vi comportate. Dimostrate di essere una persona che dà valore alla vita in tutte le sue manifestazioni? Siete una persona che non alzerebbe mai un'arma, fisica o di altro genere, contro qualcuno, a meno che siano state esaurite tutte le alternative? E inoltre, se costretto a ferire un altro, siete in grado di provare compassione per il vostro cosiddetto nemico? Le armi progettate per uccidere sono in contrasto con l'essenza stessa del Tao. Perciò, dovete sforzarvi in ogni modo di essere pacifici e in armonia con la sua energia che dà la vita.

La massiccia proliferazione di armi nella società moderna è per l'umanità un gigante passo di allontanamento dalla sua natura più elevata. Perciò sostituite il diritto a possedere e a usare armi con la consapevolezza del Tao. Cercate, piuttosto, di aspirare a raggiungere un'epoca in cui la nostra energia umana collettiva avrà raggiunto uno status talmente alto che sarà impossibile anche solo contemplare l'omicidio. Potete cominciare a farlo cambiando il vostro modo di considerare le armi come un male necessario. Il processo comincia da ciascuno di noi, e possiamo iniziarlo prestando attenzione a ciò che ci insegna il *Tao Te Ching*. Facendo di questo capitolo la vostra voce personale, riuscirete a impedire che il nostro pianeta diventi un luogo senza vita.

Ecco ciò che credo Lao-Tzu voglia dirvi singolarmente dal suo punto di vista di duemilacinquecento anni fa:

Iniziate a considerare l'uso di armi fisiche o verbali come una reazione indesiderata

Se sentite il bisogno di difendervi, prendete atto che ciò è prova che state ignorando gli insegnamenti della Sorgente del vostro essere. Rifiutatevi di prendere in considerazione l'uso della violenza in qualsiasi forma, facendo attenzione al linguaggio che usate ed eliminando l'odio dal vostro vocabolario. Invece di difendere il diritto di possedere e usare armi, usate il concetto che tutte le morti causate da tali strumenti indicano un allontanamento dalla saggezza del Tao. Quando un numero sufficiente di noi avrà raggiunto la consapevolezza che l'esistenza delle armi è inammissibile, saremo noi a dare la direzione in cui deve girare il nostro mondo. Non saremo più capaci di valutare il livello della civiltà mondiale in base alla sofisticatezza delle nostre armi. Al contrario, misureremo con la scala del Tao che calcola quanto siamo in grado di nutrirci e di amarci a vicenda. A quel punto essere civili confermerà il significato della radice della parola *civiltà*.

Smettete di festeggiare la morte e la violenza in qualsiasi forma

Allontanatevi il più possibile dalle immagini di morte, comprese quelle dei film o degli spettacoli televisivi, che ritraggono le uccisioni come una forma di intrattenimento, così come le notizie del telegiornale che danno risalto all'annullamento della vita. Insegnate ai vostri figli, e a qualsiasi altro bambino, a santificare la vita. Incoraggiateli a non compiacersi per la morte dei cosiddetti nemici, terroristi, o ribelli; tutti questi tipi di morte, che siano sul campo di battaglia o sulle strade delle città, sono una prova della nostra volontà collettiva di uccidere. E non ostentate odio o collera; al contrario, insegnate a voi stessi e agli altri che ogni vittoria riportata con le armi è un funerale di cui dolersi.

Ecco alcuni versi significativi di san Tommaso D'Aquino, un santo che ha cercato di insegnarci ciò che Lao-Tzu ha presentato in questo capitolo del *Tao Te Ching*:

Com'è che esse vivono per lunghissimi periodi in tale armonia,
i miliardi di stelle,

Mentre la maggior parte degli uomini riesce a stare non più di un minuto
senza dichiarare guerra nella loro testa a qualcuno che conoscono.

Ci sono guerre in cui nessuno marcia con una bandiera,
sebbene ciò non impedisca alle vittime
di aumentare.

I nostri cuori irrigano questa terra.
Siamo in competizione
uno contro l'altro.

Come possiamo vivere in armonia?
Prima dobbiamo
sapere

che siamo tutti pazzamente innamorati
dello stesso
Dio.

ORA METTETE IN PRATICA IL TAO

In segreto dite una preghiera per ogni persona della quale leggete o sentite dire che è stata uccisa da un'arma, non importa quanto lontano sia.

32.

L'eterno Tao è senza nome.
Per quanto sia semplice e impercettibile
nessuno al mondo può dominarlo.

Se re e sovrani sapessero attenervisi
le diecimila creature renderebbero loro omaggio
spontaneamente.
Il cielo e la terra gioirebbero
facendo discendere una dolce rugiada.
Tutti vivrebbero in armonia,
non per l'obbedienza alle leggi,
ma per la propria bontà.

Quando l'unità primordiale si divise, le singole parti
necessitarono di un nome;
il numero dei nomi è già abbastanza;
sappiate quando fermarvi.
Sappiate quando la ragione pone dei limiti
per evitare il pericolo.

I fiumi e i torrenti sono nati dall'oceano,
e tutte le creature sono nate dal Tao.
Così come l'acqua scorrendo torna al mare,
tutte le creature tornano a essere il Tao.

VIVERE LA PERFETTA BONTÀ DEL TAO

In questo capitolo Lao-Tzu descrive l'estasi di trovarsi veramente sulla stessa lunghezza d'onda della vostra Sorgente. Ciò che potreste descrivere come sincerità e gioia è il «semplice e impercettibile» scorrere dell'energia del Tao, responsabile di tutta la vita... e non è necessario nessuno sforzo da parte vostra.

Lao-Tzu inizia questo capitolo ricordando che nessuno, né voi né io, e nemmeno il più potente sovrano o dittatore, può regnare o comandare la forza conosciuta come Tao. Se fosse sotto il vostro controllo, allora tutta la natura e le sue diecimila creature festeggerebbero, perché vivremmo in pace e armonia. Quando siamo in grado di vivere e respirare la perfetta bontà che è il Tao, le guerre, la carestia, i conflitti e le altre creazioni umane negative cessano di esistere. La sfida presentata nel trentaduesimo capitolo del *Tao Te Ching* è come vivere nel nostro mondo fisico all'unisono con l'eterno Tao, che continuamente modella e crea.

Considerate cosa desiderate portare nella vostra vita; poi, nel contesto di questo dolce capitolo, provate gratitudine per qualsiasi cosa in cui vi imbattiate. Esprimete gratitudine cavalcando la corrente della vostra esistenza e permettendole di essere vostra alleata. Potete essere il pilota di questa corsa gloriosa, ma se scegliete di opporvi a essa alla fine sarete trascinati sotto la sua corrente. Ciò è vero per ogni aspetto della vostra vita: più spingete contro di essa più resistenza create.

Siate consapevoli di qualsiasi cosa che vi dirige verso attività che accendono la vostra passione. Se, per esempio, gli eventi sembrano portarvi verso una nuova direzione nel lavoro, oppure se dei segni vi indicano di cambiare lavoro o luogo, prestate loro attenzione! Non fatevi trascinare sotto, rifiutandovi di spostarvi e perseverando nella frustrante routine a voi familiare, e poi creando giustificazioni per la vostra paura di cambiare. Riconoscete che l'energia del Tao scorre attraverso la vostra vita, e smettete di combattere contro la vostra chiamata interiore.

Ogni giorno dell'estate che trascorriamo qui a Maui guardo mio figlio piccolo sulla tavola da surf. Lui ama l'eccitante cavalcata, mentre accelera seguendo l'onda, non cerca di controllarla prolungandola o costringendola a cambiare direzione. Uso questa immagine come la metafora della mia vita, in quanto io scrivo seguendo la corrente. Lascio che i pensieri e le idee arrivino e si posino sulla pagina. Mi lascio trasportare dalla grande onda del Tao in tutte le mie decisioni, cosa che mi porta la pace. Ecco perché mi affido alla perfetta bontà del Tao per guidarmi, dirigermi e portarmi dove vuole.

Voi e io siamo come i fiumi e i ruscelli che Lao-Tzu nomina in questo capitolo. Siamo nati dal Tao, la nostra Sorgente dell'essere, e stiamo tornando al Tao. Il viaggio di ritorno è inevitabile, non può essere interrotto. Perciò osservate come il vostro corpo subisce dei cambiamenti, come il fiume che si dirige verso l'oceano per rifondersi e diventare uno con esso.

Lao-Tzu vi incita a capire quando smettere di pilotare voi stessi, e vi consiglia di fare un balzo nell'unità e di evitare tutti i tipi di difficoltà che egli chiama il vostro «pericolo». Scorrete col Tao in tutto ciò che fate. Abbandonate il bisogno di essere il responsabile: si tratta del vostro ego, che vuole fare lo straordinario sul lavoro. Non potete costringere il Tao... lasciate che vi trasporti, rilassandovi in esso con fiducia e fede.

Mentre cavalcate la gloriosa onda del Tao, riflettete su questo consiglio di Alan Watts in *Il Tao: la via dell'acqua che scorre*:

> Lasciate udire ai vostri orecchi qualsiasi cosa desiderino sentire; lasciate guardare ai vostri occhi qualsiasi cosa vogliano vedere; lasciate che la vostra mente pensi a ciò che vuole pensare; lasciate che i polmoni respirino al proprio ritmo. Non aspettatevi risultati speciali, perché in questa condizione senza parole e senza idee dove può esserci passato o futuro, e dove qualsiasi nozione di scopo?

Fermatevi, guardate e ascoltate, proprio in questo istante, prima di continuare a leggere. Sì, entrate nella perfetta bontà del Tao proprio adesso, nei vostri affari, nelle vostre relazioni, nella vostra carriera, in tutto! Fermatevi, ascoltate la vostra passione, e allora lasciatevi prendere dall'onda incessante di tutta la creazione, che va avanti nonostante le opinioni del vostro ego.

Ecco cosa Lao-Tzu sembra dirvi, attraverso di me, riguardo il mettere in pratica l'idea contenuta nel trentaduesimo capitolo del *Tao Te Ching*:

Prestate attenzione al corso della vostra vita

Ricordatevi che non dovete essere il responsabile, che, in effetti, è *impossibile* che voi siate il responsabile. La forza senza nome, che Lao-Tzu chiama il «Tao», muove tutto, perciò continuare a discutere con esso porterà solamente insoddisfazione. Ogni giorno, esercitatevi a lasciarvi andare e state a vedere dove siete diretti. Fate caso a chi fa la sua comparsa, e quando. Osservate le «strane coincidenze» che sembrano cospirare con il fato, e che in qualche modo vi dirigono in una nuova direzione. Prestate attenzione alle situazioni che avvengono spontaneamente e al di fuori della vostra sfera di controllo.

Cercate una nuova, gioiosa sensazione dentro di voi

Muovendovi nella direzione di «allentare il guinzaglio», per così dire, acquisterete un'acuta consapevolezza dell'euforica sensazione che il Tao scorre dentro di voi. Cominciate a osservare quali passioni vengono risvegliate quando lasciate che la vostra corsa sia diretta dalla vostra Sorgente, invece che dall'ego. Queste gioiose sensazioni sono indizi che state cominciando a entrare in armonia con quello che Lao-Tzu chiama «la [vostra] bontà». La vostra entusiastica ricettività interiore vi ricorda che tutto è perfetto, perciò fidatevi di quell'energia.

ORA METTETE IN PRATICA IL TAO

Scegliete un momento della vostra giornata, per esempio tra mezzogiorno e le quattro del pomeriggio, per liberare consapevolmente la vostra mente da ogni tentativo di controllare gli eventi della vostra vita. Andate a fare una passeggiata e lasciatevi andare: lasciate che i vostri piedi vadano dove vogliono. Osservate qualunque cosa davanti a voi. Notate il vostro respiro, i suoni che sentite, il vento, le nuvole, l'umidità, la temperatura, ogni cosa. Semplicemente immergetevi e lasciatevi trasportare, e osservate che sensazione vi dà lasciarvi andare con la corrente. Ora, decidete di lasciare che sia la libertà a guidarvi. Rendetevi conto che il traffico, le persone della vostra vita, la borsa, il tempo, le maree... tutto ciò avviene col proprio passo e nel proprio modo. Anche voi potete muovervi con l'eterno Tao perfetto. *Siatelo*... ora.

33.

Colui che comprende gli altri possiede la conoscenza;
colui che comprende se stesso possiede la saggezza.
Dominare gli altri richiede forza;
dominare se stessi è il vero potere.

Conoscere la misura di ciò che è abbastanza
è la vera ricchezza.

Chi si dedica totalmente a raggiungere una posizione
vive sicuramente a lungo.
Chi si dedica totalmente al Tao
vive sicuramente in eterno.

VIVERE IL DOMINIO SU SE STESSI

Nel mondo contemporaneo, generalmente si pensa che una persona colta sia qualcuno con molti diplomi, che sa discutere in maniera intelligente su tutta una serie di argomenti, in particolar modo nel campo accademico. Oltre ad aver accumulato meriti scolastici, le persone molto istruite spesso capiscono e aiutano gli altri. In effetti, sembrano possedere la capacità di «leggere» le altre persone. Il potere e lo status di questi individui paiono aumentare in proporzione al numero di uomini e donne che hanno sotto la propria direzione, come a esempio il rettore di un'università, l'amministratore delegato di un'azienda, o un generale dell'esercito.

Nel trentatreesimo capitolo del *Tao Te Ching*, Lao-Tzu vi chiede di cambiare il vostro modo di considerare i concetti gemellari di *sapere* e *potere*. Siete invitati a valutare il vostro livello di dominio di sé volgendo lo sguardo verso l'interno e guardando il mondo, e il posto che voi avete in esso, in una nuova luce. Una vita orientata al Tao è concentrata sulla comprensione di se stessi, piuttosto che su cosa pensano gli altri. Passate dall'acquisizione di informazioni e dal raggiungimento di status symbol alla comprensione e al dominio di voi stessi in tutte le situazioni. Il potere sugli altri si sostituisce con una forza interiore che vi mette in grado di comportarvi con una saggezza che è inerente al Tao.

Modificando il vostro modo di pensare, il vostro mondo subirà cambiamenti piacevolmente eclatanti. Per esempio, se vi rendete conto di essere responsabili delle vostre azioni in ogni momento, gli altri smetteranno di avere potere o controllo su di voi. Invece di preoccuparvi, *Perché quella persona si comporta in quel modo e mi fa stare così male?* potete vedere la situazione come un invito a esplorare voi stessi con un nuovo atteggiamento di dominio di sé. L'esplorazione di voi stessi consentirà il flusso delle vostre risposte interiori, che esaminerete con tolleranza nei vostri confronti. Cercando il *vostro* flusso di pensieri e lasciandovi andare con essi, il comportamento di una determinata persona automaticamente perde il suo potere. Iniziate a vedere il vostro mondo cosparso dell'armonia del Tao che scorre eternamente (e *in*ternamente!) attraverso di voi.

In ogni situazione, sia che riguardi la famiglia, il lavoro o il sociale; o anche il solo vedere le atrocità riportate dal telegiornale della sera, diventerete consapevoli che non c'è nessun « loro » che ha potere su di voi. Rifiutandovi di cedere il controllo della vostra esistenza a qualcuno o a una serie di circostanze, significa che fate ricorso al coraggio personale invece che alla forza. In effetti, state utilizzando il dominio di sé, e questa nuova condizione di controllo interno si è presentata perché avete scelto di vivere in sintonia col Tao. Non avete bisogno dell'approvazione degli altri o di entrare in possesso di altri beni per essere felici, dovete semplicemente comprendere di essere parte Divina dell'eterno Tao, sempre connesso con quella essenza infinita.

Lao-Tzu paragona la capacità di vedere dentro di sé la Sorgente dell'illuminazione e il coraggio con la vita eterna. Vi ricorda che, sebbene le manifestazioni esteriori, come il sapere e il potere sugli altri, possano allungare la vita, diventare un individuo responsabile di se stesso offre una saggezza non effimera e un biglietto per l'eternità.

Ecco ciò che questo grande maestro ha voluto insegnare in questo capitolo del *Tao Te Ching* per applicarlo al vostro mondo:

Concentratevi sulla comprensione di voi stessi invece di dare le colpe agli altri

Ogni volta che siete in ansia, che soffrite o siete turbati per il comportamento degli altri, distogliete l'attenzione da coloro che ritenete responsabili del vostro stato d'animo. Utilizzate la vostra energia mentale per lasciarvi essere ciò che state provando, lasciate scorrere il Tao, senza biasimare gli altri per come vi sentite. E non biasimate neanche voi stessi! Lasciate solo che il Tao si dispieghi... Ditevi che nessuno ha il potere di farvi sentire a disagio senza il vostro consenso, e che in questo momento non siete disposti a concedere questa autorità a questa persona. Ma *che* siete disposti a provare liberamente le vostre emozioni senza dare loro l'appellativo di «sbagliate», o senza provare il bisogno di scacciarle. Scorrete nel Tao ora! In questo modo, con questo semplice esercizio da svolgere nel momento del vostro dis-agio, vi siete sintonizzati sul dominio di sé.

È importante aggirare il biasimo e perfino il desiderio di capire l'altra persona: al contrario, concentratevi sulla comprensione di *voi stessi*. Diventando responsabili di come scegliete di reagire a qualsiasi situazione o persona, vi conformate al Tao. Cambiate il vostro modo di percepire il potere che gli altri hanno su di voi e vedrete uno splendido mondo nuovo di illimitato potenziale a vostra disposizione.

Coltivate il desiderio che gli altri scoprano il Tao nelle loro vite

Respingete qualsiasi desiderio di estendere il vostro potere sugli altri facendo un uso forzato delle vostre azioni e personalità. L'ego crede che gli altri non siano capaci di condurre le proprie vite e vuole controllarle con la forza, perciò dimostrate la vostra forza interiore abbandonando tali tattiche. Notate se state per dire agli altri come « dovrebbero » essere. Esercitatevi a lasciare che essi imparino le loro lezioni senza interferenze da parte vostra. Fate caso a quanto spesso cercate di usare la forza verbale per convincere gli altri ad ascoltarvi. Ricordatevi di rimanere calmi e di trasmettere energia d'amore. Esercitatevi in questo tipo di dominio di sé anche se è raro nel mondo di oggi. Voi siete forti abbastanza da affidarvi al Tao.

Quando sono i vostri giudizi a dominare, il Tao rallenta il suo corso. Guardate come il mondo cambia davvero proprio davanti ai vostri occhi, quando desiderate sinceramente che gli altri seguano la propria strada, che li porterà a comprendere la grandezza del Tao. Tutti quelli che prima percepivate come bisognosi che voi diceste loro cosa o come vivere sono anche loro, come voi, nella saggezza e nella forza del Tao.

Ora mettete in pratica il Tao

Oggi, esercitatevi a sentire come il Tao si manifesta con qualcuno che vi causa sofferenza. Iniziate consapevolmente una conversazione con quel parente, ex coniuge, collega prepotente, o famigliare, invitando il Tao a scorrere liberamente. Notate come, cosa, e dove sentite; rimanete in contatto, con calore e indulgenza, con le sensazioni che sentite dentro il vostro corpo. In questo momento siete entrati nello spazio del dominio di sé.

Ecco ciò che dice *Un corso in miracoli* di Helen Schucman e William Thetford circa questo capitolo del *Tao Te Ching*: «Questa è l'unica cosa che dovete fare per ottenere lungimiranza, felicità, liberazione dal dolore... Dite semplicemente questo, ma credeteci senza riserve... *Io sono responsabile di ciò che vedo. Scelgo le sensazioni che provo...*»

34.

La Grande Via è universale;
vale a destra quanto a sinistra.
Dà la vita a tutte le creature,
eppure non se ne appropria.

Porta a compimento i propri scopi,
ma non chiede riconoscimenti.
Copre tutti gli esseri viventi come il cielo,
ma non li domina.

È come la casa a cui tutti fanno ritorno,
ma non agisce da padrona;
per questo si può chiamarla «grande».

Il saggio imita la sua condotta:
non chiedendo riconoscimenti
il saggio conquista la grandezza.

VIVERE LA GRANDE VIA

In questo capitolo, Lao-Tzu vi chiede di rivalutare la vostra percezione della grandezza. Le definizioni tipiche tendono a ruotare intorno alla quantità di fama e ricchezze che un individuo accumula nel corso della sua vita. Come sottolineato nel capitolo precedente, il potere di dominare e controllare gli altri può anche essere usato come standard di questa qualità: i comandanti di vasti eserciti e i capi di stato che attraggono su di sé l'attenzione del mondo sono considerati grandi. Tuttavia spesso si pensa che i grandi uomini o donne siano stati determinanti nell'influenzare in maniera positiva il corso degli eventi umani, facendo del mondo un posto migliore, a livello locale o globale. La grandezza, quindi, è un titolo fatto da o fatto per degli individui che si distinguono dalla massa.

Il trentaquattresimo capitolo del *Tao Te Ching* descrive la grandezza in maniera completamente diversa: questa qualità è il Tao, talmente onnicomprensivo che ogni pianta, ogni creatura, ogni essere umano hanno origine e vivono grazie a Esso, il quale tuttavia non cerca di dominare niente e nessuno. Il Tao non chiede riconoscimenti di nessun tipo, perché non gli interessa la fama o essere ringraziato per tutto ciò a cui provvede. È l'indifferenza alla notorietà che fa la vera grandezza.

Quando cambierete il modo di pensare a questa qualità, vedrete il vostro mondo in maniera del tutto nuova: non misurerete più le apparenze e non starete più a guardare quanto potere voi o chiunque altro usa per cercare di dominare o controllare gli altri. Al contrario, il vostro nuovo modo di pensare vi permetterà di vedere come il Tao si manifesta in ogni persona che guardate. Forse per la primissima volta noterete la grandezza negli altri, così come in voi stessi, come il Tao che racchiude tutto. Sarete in grado di guardare il cielo e vederne la grandezza, che non chiede assolutamente niente in cambio.

Cambiando l'idea, che vi è stata inculcata, sulla grandezza comincerete a vedere un mondo diverso. Vedrete che tutti sono importanti, compresi quegli individui che prima consideravate difficili o irragionevoli. Comincerete a capire che la santità che fa fermentare le galassie è al lavoro dentro di voi, dentro di me, e dentro ciascuno. Comincerete a confidare nel fatto che la grandezza è eredità di ogni persona. Il Tao è ovunque; perciò questa qualità sarà visibile in tutte le cose e in tutte le persone.

Ecco i miei consigli su come applicare il trentaquattresimo capitolo del *Tao Te Ching* alla vostra vita quotidiana:

Smettete di decidere ciò che chiunque altro dovrebbe o non dovrebbe fare

Evitate pensieri e attività che comportino dire che cosa devono fare a persone che sono perfettamente in grado di fare le proprie scelte. Nella vostra famiglia, ricordatevi che nessuno è un vostro possesso. Il poeta Kahil Gibran ve lo ricorda:

I vostri figli non sono figli vostri.
Sono i figli e le figlie dell'ardore che la Vita ha per se stessa.
Essi vengono attraverso voi, ma non da voi...

Questo è sempre vero. Evitate di seguire la tendenza a dominare in *tutte* le vostre relazioni. Ascoltate invece di esporre. Osservatevi quando sentite di avere opinioni critiche e dove vi conduce l'attenzione verso voi stessi. Quando all'impulso di controllare sostituirete un atteggiamento di lasciar fare, comincerete a vedere la vera manifestazione del Tao in voi e nelle altre persone. A partire da quel momento sarete liberi dalle frustrazioni nei confronti di coloro che non si comportano secondo le vostre aspettative, dominate dall'ego.

Scoprite una nuova definizione di grandezza

Datevi una definizione che non usa gli standard dell'apparenza o le tradizionali misure esteriori del successo. Prestate attenzione a coloro che danno molto, si vantano poco, alimentano gli altri, e rifiutano i riconoscimenti o i meriti, e metteteli nel vostro archivio dedicato alla grandezza. Invitate voi stessi a mettere in pratica questi stessi comportamenti. Cominciate a notare come il Tao scorre sempre in maniera che provvede a tutto, che non ostenta, che non pretende, che non domina. Riuscite a vedere quanto è davvero grande? Ci sono molte persone nella vostra vita quotidiana che si comportano proprio così. Cercatele, e riconoscetele, mentre in silenzio li imitate. Ricordate che un grande saggio non reclama mai diritti sulla grandezza, perciò, cambiando il vostro modo di definirla, vedrete quella qualità spuntare fuori ovunque, specialmente dentro di voi.

Ora mettete in pratica il Tao

Decidete di dedicare un giorno a cercare diverse persone che corrispondono al modello di cui si parla in questo capitolo del *Tao Te Ching*. Trasmettete loro silenziosamente il fatto che voi percepite la loro grandezza come una manifestazione del Tao. Poi osservate come le vostre interazioni con loro cambiano, quando non esprimete giudizi basati su età, sesso, qualifica, condotta, modo di vestirsi, altezza, peso, colore della pelle, credo religioso o convinzioni politiche.

35.

Tutti gli uomini andranno a colui
che si mantiene unito all'Uno.
Accorreranno a lui senza subire danno,
poiché in lui troveranno pace, sicurezza e felicità.

La musica e il cibo sono piaceri transitori,
eppure inducono a fermarsi.
Come sono insipide e scialbe le cose di questo mondo
quando vengono paragonate al Tao!

Quando lo cercate, non vedete nulla.
Quando lo ascoltate, non sentite nulla.
Quando lo usate, non potete consumarlo.

VIVERE AL DI LÀ DEI PIACERI TERRENI

Prima di leggere questo capitolo, prendete un momento per porvi le seguenti domande: *Quando penso al piacere, quali attività mi vengono subito in mente? In base a cosa distinguo tra ciò che trovo piacevole e ciò che non lo è?*

In generale, il piacere viene descritto come qualcosa percepito dai sensi e disponibile qui, nel mondo delle forme. Lo potete ritrovare in un ricco pasto, nella vostra musica preferita, o sul campo da golf, certo è che per voi è una forza motivante e ben accolta. Tuttavia possono presentarsi dei problemi quando la ricerca di questi piaceri diventa l'interesse principale della vita. In altre parole, l'enfasi sui piaceri terreni può facilmente creare uno scompenso nel vostro sistema, portando a sconvolgimenti e malattie. L'obesità, i disordini alimentari, l'abuso di droga e alcol, dipendenze di qualsiasi tipo, e le ansie che portano a ricorrere a interventi di chirurgia estetica sono solo alcuni dei risultati indesiderati.

Quasi ogni cosa descritta come piacevole è temporanea, perciò, se sentite il bisogno di averne sempre di più, vuol dire che ne siete soggiogati. Ciò che tanto desiderate è diventato il vostro carceriere, intrappolandovi nella convinzione che vi porterà pace, sicurezza o felicità... ma non lo fa mai. I piaceri terreni vi inducono solo a diventare sempre più condizionati da essi, e vi lasciano sempre con la sensazione di volerne di più. È una brama che non può mai venire soddisfatta: dopo aver fatto un pasto luculliano, avete bisogno di un altro per poter provare di nuovo quel piacere, in quanto il primo è svanito quasi immediatamente nel momento in cui avete terminato il dessert. Quando una musica finisce, dovete rimetterla, altrimenti finisce anche il divertimento che state provando. Tutte le dipendenze gridano forte questo deprimente messaggio: « Non avrete mai abbastanza di ciò che volete ».

Paragonate questa cupa immagine di piacere, che Lao-Tzu chiama « insipida e scialba », con l'estasi del Tao. Solo per un momento, immaginate di avere il punto di vista del Tao durante la lettura di questo capitolo, e provate a vedere se riuscite a cambiare il vostro modo di considerare l'idea di piacere. I benefici di un concetto in armonia col Tao sono descritti nei versi iniziali: tutti accorreranno a voi, e facendolo troveranno pace, sicurezza e felicità. Scopriranno questi tre tesori perché voi *emanate* queste qualità. La vostra attenzione è posta sul Tao, è ciò che siete, quindi ciò che avete da dare.

Ora state cambiando il vostro modo di vedere le cose, perciò la vostra idea di piacere passa al di là dei piccoli ammiccamenti ai vostri sensi. Gustate il cibo, ma provate profondo rispetto per la magia che ha prodotto le cose deliziose che state mangiando, e la perfezione di questo incredibile ciclo, che prosegue con l'eliminazione e il riutilizzo di ciò che avete consumato. La costante su cui si fonda questo mondo che cambia in continuazione diventa la vostra nuova Sorgente di piacere, espressa nella meraviglia e nell'incanto che provate. Certo, continuerete a godere i vostri pasti, ma il vostro piacere è nell'essere uno con ciò che permette a tutto ciò di manifestarsi.

Sapete di non poter trovare, sentire, vedere o toccare la Sorgente, che tuttavia è sempre a disposizione e non può mai esaurirsi. La musica che ascoltate non è il Tao; il Tao è l'energia invisibile che riempie gli spazi vuoti e vi dà così tanta gioia. E quella felicità che sentite è il piacere eternamente disponibile e a lungo cercato di trascendere i limiti fisici del corpo umano. Toccare il Tao va ben al di là di qualsiasi piacere sensoriale, che in qualche modo crediamo soddisferà quel desiderio di trascendenza.

A questo punto diventa impossibile aggiungere qualcosa, perché non cercherete più di raggiungere la soddisfazione attraverso i beni terreni. È come comprendere di poter volare dopo aver camminato sempre più veloce senza mai raggiungere abbastanza velocità o altitudine, il vostro naturale desiderio era quello di librarvi in volo, e per tentare di soddisfarlo avete continuato a camminare velocemente. Ora osservate come agisce la natura: vedete chiaramente che non chiede mai di più, non consuma mai di più, e non pretende assolutamente che gli sia dato più di quello che gli è necessario per mantenere un perfetto equilibrio. Il regno del piacere effimero non è più il luogo principale in cui trovare la vostra identità. Siete in pace, vi sentite sicuri e felici perché avete cambiato la vostra visione del mondo fino a includere voi stessi nel Tao infinito... non ha senso volervi aggiungere altro.

Immaginate che un drogato sia convinto che la pace, la sicurezza e la felicità siano disponibili sotto forma di un'inesauribile scorta di oppiacei. Questo piano è irrealizzabile, perché il piacere procurato dalle droghe dura solo pochi secondi, dopo di che si innesca l'opposto della pace, della sicurezza e della felicità. Chi ha una dipendenza prova a volare correndo più veloce, alla fine arriva a disprezzare la propria vita e così facendo a distruggere se stesso. Questo è il destino di coloro che cercano i piaceri del mondo per soddisfare il loro desiderio e tendenza naturale di trascendere il piano fisico.

Ecco cosa vi dice Lao-Tzu in questo significativo capitolo del *Tao Te Ching*:

Osservate l'eterna benedizione che è sempre con voi, anche quando non c'è traccia di prelibatezze!

Cambiate il vostro modo di considerarvi un essere esclusivamente fisico. Al contrario, riconoscete il fatto che eccedere nei piaceri terreni è un tentativo di trascendere il fisico, cosa che non si verificherà senza attingere alla vostra naturale connessione al Tao. Smettere di equiparare il piacere sensoriale con la benedizione ispirata al Tao, che è a vostra disposizione. Godete di tutto ciò che sperimentate coi sensi: amate la vostra cena raffinata, crogiolatevi nelle melodie della vostra musica preferita, e apprezzate l'eccitazione dell'energia sessuale. Ma tenete presente che tutto ciò proviene dal vostro io sensoriale, che felicemente si adatta a questo mondo. Poi cercate il vostro « io incentrato sul Tao », che trascende il fisico, ed esplorate i *suoi* piaceri.

Riconsiderate cos'è il vero piacere duraturo. Anche se la vostra vista, udito, tatto, gusto e olfatto all'inizio non dovessero subire il fascino degli effetti del Tao, soddisferanno il desiderio che cercate di saziare con le occupazioni terrene. Quando rincorrete un qualsiasi capriccio passeggero, cominciate a riconoscere il suo valore qui e ora, ma smettete di provare a soddisfare con esso un desiderio più grande.

Immettete nella vostra vita di ogni giorno la gratitudine trascendente

Ogni giorno esercitatevi a esprimere gratitudine per la presenza dell'eterno Tao che è sempre con voi. Guardando le cose con riconoscenza, il mondo che prima desideravate assumerà un aspetto diverso. Nella consapevolezza del Tao riconoscente, la sensazione di essere incompleti che si prova quando non sono a disposizione i piaceri terreni viene sostituita da una gratitudine trascendente. Quello che prima era un bisogno di godimenti terreni viene sostituito dalla gratitudine e dal senso di appagamento per la consapevolezza di quel vostro aspetto che è il Tao, libero da limiti e restrizioni fisiche e terrene. Vivere con un cosciente apprezzamento del Tao attrarrà a voi più persone ed esperienze, arricchendo il vostro bilancio di consapevolezza mortale ed eterna. Apritevi all'illimitato amore e all'abbondanza del Tao e attirerete ancor più amore e abbondanza. Il vostro mondo è cambiato perché vedete il Tao laddove prima notavate solo il vostro io mortale bisognoso di piaceri terreni.

Ora mettete in pratica il Tao

Digiunate per ventiquattr'ore. Quando sentite i morsi della fame, pensate alla gratitudine che provate nei confronti della forza eterna che è sempre con voi. Fate sapere affettuosamente al vostro io che riceverà nutrimento, quando il digiuno sarà terminato, dopodiché rivolgetevi all'io incentrato sul Tao, che non ha coscienza della fame. Godete della diversa natura dell'io incentrato sul Tao, concentrandovi nell'individuare la sua energia che scorre per il vostro corpo. Si manifesterà, forse contento, euforico o beato. Osservate la differenza tra questa sensazione e quella dei piaceri terreni.

36.

Se vuoi contenere qualcosa,
devi volontariamente lasciarla espandere.
Se vuoi indebolire qualcosa
devi volontariamente lasciare che si rinforzi.
Se vuoi eliminare qualcosa,
devi volontariamente permetterle di fiorire.
Se vuoi mandare via qualcosa,
devi volontariamente garantirle l'accesso.

Questo insegnamento si chiama
la saggezza dell'oscurità.
Il debole sopravvive al più forte,
l'oscuro sopravvive al più chiaro.

Il pesce non può lasciare le acque profonde,
e le armi di una nazione non dovrebbero essere mostrate.

VIVERE NELL'OSCURITÀ

Gran parte delle lezioni che avete imparato crescendo riguardavano le parole *Accorgetevi di me*! Vi è stato insegnato che più attenzione ricevete, soprattutto per essere una «brava personcina», più prestigio sociale e approvazione vi vengono accordati dai vostri pari (e anche dagli adulti). Vi è stato detto di diventare il numero uno, di conquistare quella medaglia d'oro, di vincere quel campionato, di prendere i voti migliori, di diventare il primo della classe, di avere quel cardigan con la lettera stampata davanti, di collezionare trofei, e così via. Queste lezioni riguardavano tutte il concetto di salire al di sopra della massa, e il valutare se stessi in base a quanto bene avete retto il confronto competitivo con tutti quelli che vi stanno intorno.

Cambiando la concezione del posto che vi spetta nel grande schema delle cose, scoprirete che «la saggezza dell'oscurità» permette di eliminare la competizione dalla vostra vita, e di ritirarvi in uno stato di forza quieta. In altre parole, Lao-Tzu vi chiede di prendere le cose con calma e di basare le vostre opinioni su criteri completamente nuovi. Così facendo, il vostro mondo inizierà a riflettere un'anima gentile e tranquilla, che sopravvive a coloro che misurano la propria forza in base alla condizione sociale di cui godono rispetto ai loro pari.

Questo capitolo esordisce con la nozione della comprensione della natura dicotomica del mondo materiale, e vi invita poi a farvi acuti osservatori della vostra vita. Sentirvi sminuiti implica la necessità di sapere cosa significa essere importanti; il concetto di essere deboli scaturisce dal dover comprendere com'è sentirsi forti. Come ci viene ricordato dalla traduzione del *Tao Te Ching* di Witter Bynner, *The Way of Life According to Lao-Tzu*:

Colui che si sente sgonfio
una volta deve essere stato una bolla,
colui che si sente disarmato
deve aver portato armi,
colui che si sente deprivato
deve aver avuto un privilegio...

Evitate i trabocchetti del sentirsi deboli, non importanti, stressati, o paurosi, innanzitutto elevandovi rispetto al pensiero di esserlo. Tenete a mente che, se vi sentite deboli, dovete aver provato, almeno una volta, la sensazione opposta, quella di essere forti. Se vi sentite sotto stress, avete un'idea di come ci si sente quando non si è stressati. Rendendovi indipendenti dall'impulso di paragonarvi agli altri e di trovarvi una collocazione, scegliete la via che Lao-Tzu chiama «la saggezza dell'oscurità», cioè vi liberate dal bisogno di essere superiori agli occhi degli altri.

Lao-Tzu conclude questo elegante capitolo con la metafora del pesce che lascia le profondità del mare – se cercano di analizzare la superficie e di vedere il grande mondo che si trova oltre quelle profondità, i pesci piccoli non riusciranno più a sopravvivere, perché rimarranno presi nelle reti da pesca. Perciò scoprirete la grande lezione del trentaseiesimo capitolo: rimanete sotto il radar e sopravviverete a tutti coloro che si sforzano di ricevere riconoscimenti. Adottando questo punto di vista, il desiderio di oscurità sorpasserà il bisogno di essere considerati forti e al di sopra degli altri e non vi ritroverete nella vostra stanza dei trofei, in solitudine!

Ecco ciò che Lao-Tzu propone dalla sua prospettiva di venticinque secoli fa, quando ha dettato questo tomo di duratura saggezza:

Sforzatevi di conoscere l'unità cercando la consapevolezza degli opposti

Fate qualsiasi sforzo per mantenervi in uno stato mentale di unità. Per esempio, se siete stanchi, ricordatevi che sapete bene che cosa significa essere riposati. Riconoscete la sensazione opposta, così da possedere entrambe allo stesso tempo. Fatelo con qualsiasi sensazione: se vi sentite depressi, fragili, gelosi, non amati, qualsiasi altra cosa. L'antitesi di ciò che state passando rientra nel campo delle vostre esperienze. Cercate la sensazione opposta sul momento, e nella vostra mente siate uno con essa, perché ciò vi procurerà un equilibrato senso di essere in pace con voi stessi. Questa è l'unità, nella quale accogliete gli estremi e usate la mente per essere come il Tao, che non divide mai nulla. Come si può spezzare l'unità? Se la poteste scindere, non esisterebbe più.

Mettetevi in disparte, e lasciate spazio agli altri

Osservate la vostra tendenza a fare confronti tra voi e gli altri, o di rimanere dentro i confini del «sistema». Un sistema viene progettato per indurvi a comportarvi come tutti gli altri, in quanto fa in modo che voi determiniate il vostro successo o la vostra felicità attraverso i confronti con gli altri. Il *Tao Te Ching* vi esorta a cercare l'oscurità: prestate poca o nessuna attenzione a voi stessi, e non chiedete di ricevere riconoscimenti. Al contrario, lasciate che sia, lasciate che sia, lasciate che sia.

Lasciate che le altre persone prosperino, beandosi della loro forza e popolarità. Come dice Lao-Tzu, dovete concedere agli altri, di proposito, il diritto di espandersi, ma fate vostra la lezione del pesce, che accetta di rimanere nelle acque profonde di un'anima guidata dal Tao.

Ora mettete in pratica il Tao

Assegnatevi il compito di rimanere quanto più possibile in secondo piano, per tutta la giornata. Soffocate la tendenza a paragonarvi agli altri, o ad attirare su di voi l'attenzione. Potete farlo impegnandovi a interessarvi agli altri oggi, sostituendo il pronome *io* con *tu*. Perciò, invece di dire: «Ho fatto questo tipo di lavoro per anni; lasciate che vi spieghi come procedere», fate questo commento: «Pare che stiate andando proprio bene con la vostra nuova attività». Nel linguaggio del Tao, rimanete morbidi e gentili, e vivrete a lungo.

37.

Il Tao non fa nulla,
ma non lascia niente di incompiuto.

Se gli uomini potenti
riuscissero a centrare se stessi in Esso,
il mondo intero sarebbe trasformato
da sé, nei suoi ritmi naturali.

Quando la vita è semplice,
le falsità svaniscono;
e la nostra vera natura splende.

Se non c'è desiderio, c'è calma,
e il mondo troverà la pace spontaneamente.
Quando c'è silenzio,
si scopre dentro se stessi l'ancora dell'universo.

VIVERE NELLA SEMPLICITÀ

Chiamo questo capitolo del *Tao Te Ching*: « Mordi la lingua, e cuci la bocca ». Il paradosso insito nei due versi iniziali mi incuriosisce enormemente: « Il Tao non fa nulla, ma non lascia niente di incompiuto ». Immaginate ciò che ci viene detto di prendere in considerazione in questo capitolo, non fate niente e tutto viene fatto. Ovviamente contraddice tutto quello che è stato insegnato sia a voi che a me. Nella nostra cultura, non fare niente fa venire in mente un individuo pigro, un fallito, molto probabilmente una persona indegna. Perciò modifichiamo per un momento il nostro modo di considerare il vivere in semplicità e il non fare nulla.

Di tutti i malanni di cui ci parlano i mass-media, guerre, terrorismo, carestie, odi, crimini e malattie, quanti sono il risultato del nostro interferire con il dispiegarsi naturale della creazione? Quanta parte della vera natura, nostra e del nostro pianeta, riesce a filtrare? Come sarebbe la Terra se i governi non si immischiassero nella vita di ciascuno? Cosa accadrebbe se nessuno venisse percepito come un nemico? Potrebbe esserci un mondo dove la gente non ha mai costituito gruppi con lo scopo di controllare gli altri o per invadere o conquistare, e che dire dei luoghi dove gli oceani, le montagne, le risorse naturali, l'aria, le piante e gli animali venivano rispettati e veniva loro concesso di prosperare senza interferenze? Immaginate che questo luogo di semplicità e privo di interferenze esista... significherebbe agire come fa il Tao, non facendo niente e tuttavia non lasciando nulla di incompiuto.

Ora mettete da parte questo scenario immaginario, e cominciate a riconsiderare cosa si intende in questo brano col concetto dei potenti che trasformano il mondo. Interferendo con i ritmi naturali, essi finiscono per creare situazioni difficili, in contrasto con il Tao. Cercate di immaginare che i grandi leader siano invece centrati sul Tao, si mordano la lingua e si cuciano la bocca piuttosto che agire in maniera ostile, oppure rifiutino di partecipare ad attività che possono causare qualsiasi danno sul pianeta. È vero, è una fantasia, ma non è una cosa impossibile se pensate da saggi e rimanete centrati sul Tao.

Il trentasettesimo capitolo del *Tao Te Ching* può anche aiutarvi a cambiare il modo di vedere voi stessi. Diciamo che siete abituati a pensare come modello di successo quel tipo di persona che ha delle funzioni di direzione. Credete che questo individuo assegni responsabilità agli altri perché lui o lei è un leader disposto e capace di dire agli altri che cosa fare e come farlo. Ebbene, questa visione è completamente in discordanza con il Tao, che « non fa nulla » e « non lascia niente di incompiuto ». Cambiando il modo di vedere il vostro potere e successo, comincerete a sostituire i forti desideri con un calmo appagamento. Cominciando a permettere alla vostra vera natura, che è l'ancora dell'universo, di filtrare, capirete che il vostro modo di vedere le cose è assolutamente cambiato.

Ho usato questa semplice lezione con tutti i miei figli. Quando intervengo e dico loro « come », creo resistenza. Ma se mi mordo la lingua, mi cucio la bocca, e mi metto in disparte in silenzio non solo capiscono da soli che cosa volessi dire, ma la loro frustrazione cede il posto a una calma energia. Ho imparato che i miei figli sanno essere: anche loro hanno dentro di sé l'ancora dell'universo. Anch'essi sono centrati sul Tao del non agire e del tutto-si-realizza. Anche loro hanno una natura di base alla quale prestano ascolto. Da quando sono più capace di fidarmi di ciò, non solo per i miei figli, ma anche per chiunque io incontri, mi sento più in pace. E, indovinate? Sembra che più cose, e non meno, vengano realizzate, in tempo e senza i problemi che di solito venivano fuori quando interferivo.

Cambiate il vostro modo di vedere l'intero concetto di successo e potere, perché questi non sono il frutto di cose realizzate con l'assillo o dell'aver seguito continuamente le istruzioni. Cominciate a vivere in un mondo che sapete funziona molto meglio senza tante interferenze. Comprendete che non tutti smetteranno di dire agli altri che cosa devono fare e lasceranno che il Tao si manifesti; ma *voi* potete essere un osservatore e guardare gli altri che continuano a far ricorso al proprio potere centrandosi su se stessi.

Ecco cosa Lao-Tzu consiglia per far diventare questo capitolo la vostra realtà quotidiana:

Coltivate il vostro io unico e naturale

Esercitatevi a lasciare splendere la vostra natura di base, astenendovi dall'applicare i giudizi su di voi imposti da altre persone. Ricordatevi che non dovete fare niente: non dovete essere migliori degli altri. Non dovete vincere. Non dovete essere il numero uno o il numero ventisette né qualsiasi altro numero. Permettete a voi stessi semplicemente di *essere*. Smettetela di interferire con il vostro essere unico e naturale. Alleggeritevi del fardello di dover essere produttivi, ricchi e di successo agli occhi degli altri; e sostituitelo con un'affermazione interiore che vi permetta di accedere al Tao. Affermate: *Sono centrato sul Tao. Sono fiducioso di poter rafforzare me stesso, e così il mondo. Mi metto in disparte in silenzio, sapendo che tutto è bene.*

Aspettate di vedere la natura di base degli altri rimanendo in silenzio

Nel preciso istante in cui sentite la tentazione di intromettervi nella vita di coloro che vi stanno intorno, mordetevi la lingua e cucitevi la bocca, di proposito. Fatevi consapevoli della vostra tendenza a dire agli altri, in particolari ai vostri famigliari, come dovrebbero gestire le proprie vite. Anche se riuscite a trattenervi solo pochi istanti prima di intromettervi negli affari di qualcun altro, siete sulla buona strada nel permettere che quelli intorno a voi trovino dentro se stessi la loro ancora dell'universo. Questa nuova pratica di fare una pausa prima di interferire, frenando così l'abitudine a lasciarsi coinvolgere, vi permetterà di vedere fino a che punto, in realtà, ciascuno se la sa cavare quando si trova nel campo energetico di una persona che, invece che *dargli ordini*, gli *permette* di essere se stesso.

Ora mettete in pratica il Tao

Stampate o copiate i due versi iniziali del capitolo trentasettesimo: «Il Tao non fa nulla, ma non lascia niente di incompiuto». Leggete le parole ripetutamente, fino a memorizzarle; poi fate una passeggiata di mezzora e verificate quanto sono vere. L'aria, il cielo, le nuvole, l'erba, il vento e i fiori... niente del mondo naturale che vedete è incompiuto, ma non sta accadendo niente per produrre la sua realizzazione. Tutto è creato dalla verità di queste parole.

Mi fa pensare a una poesia di Rumi del XIII secolo, *Nibble at me* (*Assaggiami*), che si addice perfettamente a questa sezione del *Tao Te Ching*:

Assaggiami.
Non mi inghiottire.
Quanto spesso ti capita di avere in casa un ospite
che sa aggiustare tutto?

Lasciate che il vostro ospite onnisciente aggiusti le cose, mentre voi vivete secondo natura.

38.

L'uomo veramente buono non si cura della sua bontà,
perciò è buono.
Lo stolto cerca di essere buono,
per questo non lo è.

Il maestro non agisce,
eppure non lascia nulla di incompiuto.
L'uomo comune si dà un gran da fare,
ma non riesce a ultimare tutto.

La virtù più elevata è agire dimenticando se stessi.
La benevolenza più grande è dare senza condizioni.
La giustizia più obiettiva è guardare con imparzialità.

Quando il Tao è perduto, c'è bontà.
Quando la bontà è perduta, c'è moralità.
Quando la morale è perduta, c'è il rituale.
Il rituale è solo il guscio della vera fede,
l'inizio del caos.

Il grande maestro segue la propria natura
e non le trappole della vita.
Si dice:
«Egli sta con il frutto e non con la buccia».
«Egli sta con il solido e non con il fragile».
«Egli sta con il vero e non con il falso».

VIVERE NELLA PROPRIA NATURA INTERIORE

Ecco il messaggio alla base di questo capitolo apparentemente paradossale del *Tao Te Ching*: la vostra natura deve per forza essere buona perché voi provenite dal Tao, che è bontà. Ma quando *tentate* di essere buoni la vostra natura di base smette di essere operativa. Nello sforzo di essere buoni, o ubbidienti, perdete il contatto con la vostra natura centrata sul Tao.

C'è una frase in questo capitolo sulla quale ho riflettuto per giorni prima di scrivere questo breve saggio: «Quando il Tao è perduto, c'è bontà». Ero perplesso, perché sembrava una tale contraddizione rispetto a ciò che insegna il *Tao Te Ching*. Alla fine, in un momento di contemplazione, mentre stavo meditando su un disegno di Lao-Tzu, ho compreso: *La Natura è buona senza saperlo*, sono le esatte parole che ho sentito durante la mia meditazione. Allora ho capito ciò che Lao-Tzu sembrava volere che io comunicassi sul trentottesimo capitolo, in apparenza confuso (per me).

Vivete secondo la vostra natura di base, il Tao, che è unità; non ha antitesi. Tuttavia, quando sapete di essere buoni, introducete l'antitesi del «bene» contro il «male», che vi fa perdere la connessione col Tao. A questo punto introducete qualcosa di nuovo, pensate che, se non potete essere buoni, allora cercherete di seguire un comportamento morale. E cos'è la moralità se non dei modelli di giusto e di sbagliato che *cercate* di sostenere? Lao-Tzu sembra dirmi: *Il Tao è unità; non ha modelli che voi dovreste seguire*. In altre parole, il Tao *è*, semplicemente; non fa niente, tuttavia non lascia niente di incompiuto. Non c'è moralità; c'è solo il Tao libero. Non è giusto, né equo, ma *è* natura di base, e voi siete invitati a essere fedeli a voi stessi.

Perduta la moralità, viene a galla il concetto del rituale, così che cercate di vivere in accordo con le regole e i costumi che per secoli hanno caratterizzato «la vostra gente». Ma quasi sento Lao-Tzu dire: *Il Tao è infinito e non esclude nessuno.* I rituali vi mantengono staccati dal Tao, e più li provate più li perdete. Allora vi affidate alle leggi, separandovi ancora di più e creando confusione in voi stessi. Ancora una volta, il Tao è semplicemente la sua vera natura di base, non ha leggi, rituali, moralità o bontà. Osservatelo e vivete nella sua natura interiore. In altre parole, agite senza preoccuparvi del vostro ego. Date come fa il Tao, senza condizioni o senza cercare di essere buoni, di seguire la morale, o giusti. Date a tutti senza fare preferenze, come consiglia Lao-Tzu.

Ammetto che vivere secondo i precetti del trentottesimo capitolo possa essere l'esatto opposto di ciò che avete imparato finora. Certamente, per me a volte costituisce una sfida sia intellettuale che comportamentale. Forse vi è utile sapere che molti degli studiosi con cui ho fatto ricerche su questo capitolo hanno detto che Lao-Tzu lo scrisse (anche il successivo) in risposta all'obiezione di Confucio, suo contemporaneo, che aveva prodotto specifici codici di condotta per la gente. Ciò che mi è sembrato Lao-Tzu volesse dirmi nel corso della meditazione è: *Fidatevi della vostra natura di base. Liberatevi di tutte le antitesi e vivete nell'unità indivisibile che è il Tao.* Le dicotomie buono/cattivo, giusto/sbagliato, opportuno/inopportuno, legale/illegale, e così via possono essere difficili; ricordatevi solo che, quando vengono a galla, il Tao è perduto.

Ecco un altro consiglio per voi da parte di Lao-Tzu, che io vi comunico:

Vivete la vostra natura di base rifiutando i principi artificiali

Questi principi sono, in ordine discendente, la bontà, l'imparzialità, le usanze e le leggi. La bontà artificiale è un tentativo di vivere non da «cattivi», così da lasciare che gli altri decidano dove vi collocate sulla scala di misura della bontà. Affermate: *Io sono fatto del Tao, un pezzo di Dio, e non ho bisogno di meccanismi umani che lo confermino. La bontà e la Divinità sono una cosa sola, e mi fido di chi sono e agirò da questo punto di vista. Mi baso su questa verità e non su ciò che è falso.* Inoltre, vedete che il Tao non si occupa di imparzialità: date voi stessi tenendo a mente che questo è un espediente artificioso che non può esistere in una prospettiva di unità. Voi avete origine da, e tornerete a, quell'unità, nonostante ciò che ne pensate. Perciò apritevi con generosità, senza desiderare di essere trattati con imparzialità.

Abbandonate le consuetudini familiari e culturali ormai superate

Rinunciate alle usanze che vi sentite obbligati a seguire solo perché lo avete fatto per tutta la vostra vita, in particolare all'interno della vostra famiglia. Affermate serenamente: *Sono libero di vivere, fidandomi dell'eterno Tao. Non sono obbligato a essere come i miei antenati. Rinuncio alle vecchie usanze che non funzionano più, o che tramandano la separazione e l'ostilità.* Ricordatevi che non si accede alla bontà obbedendo alle leggi; è, invece, ciò che riecheggia la vostra natura di base. Non avete bisogno di codici per decidere cosa è opportuno, buono, morale, etico o legale. Fidatevi di voi stessi come strumento d'amore, arrendendovi alla vostra legge suprema, invece che lasciarvi sedurre dalle leggi mortali.

Questa poesia di san Giovanni della Croce, intitolata *Un coniglio notò il mio stato*, descrive con grazia questo atteggiamento:

Un giorno che ero triste, feci una passeggiata;
mi sedetti in un campo.

Un coniglio notò il mio stato e si avvicinò.

A volte non serve niente di più per prestare aiuto.

Il solo stare vicini alle creature che
sono così piene di sapienza,
così piene d'amore

che non
chiacchierano,
ma semplicemente osservano
con la loro magnifica
capacità di comprensione.

Ora mettete in pratica il Tao

Dedicate una giornata scegliendo consapevolmente di osservare una delle creature di Dio, per esempio un cane, una farfalla, una falena, un ragno, una formica, un pesce, un gatto, un cervo, o qualsiasi animale che vi incuriosisca. Sono, come dice il poeta, « così pieni di sapienza ».

39.

Dai tempi antichi tutto questo deriva dall'Uno:
il cielo è intero e limpido;
la terra è intera e stabile;
lo spirito è intero e pieno;
le diecimila creature sono intere e il paese è integro.
Tutto questo è in virtù dell'interezza.

Quando un uomo interferisce con il Tao,
il cielo viene inquinato,
la terra si svuota,
l'equilibrio si spezza,
le creature si estinguono.

Perciò, la nobiltà ha le sue radici nell'umiltà,
ciò che è alto ha la sua base in basso.
Ecco perché i nobili si descrivono
soli, miseri, indegni.

I pezzi di un carro da soli sono inutili,
se non funzionano in accordo con tutto l'insieme.
La vita di un uomo non porta niente,
se non è in sintonia con l'intero universo.
Operare in accordo con l'universo
è la vera umiltà.

In verità, troppo onore significa nessun onore.
Non è saggio splendere come giada
e risuonare come campane di pietra.

VIVERE L'INTEREZZA

Siamo abituati a considerare l'interezza come qualcosa di completo. «Gli interi otto metri», per esempio, indicano la distanza completa. «L'ho mangiato per intero» significa aver consumato qualcosa completamente. Lao-Tzu, comunque, sembra considerare il concetto in maniera diversa: l'interezza, scrive, ha radici nell'umiltà. Quando l'umiltà evoca la nostra interezza, viviamo la realtà che noi siamo parti del tutto.

Con questo atteggiamento, desiderate vivere armoniosamente con l'intero universo, cooperando con altri aspetti del tutto e soggetti a essi. Non potete neanche pensare di interferire con nessuna parte di esso, in quanto voi siete uno con esso. Quando cominciate a collocarvi in una posizione trascendentale in relazione agli altri, o al vostro mondo delle diecimila creature, interferite col Tao. Vi invito ad analizzare la vostra idea di interezza in base al trentanovesimo capitolo del *Tao Te Ching*. Vi assicuro che il mondo sembrerà cambiato se lo vedrete attraverso questa lente.

Lao-Tzu insiste che l'universo è un tutt'uno; cioè, è in uno stato di unità. Non ci sono parti che vanno separate da questa condizione. Il cielo, la terra, lo spirito e le diecimila creature sono tutte parti del tutto e, inoltre, che questa è la loro virtù! Ora, mentre il cielo e gli alberi possono davvero trovarsi in una condizione di unione, il vostro ego insiste che voi siete separati, distinti e, in generale, superiori. Ma se riuscite a modificare il punto di vista dell'ego la vostra vita cambierà.

Cooperando e cercando i segni dell'unità, comincerete a sentire e provare l'interconnessione di ogni cosa. Per esempio, il vostro corpo è un'efficace analogia dell'universo tutto in sé. In quanto entità, ha certamente trilioni di cellule individuali, interconnesse tra loro. Una sola cellula che si comporti in maniera arrogante con l'insieme fa soffrire tutte le cellule, che alla fine si estingueranno, proprio come l'individuo che interferisce con il Tao inquinando il cielo, esaurendo le risorse della terra, e infrangendo l'equilibrio dell'insieme. Una cellula cancerogena che si rifiuta di cooperare con le cellule accanto alla fine le annienterà e, se non frenata, distruggerà l'insieme. Perché? Perché quella cellula cancerogena non è in relazione con l'insieme. Distruggerà se stessa uccidendo l'ospite dal quale dipende per la propria sopravvivenza. E voi distruggerete voi stessi se partecipate all'annientamento del Tao, dal quale dipendete per la *vostra* sopravvivenza.

COLTIVATE LA VOSTRA RELAZIONE COL PIANETA

Vivete nello spirito dell'interezza, sapendo che avete un ruolo come una delle parti del Tao. Ricordatevi che non potete interferire col Tao e vivere una vita di grandezza. Ciò significa rispettare l'ambiente in ogni maniera, vivendo in un modo che non danneggi la Terra, in quanto essa è parte dell'unità. Diventate sostenitori della conservazione dell'ambiente. Ritagliatevi dei momenti per la raccolta differenziata dei rifiuti. Guidate un'automobile ecologica, o, ancor meglio, andate a piedi tranquillamente ogni volta che potete. Interezza significa mantenere un senso di equilibrio con il Tao, che provvede a tutto, che è delicato e non invadente. Con umiltà siete in grado di sentire il vostro minuscolo ruolo in questa grande opera teatrale orchestrata dalla vostra Sorgente. Sarete in grado di vedere cosa intende Lao-Tzu con: «La vita di un uomo non porta niente, se non vive in sintonia con l'intero universo».

CAMBIATE IL MODO DI CONSIDERARVI ESSERI SEPARATI E VEDETE VOI STESSI IN OGNI COSA CHE INCONTRATE

Vivendo nell'interezza, osservate come iniziate a sentirvi connessi a tutta la vita, invece che separati, come preferirebbe il vostro ego. Rispecchiatevi in ciascuna persona che incontrate, in ogni creatura del nostro pianeta, nella foresta, negli oceani e nei cieli. Più lo farete più vorrete rimanere nello stato della cooperazione, invece che in quello della competizione. Vi sentirete anche più propensi a rifiutare il concetto che c'è un «loro». Esercitatevi in questo modo di essere e osservate che il tipo di felicità che magari vi è sfuggito finora è parte dell'unità che cominciate a scoprire.

Ecco come Rumi ha espresso questa sensazione:

Se guardate la terra attraverso il vostro cuore insieme a me servendo
ciascuna creatura, il nostro Amato entrerà in voi dal suo reame sacro
e saremo, saremo
molto felici.

Ora mettete in pratica il Tao

Fate una passeggiata di mezzora, pensando a tutto ciò che incontrate nel cammino in termini di interezza. Rispecchiatevi in coloro che in passato avete giudicato diversi da voi, per esempio le persone molto anziane, quelle molto giovani, gli obesi, i disabili o gli indigenti. Guardandoli, ricordatevi: *Condivido con ciascuna di queste persone lo stesso spirito originario.* Spostandovi così dal vostro ego alla virtù del Tao, sentirete la vostra interezza.

40.

Ritornare è il movimento del Tao.
Cedere è la modalità d'azione del Tao.
Le diecimila creature sono nate dall'essere.
L'essere è nato dal non essere.

VIVERE RITORNANDO E CEDENDO

In questo capitolo, il più breve di tutti, riconosco uno dei più grandi insegnamenti del *Tao Te Ching*. Se riuscite a padroneggiare la saggezza contenuta in questi quattro versi, sarete felici, appagati e centrati sul Tao come qualsiasi saggio.

Con la prima parola, *tornare*, siete invitati a capire il principio base della vostra esistenza. Senza bisogno di lasciare il corpo, vi viene chiesto di morire quando siete ancora in vita. Per riuscire a farlo, dovete comprendere che siete una delle diecimila creature apparse nel mondo delle forme. In questo quarantesimo capitolo Lao-Tzu sta comunicando ciò che la fisica quantistica contemporanea ha confermato molti secoli dopo: al minuscolo livello subatomico, le particelle non derivano dalle particelle. Al contrario, quando corpuscoli infinitesimamente piccoli vengono fatti collidere in un acceleratore di particelle, non ne rimangono che delle onde di energia «senza particelle». Per poter formare voi, che siete un corpuscolo molto più grande, siete per forza derivati da uno spirito originario.

Ebbene, Lao-Tzu nel VI secolo a.C. non avrà saputo nulla di fisica quantistica, ma insegnava già allora una verità essenziale: è lo spirito che dà la vita. Perciò, per vivere davvero il vostro destino come parte del Tao originario, dovete spogliarvi del vostro ego e tornare allo spirito, oppure potete aspettare fino a che il vostro corpo non muore, e fare in quell'occasione il viaggio di ritorno.

Sei secoli dopo che Lao-Tzu aveva dettato l'ottantunesimo capitolo del *Tao Te Ching*, l'uomo che ha scritto una buona parte del Nuovo Testamento parlò anche della nostra provenienza.

Conosciuto all'inizio come Saul di Tarso divenne famoso col nome di san Paolo, apostolo di Gesù Cristo. Nella lettera agli Efesini, esorta: « ...essere invece rinnovati nello spirito della vostra mente e a rivestire l'uomo nuovo che è creato a immagine di Dio nella giustizia e nella santità che procedono dalla verità » (Ef. 4, 23-24). È un invito per tutti noi a tornare da dove veniamo, che è affettuoso, gentile e per niente altero.

Come si fa a realizzarlo, secondo san Paolo e Lao-Tzu, che sottolinea questo aspetto in molti capitoli del *Tao Te Ching*? Dovete cedere il vostro ego, arrendervi ed essere umili. Alla fine, nella lettera ai Corinzi, san Paolo cita Gesù direttamente: « Egli mi ha detto: 'La mia grazia ti basta, perché la mia potenza si mostra perfetta nella debolezza' ». Paolo poi continua a dire lui stesso: « Perciò molto volentieri mi vanterò piuttosto delle mie debolezze, affinché la potenza di Cristo riposi su di me. Per questo mi compiaccio in debolezze, in ingiurie, in necessità, in persecuzioni, in angustie per amor di Cristo; perché, quando sono debole, allora sono forte » (2 Cor. 12, 9-10). In effetti, cedere è la Via del Tao, così come la chiave a un'esistenza più elevata, secondo praticamente tutti i testi spirituali che ci sono pervenuti nei secoli.

Quando cambiate davvero il modo di pensare alla vita, il mondo comincia ad apparire completamente diverso. Cominciate a vedere ognuno come se avesse un biglietto di andata e ritorno: sapete che provengono tutti dallo spirito, e che è lì che torneranno. Tutto ciò che si compone si decompone, e se anche altri lo capiscono non è quello che conta per voi. La consapevolezza che la vita sulla Terra sia una condanna a morte è per voi un'idea liberatoria e divertente. Scegliete di vivere ogni giorno, ogni momento che avete e tanto quanto potete, come il lato di voi stessi che è non-essere. In quanto essere di spirito, decidete di usare il vostro biglietto di ritorno pur essendo ancora in una forma fisica, mantenendovi in quello stato amorevole in cui vi trovavate prima di entrare in questo mondo di confini. Nel viaggio di ritorno non solo perdete la vostra carta d'identità dell'ego, ma potete riottenere il potere della vostra Sorgente, che è la potenza che crea tutto nell'universo. Vi fondete nell'unità di un essere che dissolve le preoccupazioni dell'ego, e il mondo che vedete ora è perfetto e di natura infinita. Non ci sono più preoccupazioni, ansie, né vi identificate più con ciò che possedete, siete una persona libera. Siete innanzitutto, e per sempre, un essere spirituale.

Ecco ciò che penso Lao-Tzu vi dica in questo breve ma profondo insegnamento del quarantesimo capitolo del *Tao Te Ching*:

Controllate la vostra direzione, evidenziando il ritornare e il cedere

Fate lo sforzo mentale di valutare in che direzione stanno andando con ogni passo che fate nei vari aspetti della vostra vita, compresa la carriera, le relazioni e la salute. Cioè, chiedetevi: *In quale modo mi sto davvero muovendo? Mi sto allontanando dal luogo della mia origine o ci sto tornando?* Con questa valutazione, potete tornare più direttamente al Tao, invece che allontanarvi da esso. Decidere di fare più esercizio fisico o di mangiare cibi più genuini è un passo in più che vi riavvicina al benessere da cui avete avuto origine. Decidere di essere generosi, invece di fare incetta, significa muoversi in direzione del ritorno. Tutte queste azioni derivano dal vostro pensare prima di tutto alla direzione nella quale muovervi, allontanandovi dallo spirito originario o tornandovi.

Arrendetevi!

Questo è ciò che si intende con il concetto di cedere. Ammettete che il vostro piccolo ego non fa niente, e che il Tao crea ogni cosa, compresi voi. Mentre sto seduto a scrivere queste parole nel mio spazio magico della scrittura, so di non possedere ciò che appare sulla carta misteriosamente. Mi sono arreso. So che è Dio a scrivere tutti i libri, a comporre tutta la musica, a erigere tutti gli edifici. Mi inchino davanti a questa potenza che crea ogni cosa. Mentre sembra che tutte le diecimila creature siano nate nel mondo dell'esistenza, se ci penso meglio, l'esistenza stessa deriva dal non-essere. È a questa gloriosa condizione spirituale del non essere, il Tao, che cedo. Vi invito a fare altrettanto, e quindi a osservare piacevolmente come tutto scorre in maniera perfetta.

Ora mettete in pratica il Tao

Collocate in un luogo ben visibile il simbolo del dare la precedenza, solitamente usato nella segnaletica stradale. Ogni volta che lo guardate, usatelo come promemoria del vostro ritorno al Tao. Almeno una volta al giorno, invece di insistere in un dissenso, cedete subito. Se state parlando dei vostri successi o vi state crogiolando alla luce del vostro ego, interrompetevi e trasformatevi immediatamente in un ascoltatore. Più volte cedete ogni giorno più tornate alla pace e all'armonia del Tao.

41.

Un erudito di alto livello sente parlare del Tao
e comincia a metterlo in pratica diligentemente.
Un erudito di livello medio sente parlare del Tao,
trattiene delle cose e ne perde delle altre.
Un erudito di livello inferiore sente parlare del Tao
e si mette a ridere.
Senza quella risata, non ci sarebbe il Tao.

Ci sono detti edificanti su questo:
la via luminosa sembra buia,
la via che avanza sembra retrocedere,
la via facile sembra difficile,
la vera forza sembra debolezza,
la vera purezza sembra impura,
la vera chiarezza sembra oscura,
l'arte più alta sembra banale,
l'amore più grande sembra indifferenza,
la saggezza più profonda sembra ingenuità.

Il Tao è nascosto e senza nome;
soltanto il Tao nutre e porta a compimento ogni cosa.

VIVERE OLTRE LE APPARENZE

Questo capitolo del *Tao Te Ching* mi ha influenzato nella scelta del titolo per questo libro. Cambiando i vostri pensieri e sintonizzandoli in armonia col Tao, riuscite a vedere che ciò che chiamavate realtà è in verità una forma esteriore, è solo un'apparenza. All'inizio la vostra nuova maniera di vedere l'unità è annebbiata dalle vecchie consuetudini ispirate dall'ego. Ciò a cui siete abituati continua a riecheggiare dentro di voi come reale, e il vostro mondo ispirato al Tao potrebbe non essere del tutto riconoscibile. Ma comincerete a guardare oltre ciò che solo *sembra* essere la vostra verità, e a muovervi verso un'esperienza diretta del Tao, sgombra dalle limitazioni del vostro precedente punto di vista.

Rileggete la prima parte del quarantunesimo capitolo del *Tao Te Ching*, e osservate la vostra reazione. Chiedetevi se siete un erudito di alto, medio o basso livello in merito alla comprensione e all'applicazione della saggezza del Tao. Per esempio, dopo anni passati a studiarlo e a scriverne, posso affermare tranquillamente di essere un erudito di alto livello. E più l'ho studiato più l'ho messo in pratica diligentemente. Sono diventato estremamente sensibile alle infinite opportunità di impiegare i principi del Tao che quotidianamente si presentano. Analizzando i vostri pensieri, potreste scoprire un aspetto di voi stessi che vuole imparare come utilizzare questi antichi insegnamenti. In questo modo, da una persona che sa pochissimo del Tao, e che forse in passato lo ha addirittura deriso, potete diventare un grande erudito.

Piuttosto che la comprensione intellettuale dei suoi concetti, apparentemente paradossali, è l'applicazione quotidiana del

Tao a determinare la grandezza dell'erudito. Lao-Tzu sottolinea che senza la risata degli eruditi di livello inferiore, volta a metterlo in ridicolo, il Tao non potrebbe nemmeno esistere. Quello che si diceva dei concetti paradossali!

In *A Warrior Blends with Life: A Modern Tao*, Michael La-Torra commenta così il quarantunesimo capitolo:

> La Via attira solo coloro che sono già sufficientemente saggi da sapere quanto sono stolti. La risata sarcastica di altri stolti che si credono saggi non trattiene il vero saggio dal seguire la Via. Seguendo la Via non diventano complicati, straordinari e importanti. Al contrario, diventano semplici, ordinari e arguti.

Scegliendo di vivere ogni giorno il Tao, ciò che sperimentate dentro e intorno a voi sarà diverso da ciò che sembra. Andrete molto al di là delle apparenze, nel mondo beato del Tao, ed è essenziale che scegliate di rimanere in questa verità nonostante tutte le apparenze. Gli altri vi prenderanno in giro, ma ricordate il paradosso che senza la risata di ridicolo non ci sarebbe il Tao.

Vivrete momenti bui, ma la nuova prospettiva alla fine illuminerà il vostro mondo interiore. E quando vi sembra di fare dei passi indietro ricordate che «il Tao è nascosto e senza nome». Se bussasse alla vostra porta, o se fosse subito accessibile, come una pillola da inghiottire, non sarebbe il Tao. Perciò, quando la vita sembra difficile, fermatevi e pensate che solo un pensiero vi separa dall'essere in pace. Saprete cosa intendeva Lao-Tzu quando disse che la via facile sembra difficile, e il vero potere sembra debolezza. Non dovete lottare con gli altri, o dominarli, per sentirvi forti.

Una persona incentrata sul Tao vede il mondo in maniera alquanto diversa, perché sa che la pace interiore è potere. Un minore sforzo è, in effetti, più facile; quando vi accendete interiormente e vi lasciate muovere dal Tao incessante, invece che dagli obiettivi o dai modelli stabiliti dagli altri, riuscite a portare a termine i vostri incarichi. Cedete al Tao, e guardate la purezza e la chiarezza che nasce da questa posizione di vantaggio. L'apparenza esteriore di chiunque e di qualunque cosa non può avere contorni definiti, ma il punto di vista del Tao vi ricorderà che la bontà di base è sempre presente. Però è nascosta e senza nome, perciò non siate ossessionati a cercarla ed etichettarla.

In questo modo diventerete un grande erudito, che si applica diligentemente per vivere in armonia con il Tao, anche se esso rimane oscuro. Fate ricorso alla stessa idea, quando vi sentite non amati: quando vedete quella che sembra indifferenza, sappiate che nel vostro cuore l'amore è presente. Il Tao non è interessato a provare la sua fedeltà. Sembra indifferente, ma tuttavia è sempre presente, ovunque. Modificando il vostro pensiero dettato dall'ego in uno che lo trascende vedrete un mondo illuminato, veramente invitante. L'ego vi ha convinti a vedere un mondo freddo e indifferente, mentre il Tao che trascende l'ego risplende di puro amore su tutto ciò a cui siete connessi. Lasciate che la sua magia lavori nella vostra vita.

Mentre sto qui seduto chiedendo come posso rendere un servizio ai lettori di questo libro, questo è ciò che Lao-Tzu sembra voler insegnare:

Siate diligenti

Se state leggendo queste parole, non siete un erudito di basso livello del Tao. Perciò, se siete un erudito di medio livello che, di questa saggezza, «trattiene delle cose e ne perde delle altre», impegnatevi a lavorare nella direzione della vostra grandezza. Ogni giorno esercitatevi con qualcuna di queste idee. Fatelo con diligenza, mettete da parte la vostra tendenza alla perplessità o alla polemica, e concedetevi la libertà di essere un apprendista perseverante. Anche una piccola cosa, come per esempio un'affermazione o una rilettura di un capitolo, ogni giorno vi colloca sulla strada del vivere secondo la Grande Via. Lao-Tzu dice semplicemente di viverla mettendo in pratica con zelo queste cognizioni.

Ecco alcuni versi di Walt Whitman per rammentarvi che non siete ciò che apparite:

Oh, potrei cantare tali imprese e glorie su di voi!
Non avete saputo cosa siete,
avete sonnecchiato su voi stessi per tutta la vita,
le vostre palpebre sono rimaste le stesse, chiuse la maggior parte del tempo...

Chiunque voi siate! Rivendicate voi stessi a ogni costo!
Questi spettacoli di Oriente e Occidente sono addomesticati, in confronto a voi.
Questi immensi prati, questi fiumi interminabili, voi siete immensi e interminabili come loro...

Non si può dimostrare la verità del Tao in termini fisici

Mettete da parte la vostra esigenza di avere delle prove del mondo fisico prima che qualcosa per voi diventi verità. Il Tao è nascosto in maniera permanente, e non gli si può dare un nome, perciò accettate questo fatto. Non lo troverete in una forma materiale; non ha confini e, l'istante in cui provate a dargli un nome, lo avete perso. (Vedi il primo capitolo.) Proprio come gli scienziati moderni devono accettare il fatto che le particelle quantistiche nascono come onde di un'energia o spirito informe, senza che abbiano mai visto quel campo infinito che crea tutto, così anche voi potete mettere via il vostro bisogno di vedere e toccare il Tao prima di poterci credere. Cambiando il modo di vedere il mondo, scorgerete un reame oltre l'apparenza del buio, della difficoltà, della debolezza, dell'indifferenza e della morte.

Come ha osservato il poeta Rainer Maria Rilke:

... dietro il mondo racchiuso dai nostri nomi c'è
ciò che non ha nome: il nostro vero archetipo e casa.

Ora mettete in pratica il Tao

Oggi trascorrete un'ora con un bambino, osservando quanta saggezza è racchiusa in quelli che sembrano comportamenti e convinzioni infantili. Osservate quanto lui, o lei, sono affascinati da dettagli apparentemente insignificanti, ripetendone le frasi senza senso, gli accessi d'ira o la loro risata. Annotate le vostre impressioni sulla saggezza che si nasconde dietro questi cosiddetti impulsi infantili, e promettete di tornare bambino il più spesso possibile.

42.

Il Tao ha generato l'uno.
L'uno ha generato il due.
Il due ha generato il tre.
Il tre ha generato le diecimila creature.
Le diecimila creature portano lo yin sulle spalle
e lo yang fra le braccia;
e la loro armonia origina dalla fusione delle due energie.

Gli esseri umani soffrono all'idea
di non avere genitori, di non avere cibo, di non avere dignità.
Eppure è questo il modo in cui re e signori
una volta hanno descritto se stessi.
Perché perdendo si guadagna
e guadagnando si perde.

Insegno ciò che altri hanno insegnato.
Il violento non muore di morte naturale.
Questo è il mio insegnamento fondamentale.

VIVERE FONDENDOSI NELL'ARMONIA

Il principio di questo capitolo ribadisce ciò che Lao-Tzu ha detto durante tutti i precedenti quarantuno del *Tao Te Ching*, cioè che il Tao è la forza nascosta che fa esistere tutti gli esseri e le sostanze comprendenti le diecimila creature, oltre a essere l'intangibile che consideriamo un'unità o un'interezza. Tutto porta e abbraccia gli opposti dello yin e dello yang, ovvero i principi femminile e maschile. Questo capitolo rafforza il concetto che mescolare tra loro forze apparentemente opposte è un modo per raggiungere l'armonia.

Lao-Tzu vi ricorda le cose che probabilmente ritenete portatrici di sofferenze, e sottintende che essere orfani, essere affamati, o sentirsi indegni sono tra i primi della lista. Ma poi aggiunge che raggiungere l'armonia in termini del Tao implica il concetto di guadagnare perdendo. Vuol dire che se perdete la vostra casa, vostro padre e vostra madre, i vostri beni, o la vostra autostima guadagnerete tutto ciò di cui avete bisogno? *Che cosa?* Com'è possibile?

Il vostro io infinito, che ha avuto origine nel Tao, ed è animato da esso, non ha bisogno di niente per sussistere. Genitori, possedimenti, il valore di sé sono necessari solo all'esistenza del vostro io mortale. Lao-Tzu vuole farvi riconoscere questa differenza dentro l'unità che siete. Insegna che attraverso la perdita dell'importanza data alle circostanze della vostra vita fisica acquistate consapevolezza del vostro essere Tao. Nella vostra unità, più importanza date ai desideri terreni più probabilmente perderete la sensibilità incentrata sul Tao. Contemporaneamente Lao-Tzu sottolinea che la morte dell'io mortale è influenzata dal vostro modo di vivere. *Morirete nel modo in cui avete vissuto* è l'insegnamento principale per l'io mortale. È l'atto di riequilibrio necessario per fondersi veramente nell'armonia col Tao.

Gli ultimi versi di questo capitolo hanno ripetutamente attirato la mia attenzione mentre stavo conducendo ricerche, scrivevo e meditavo sul quarantaduesimo capitolo. L'ho studiato in diverse traduzioni, e ho trascorso tantissime ore in comunicazione con Lao-Tzu, osservando la sua somiglianza col mio spazio sacro della scrittura. Ho scoperto che questo capitolo è sempre stato interpretato con la stessa intensa enfasi. Tutti dicevano qualcosa del tipo: «Prendo questo come il mio insegnamento principe»; «Sappiate che questo è la base dei miei insegnamenti»; «Questo sarà l'essenza del mio insegnamento»; «Chiunque dica ciò è il mio caro maestro»; e quella che ho usato io qui, «Questo è il mio insegnamento fondamentale». La conclusione che ne traggo è che quando vi comportante in maniera in qualche modo violenta, nei pensieri, nel comportamento, nelle affermazioni e giuramenti, avete deciso di morire allo stesso modo. Naturalmente trarrete le vostre conclusioni sul significato di questa istruzione del *Tao Te Ching* particolarmente intensa.

L'insistenza con cui questo insegnamento del *Tao Te Ching* si ripresentava mi ha indotto a credere che Lao-Tzu voglia farmi sottolineare che è vero anche il suo opposto. In altre parole, una persona che abbraccia il Tao ed evita la violenza e l'odio vivrà e morirà in maniera naturale... il che è in armonia con la perfezione del Tao. Perciò vi invito a cambiare il modo di percepire cos'è che vi trattiene dal sintonizzarvi con la vostra Sorgente. L'agente di vita di tutto è anche il luogo dove alla fine tornerete, quando lascerete il corpo nel momento chiamato «morte». Se volete fondervi con l'armonia, dovete essere disposti a cedere il vostro attaccamento a tutte le forme di violenza nella vostra vita.

Ecco i consigli che Lao-Tzu vi dà, attraverso di me, per abbracciare questo insegnamento fondamentale del *Tao Te Ching*:

RICORDATE CHE LA VIOLENZA INFRANGE L'ARMONIA DELLA VITA E DELLA MORTE

Decidete di vivere in armonia con il Tao, eliminando tutti i legami che avete con la violenza. Smettete di sostenere quel tipo di intrattenimento che la promuove, per esempio. Controllate il vocabolario che usate ed eliminate da esso quelle parole che indicano odio o uccisione nei confronti di altre creature viventi. Esplorate altri modi per risolvere pacificamente le controversie, e date una mano nelle associazioni che scoraggiano l'uso della violenza. Ricordate che uno dei principi fondamentali del *Tao Te Ching* è che, se assumete atteggiamenti da selvaggi, date il vostro consenso a finire da selvaggi la vostra esistenza su questo mondo. Ciò comprende sia la vostra attività psichica che il vostro comportamento, perciò invece di pensieri vendicativi e di odio cercatene di gentili e concilianti. Cambiate il vostro modo di guardare alla vita: vedetela come un'immagine libera dalla violenza e che si fonde nell'armonia durante la vostra vita e fino alla morte.

ANALIZZATE LE COSE A CUI VI SENTITE ATTACCATI ATTRAVERSO L'IDEA CHE PERDENDO GUADAGNATE, E GUADAGNANDO PERDETE

Il vostro attaccamento alle cose, al prestigio sociale, alla vostra cultura, o anche alle persone vi impedisce di liberarvi nella Grande Via del Tao. Più cose accumulate più dovete vigilarle, assicurarle, preoccuparvene, proteggerle, perfezionarle, amministrarle e identificarvi con esse. In altre parole, cercando di guadagnare, perdete l'armonia. Esercitatevi a dare via le cose che possedete, e a smorzare il vostro bisogno di chi o di cosa avete. Immaginate che ci siano dei fili attaccati alle persone o alle cose che sentite di possedere; poi, tagliate simbolicamente quei fili, e diventate, invece che proprietario, un osservatore. Ecco come fondersi nell'armonia del Tao.

Il poeta Hafiz consiglia:

Cominciate a vedere Dio in ciascuna cosa
ma mantenetelo un segreto.

Ora mettete in pratica il Tao

Pensate a una persona che vi abbia fatto un torto una volta: qualcuno che vi ha abbandonato o vi ha trattato male, qualcuno che vi ha derubato o ingannato, qualcuno che si è approfittato di voi o ha detto delle maldicenze su di voi. Trascorrete un giorno mettendo da parte tutti questi pensieri di vendetta, e, al contrario, provate perdono e amore per quell'individuo. Osservate la differenza che provate nel vostro corpo quando non ospita pensieri violenti... questo è l'insegnamento fondamentale del Tao.

43.

La sostanza più morbida
domina la sostanza più dura.
Ciò che non ha sostanza penetra anche dove non c'è spazio.
Da qui riconosco il valore del non agire.

Insegnare senza parole,
operare senza azioni.
In pochi afferrano questo concetto,
che è la via del maestro.
In verità, sono rari coloro
i quali godono della generosità di questo mondo.

VIVERE CON DOLCEZZA

Il *Tao Te Ching* è pieno di parallelismi con la natura, e, in effetti, l'essenza degli insegnamenti sembra consistere nell'aiutarci a diventare dei saggi ispirati dal Tao, attraverso l'unità con l'ambiente. I versi iniziali del quarantatreesimo capitolo mi ricordano la via dell'acqua, la sua dolcezza e la capacità di entrare ovunque, anche quando apparentemente non c'è spazio per farlo. L'acqua è spesso usata in riferimento al Taoismo, come per esempio nel titolo dell'egregia opera contemporanea di Alan Watts, *Il Tao: la via dell'acqua che scorre*. Vivere con dolcezza significa vivere come lo scorrere dell'acqua.

In questo capitolo, Lao-Tzu vi invita a cambiare il modo di considerare la durezza. Per voi questo concetto probabilmente si identifica con la forza. Forse fate palestra, perché pensate che più i vostri muscoli sono saldi più siete forti. Pensate che i diamanti abbiano più valore di un minerale tenero, come la cenere vulcanica, che si sbriciola tra le mani? Forse anche voi siete convinti che portare a termine un'impresa difficile fa di voi una persona migliore. Ora immaginate di emulare l'acqua, questo elemento primario che incarna la natura (dopotutto costituisce il settantacinque percento sia della superficie terrestre che del nostro corpo). Pensate al modo in cui l'acqua scorre, in direzione discendente, e di come, per sentirla, non potete semplicemente prenderne una manciata. Al contrario, dovete rilassarvi, e immergervi le mani lentamente.

Riflettete sulla differenza tra la dolcezza dell'acqua e la durezza della pietra, e come la prima riesce a scavare dentro il marmo. La morbidezza dell'acqua è superiore alla durezza della pietra, profonde valli circondate da montagne di granito sono state scavate nei secoli dal paziente, silenzioso, liquido in movimento. Immaginate di essere in grado di entrare dove sembra che non ci sia spazio per farlo, e muovetevi piano, parlando raramente e lasciandovi armoniosamente puri mentre cercate di scendere verso il basso, in un luogo meno rumoroso e visibile... un luogo in cui tutti gli altri desiderano venire da voi. Questa è la via dell'acqua che scorre.

Nel non agire è insito il valore di essere come l'acqua che scorre in maniera naturale e senza sforzo. Non posso fare a meno di pensare a questo concetto, quando mi immergo nell'oceano per nuotare un'oretta. Voglio andare con la corrente, invece che nuotare contro, perciò la prima cosa che faccio è guardare da che parte sta spingendo la corrente. Muovendomi nel mare, imitando la sua naturalezza, mi affido al mio istinto e nuoto senza cercare di guidare le mie bracciate e le spinte delle mie gambe. Ci penso, ma non interferisco, cioè lascio che il mio corpo si spinga da solo attraverso l'acqua, senza che la mia mente gli dica come muoversi. Avendo modificato le mie idee riguardo ai concetti di «durezza» e «dolcezza», non devo far altro che stare nell'acqua. Ho scelto di fare della mia nuotata quotidiana un'esperienza silenziosa e dolce, che richiede solo un minimo intervento da parte mia. E il mio nuoto è cambiato, è diventato facile, gioioso e quasi senza sforzo. Ho imparato «il valore del non agire», come dice Lao-Tzu in questo capitolo. Significa eseguire senza fare!

Applicate questo modo di vedere a ogni cosa del vostro mondo: i vostri compiti risulteranno semplificati, il vostro rendimento aumenterà, e la spinta a essere migliori degli altri usando maggior forza non sarà più un fattore determinante. Assimilerete in maniera naturale la saggezza della pacifica armonia che si ritrova nelle arti marziali, in cui gli sforzi diventano la fonte della vostra potenza. La vostra elasticità supererà la durezza degli altri.

Questo principio si ritrova chiaramente guardando i grandi campioni sportivi esibirsi nella loro disciplina. I grandi giocatori di golf dondolano senza sforzo. I più bravi atleti di giochi con il pallone corrono, saltano, lanciano, afferrano e tirano con un'elasticità che lascia stupefatti la maggior parte degli spettatori, non usano la forza, né sanno trovare le parole per descrivere come ci riescono. Gli artisti con maggior talento ballano con dolcezza, senza sforzo; e scrivono con facilità, senza fatica, lasciando che le parole vengano a loro. Come vi rammenta Lao-Tzu, si tratta di creature rare, che vivono secondo la via del maestro. Questi saggi « godono della generosità di questo mondo », la stessa che è disponibile anche per voi.

Meditando i consigli di Lao-Tzu, mi sento di incoraggiarvi ad applicare lo spirito della via dell'acqua che scorre, ritrovato nel quarantatreesimo capitolo:

Assumete lo stile morbido del non agire nella vostra vita

Mettete in pratica la via del non agire, dell'operare senza sforzo. Abbandonando l'impulso interiore a spingere in avanti, vi accorgerete che, ironicamente, riuscite molto meglio rispetto a quando vi sforzavate di più. Nel lavoro, siate tolleranti rispetto alla fretta di conseguire risultati, ammorbidendo il vostro atteggiamento e comportamento. Vedrete come così attirate sia i clienti sia opportunità migliori. Come mai? Perché lasciate che il Tao scorra nella sua perfezione, come il grande airone grigio lascia recedere l'onda, che porta a galla i piccoli pesci di cui si ciba, e di cui ha bisogno per sopravvivere. Osservate come la vostra vita cambia, quando cambiate il vostro modo di vederla.

Esercitatevi a operare senza sforzo anche in altri settori della vostra vita. Alcuni maratoneti, per esempio, dicono di aver imparato a rilassarsi e a smettere di insistere, lasciando semplicemente andare le gambe, le braccia e il busto, quando, a pochi metri dal traguardo, i loro corpi cominciano a provare una stanchezza estrema. Raccontano che, spegnendo l'interferenza e il comando che viene dal cervello, come per magia tagliano quel traguardo. La dolcezza ha sempre un ruolo da svolgere, perché è la via dell'acqua che scorre... la Via del Tao.

Incoraggiate i desideri a scorrere liberi nella vostra immaginazione

Immaginate che ciò che avete desiderato in questa vita si trovi dietro una porta chiusa a chiave. Analizzate ciò che vi siete sempre detti circa la prosperità, la ricchezza, la superfortuna, il successo negli affari, o le relazioni meravigliose che avreste voluto, ma che, per quanto vi siate sforzati, non avete ottenuto. Poi immaginatevi a scorrere come l'acqua, attraverso la barriera di quella porta chiusa. Fatelo nella vostra mente con dolcezza, con calma e in silenzio. In altre parole, dedicate del tempo ad abituarvi a mettere in pratica la via dell'acqua che scorre.

Lasciando che la dolcezza sia parte dell'immagine della vostra vita, la via della rigidità si ammorbidirà. Cominciate a esercitare la dolcezza senza sforzo in tutti i desideri che avete.

Secondo Ralph Waldo Emerson, « è la condizione dell'Ispirazione: sposate la natura, non usatela per il piacere ». Vi invito a riflettere su questo tipo di matrimonio.

Ora mettete in pratica il Tao

Trascorrete una giornata in silenzio. Non parlate con nessuno; al contrario, osservate e vedete se riuscite a rimanere in una condizione di dolcezza senza dire a voi stessi o a nessun altro che cosa fare. Riflettete con delicatezza sulle potenti parole di Herman Melville, che una volta disse: « La sola e unica voce di Dio è il silenzio ».

44.

Che cosa è più importante
voi o la vostra reputazione?
Che cosa è più prezioso
voi o i vostri averi?
Vi dico che è più dannoso
ciò che guadagnate di ciò che perdete.

L'amore è frutto del sacrificio.
L'abbondanza è frutto della generosità.

Chi si accontenta non resta mai deluso.
Chi sa quando fermarsi evita il pericolo,
solo così si può vivere a lungo.

VIVERE SAPENDO QUANDO FERMARSI

Il quarantaquattresimo capitolo dice che, cambiando il vostro modo di stabilire le priorità nella vita, vi assicurate un'esistenza fruttuosa. Io lo chiamo la sezione «Quando basta, basta» del *Tao Te Ching*. Aggiornando il modo di vedere le cose più importanti della vita, il mondo intorno a voi sembrerà notevolmente diverso. Lao-Tzu vi esorta a guardare nel vostro cuore e ad analizzare ciò che è davvero importante.

I primi capitoli del *Tao Te Ching* suggeriscono che la missione primaria della vita è tornare (o arrivare a comprendere) la vostra Sorgente originaria, prima della morte fisica. In altre parole, non è necessario morire per fare il viaggio di ritorno! Non solo è possibile, ma è essenziale sentire la vostra connessione col Tao, mentre siete ancora in vita.

Sapere quando fermarsi fa parte del cammino che vi conduce al vostro io essenziale, dove il bisogno di fama o di beni non esiste. Vedete, non sono le cose, né il desiderio di riconoscimento che vi impediscono di vivere in connessione col Tao, è il vostro *attaccamento* a essi l'ostacolo. Perciò smettete di dare al successo o agli averi quell'importanza che ha messo in ombra il vostro legame con il Tao. Cominciate a vedere che non ha senso chiedere di più, esaurirvi nella ricerca di ciò che vi tiene intrappolati nel circolo vizioso del «lottare senza mai raggiungere» o di cercare di trovare appagamento. Questo capitolo vi chiede di capire quando fermarvi.

Sono sicuro che nel vostro ambiente potete facilmente trovare gente che trascorre tutta la vita a cercare di possedere di più di ogni cosa: più beni, più soldi, più successo, più onori, più amici, più luoghi dove andare, più sostanze, più cibo, e così via. Se vivete in base alla stessa filosofia, avete acconsentito a una vita di frustrazione e insoddisfazione, in quanto la ricerca stessa diventa il vostro carceriere. È quindi facile capire perché Lao-Tzu vi mette in guardia dicendo che «è più dannoso ciò che guadagnate di ciò che perdete».

Stabilendo delle priorità nella vostra vita, scoprirete che amore e abbondanza non solo sono ciò che desiderate, ma anche che sono immediatamente disponibili, perché è cambiato il vostro modo di vedere il mondo. Con questo nuovo punto di vista vi sentirete completamente amati e ricchi, in tutti i sensi.

Mi rendo conto che Lao-Tzu si esprime di nuovo con parole che sembrano paradossali. Ma si avvicina a voi dalla prospettiva di qualcuno che ha cambiato il *suo* modo di vedere, e che si è reso conto di come siano cambiate le cose. Ora egli vede ovunque amore e ricchezza, tuttavia intuisce che non potrà mai possederle inseguendole, poiché non riuscirà mai ad afferrarle. Quindi, egli guarda il Tao, e vede che la Grande Via non tiene niente per sé, è disposta a lasciar andare la sua essenza che dà la vita, ed è desiderosa di condividerla con tutti. Quando date *voi stessi*, non chiedendo niente in cambio e mettendo da parte il vostro bisogno di riconoscimento, vi sentirete più appagati. I frutti della ricchezza e dell'amore li potete vedere proprio davanti a voi, quando smettete di rincorrerli.

La bellezza della saggezza del quarantaquattresimo capitolo è nel concetto di cedere l'attaccamento alle cose o ai modi di essere. È ciò che intendo dire con l'espressione «capire quando fermarsi». Se la corsa vi sta rovinando la salute, fermatevi! Se la corsa sta distruggendo le vostre relazioni, fermatevi! Se la corsa vi sta sfinendo, fermatevi! Se la corsa vi impedisce di godere della vita, fermatevi! Sapendo quando è ora di fermarvi e di desistere, siete protetti da tutti quei pericoli, e godrete di un'esistenza in connessione col Tao lunga e appagata.

Ecco ciò che Lao-Tzu mi chiede di presentarvi come strumento per realizzare questo insegnamento:

Fate della vostra relazione col Tao la vostra priorità principale

Stabilite delle priorità nella vostra vita, facendo di questo esercizio la responsabilità fondamentale e più importante che avete. La relazione principale deve essere quella con *voi stessi*, non quella che avete con la famiglia, gli affari, la nazione, la cultura o l'etnia.

Dichiarate: *La priorità numero uno della mia vita è la mia relazione con la Sorgente del mio essere.* Occupatevi di questo, prima di tutto, prima di ogni altra considerazione, e automaticamente smetterete di chiedere di più di qualsiasi altra cosa. Comincerete a imitare il Tao senza sforzo, vivendo il paradiso in terra.

Esercitatevi a capire quando è ora di fermarvi

Siate vigili a riconoscere quando è ora di smettere di chiedere, di inseguire, di parlare, di camminare, di lavorare, di dormire, di giocare, di fare compere, di lamentarsi, di insistere, e così via. Esercitandovi nel fermarvi, imparerete a dare priorità a ciò che è importante per la vostra vita in quel momento. Gli affari vi vanno bene? Lasciate che smettano di crescere. Avete lo stomaco pieno? Smettete subito di mangiare. Avete abbastanza soldi da parte? Datene a qualcuno, senza trattenerne per voi, né chiedendo meriti per la vostra generosità. Più siete attaccati al bisogno e al desiderio e al possesso più avete da perdere nella vostra relazione col Tao. Ma se capite quando è il momento di fermarsi dite addio ai guai che invece si moltiplicano per coloro che sacrificano l'arrivo, dedicandosi a una vita di sforzi.

Ora mettete in pratica il Tao

Scegliete un settore della vostra vita in cui esercitarvi a liberarvi dall'attaccamento, decidendo di fermarvi. Per esempio, decidete di uscire dieci minuti in anticipo dal supermercato, o astenetevi dal comprare qualcosa che non è nella vostra lista della spesa. Al lavoro, astenetevi dal bere un'altra tazza di caffè, o dallo scrivere un'altra e-mail personale. In una relazione, non aggiungete altro in una discussione che non sta andando da nessuna parte. Questi sono tutti esempi di attaccamento a modi di essere o di fare.

Potete anche mettere in pratica il distacco dando via qualcosa di vostro. Tempo fa, per esempio, mio figlio ha fatto qualcosa che ci ha lasciato stupiti entrambi. Stavo ammirando una nuova T-shirt che si era comprato, e lui ha detto: «Ehi, papà, ti piace così tanto che, anche se è la mia preferita, voglio che la tenga tu». Si è trattato del gesto semplice e spontaneo di staccarsi da qualcosa, ed entrambi abbiamo percepito la ricchezza che è frutto della generosità.

45.

La massima perfezione sembra imperfetta,
eppure il suo uso è illimitato.
La massima pienezza sembra vuota,
eppure il suo uso è inesauribile.

La massima rettitudine sembra storta.
La massima intelligenza sembra stupida.
La massima eloquenza sembra goffa.
La massima verità sembra falsa.
La massima comunicazione sembra silenzio.

Il movimento vince il freddo,
l'immobilità vince il caldo.
Calma e tranquillità mettono in ordine
ogni cosa nell'universo.

VIVERE OLTRE LE SUPERFICIALITÀ

Questo capitolo vi chiede, quasi sottovoce, di osservare il mondo con occhi nuovi. Molto probabilmente siete stati condizionati a valutare qualsiasi cosa con uno sguardo frettoloso e fuggevole. Qui, Lao-Tzu chiede di smettere di guardare attraverso la vostra cultura dominata dall'ego, e invece di cominciare a far caso allo spazio silenzioso e tranquillo situato all'interno di tutte le cose. Quando andate oltre le superficialità, diventate consapevoli del fatto che tutto ciò apparentemente imperfetto, vuoto, goffo, o perfino stupido ora vi sembra perfetto, pieno, eloquente e intelligente.

Secondo il modo in cui prima concepivate il mondo, esso vi appariva pieno di imperfezioni: le persone della vostra vita avrebbero dovuto essere diverse, i politici avrebbero dovuto seguire i vostri stessi valori, le condizioni atmosferiche essere più prevedibili e affidabili, la gente dimostrarsi più calma, i giovani avrebbero dovuto studiare di più, e gli anziani avrebbero dovuto essere più tolleranti. I giudizi possono essere inesorabilmente infiniti, e sono tutti basati sugli insegnamenti che avete adottato. Pur sembrando sensate e corrette, queste idee sono semplicemente il risultato dell'osservare solo ciò che esiste in superficie. «Aspetta un momento», sembra dire questo capitolo del *Tao Te Ching*, «prova a vedere le cose in questo altro modo. Ciò che sembra essere imperfetto ha la perfezione, e ciò che sembra vuoto e falso è sostenuto da una profonda verità spirituale.»

Il paradosso qui è evidente: nel mondo la fame esiste come elemento di perfezione del Tao, e il desiderio di aiutare coloro che muoiono di fame è anche parte di quella perfezione. Vi viene chiesto di non etichettare ciò che vedete come imperfetto, stupido o vuoto; al contrario, cercate il silenzio e la tranquillità che è dentro di voi e che potete portare in superficie. Astenendovi dal dare giudizi basati soltanto sull'aspetto, paradossalmente diventate uno strumento del cambiamento.

Studiate i versi iniziali di questo capitolo. Ciò che sembra imperfetto è tuttavia inesauribile; ciò che sembra vuoto è infinito. Immaginate una brocca dalla quale poter versare delizioso tè freddo, senza mai bisogno di riempirla. « Impossibile! » direte voi, tuttavia è precisamente ciò che fa il Tao. Non finisce mai e poi mai. Non lo ha mai fatto, né lo farà mai. Non può esaurirsi. Ora vi viene chiesto di essere come il Tao, inesauribile e sempre pieno. Siate quindi liberi da preconcetti, silenziosi e, soprattutto, tranquilli. Lasciate che il mondo e le sue creazioni si manifestino, mentre voi rimanete costanti con l'invisibilità che permette lo svolgersi degli eventi. Lasciate che qualsiasi cosa sentiate nel profondo di voi stessi, in quello spazio silenzioso e calmo, vi guidi nella direzione che è il vostro vero destino.

Di recente ho partecipato a una conferenza con il mio amico, collega e mentore Ram Dass, che nel 1997 è stato colpito da un ictus che ha avuto conseguenze sulla sua capacità di parlare; egli passa ancora gran parte della giornata su una sedia a rotelle. La sua lezione durava all'incirca 45 minuti. Alla fine ha ricevuto una standing ovation, e personalmente mi sono sentito così fortunato e contento di essere stato tra il pubblico. Alcune persone probabilmente avranno seguito la conferenza solo in modo superficiale, per loro la lezione sarà potuta risultare zoppicante e lenta, per le conseguenze dell'ictus, e l'avranno giudicata imbarazzante o perfino intellettualmente provocatoria. Il mio amico è rimasto in silenzio per gran parte del tempo, mentre era sul palco, e certamente sembrava impacciato rispetto alle lezioni che prima teneva sempre con maestria ed eloquenza. Ma, mentre sono seduto qui a scrivere, posso solo dire che per aver cambiato il modo di vedere questa esperienza tutte le cose per me sono cambiate in maniera sensazionale.

Ram Dass ha detto poche parole, ma il suo messaggio è stato schietto, essenziale e diretto. Quello che ad altri può essere parso incomprensibile mi ha colpito come un momento di genialità mascherato dalle circostanze. Ciò che può essere sembrato maldestro era ben strutturato e perfetto in ogni suo aspetto. Ho ascoltato un grande intervento, tenuto di fronte a una folla affettuosa e ricettiva, costituito in gran parte da lunghi intervalli di gradevole silenzio. Per tutta la durata della lezione, il pubblico e io siamo rimasti in silenzio e tranquilli. Come conclude Lao-Tzu nel quarantacinquesimo capitolo del *Tao Te Ching*, «calma e tranquillità mettono in ordine ogni cosa nell'universo».

Questa mattina, guardando il disegno di quel bell'anziano seduto a cavalcioni di un bue, riesco a percepire la presenza di Lao-Tzu. Sembra mi stia invitando a dirvi come mettere in pratica questa grande saggezza, che viene dal vivere oltre la superficialità:

CONSIDERATE LE IMPERFEZIONI COME SE FOSSERO PERFETTE, ANCHE SE LA VOSTRA MENTE INCENTRATA SULL'EGO NON RIESCE A COMPRENDERLO

Divenite consapevoli delle reazioni condizionate che vi portano a etichettare come meno che perfette persone, luoghi e circostanze. Cogliete la perfezione dietro i presunti difetti. Guardando crescere i miei figli, per esempio, ho notato che parecchie volte il loro comportamento provocatorio in certe età era davvero qualcosa di geniale. Per esempio, li osservavo rifiutarsi di mangiare certi cibi nutrienti. Sapevo che dovevano attraversare questi stadi per crescere e maturare. Un rifiuto inflessibile di mangiare la verdura non era stupido o sbagliato, era perfetto e necessario per loro a quel tempo. Potete applicare questo stesso tipo di calma paziente al vostro mondo. Poco a poco, ci evolviamo, muovendoci verso un'unione più piena con il Tao.

Uno dei grandi pensatori mistici della storia, Meister Eckart, monaco cattolico e dotto, nel XIV secolo ha messo in poesia questo concetto:

Ogni oggetto, ogni creatura, ogni uomo, donna e bambino
hanno un'anima ed è il destino di tutti,

vedere come vede Dio, sapere come sa Dio,
sentire come sente Dio, essere
come è
Dio.

Date a voi stessi il permesso di essere perfetti, anche con tutte le vostre apparenti imperfezioni

Riconoscete voi stessi innanzitutto e principalmente come creazioni di Dio, che è la vostra perfezione. Ciò non ha niente a che fare con il vostro aspetto o con i cosiddetti errori e fallimenti che potete aver attirato, sebbene queste superficialità continueranno a presentarsi per tutta la vostra esistenza in questo corpo. La Sorgente del vostro io materiale, l'eterno Tao, è senza difetti, schietta, piena, espressione di verità. Di fronte a quei modi che vi è stato insegnato a giudicare imperfetti, se vi accorgete che vi state causando sofferenza per via dell'avversione che provate per loro, o per il giudizio che ne date, convocate il vostro io incentrato sul Tao per occuparsi dei cosiddetti difetti. Circondato dall'amore, l'aspetto superficiale e la sensazione di non essere amati si placherà.

Il poeta mistico Rumi lo riassume perfettamente in questa breve osservazione:

Voi siete *la verità*
dal piede alla fronte. E ora
cos'altro vorreste sapere?

Ora mettete in pratica il Tao

Fate un elenco di dieci cose che avete etichettato come imperfette, sbagliate o stupide. Prendetene una alla volta e suscitate nel vostro corpo la sensazione associata a essa. Osservate la sensazione, e tenetela nei vostri pensieri secondo un'ottica tollerante e affettuosa. Fatelo fintanto che vi sentite a vostro agio, lasciando che «il Tao sia presente ora»! Mentre fate questo esercizio, ricordatevi che il Tao è libero da preconcetti, e che provvede a tutti indistintamente. Potete riscaldarvi sotto il sole, o rimanerci fino a scottarvi come un'aragosta. Il Tao semplicemente è, e non gli importa!

46.

Quando la Via è presente nel mondo,
i cavalli servono per arare i campi.
Quando la Via viene a mancare nel mondo,
i campi servono ad allevare i cavalli da guerra.

Non c'è disgrazia peggiore della mancanza del Tao,
non c'è maledizione più grande dell'avidità,
non c'è tragedia più grande dell'insoddisfazione,
la colpa più esecrabile è volere di più, sempre.

Chi si accontenta conosce l'appagamento.
In verità, troverete nell'appagamento
la beatitudine eterna.

VIVERE IN PACE

Se attualmente state valutando il vostro livello di realizzazione in base a quanto avete accumulato, preparatevi ad avvertire un imponente cambiamento dal punto di vista della vostra soddisfazione personale e dell'appagamento. Il quarantaseiesimo capitolo del *Tao Te Ching* vi invita a scoprire un modo più pacifico e soddisfacente di conoscere il successo e, poiché la vostra determinazione ad acquisire di più comincia a indebolirsi, la vostra nuova visione cambierà il mondo che conoscete. Scoprirete che l'esperienza della pace interiore diviene il vostro vero parametro di misura della realizzazione.

Il quarantaseiesimo capitolo inizia con uno sguardo su ciò che accade quando un pianeta perde la sua connessione con la Via. Le nazioni cominciano ad avere la necessità di conquistare altri territori... e nella loro ricerca di altre terre, di potere e di dominio sugli altri devono essere costantemente preparati alla guerra. Qui Lao-Tzu parla simbolicamente di cavalli: quando sono connessi al Tao, i cavalli servono per fertilizzare i campi, quando la connessione si perde, le belle creature sono allevate per la guerra.

In una traduzione moderna del *Tao Te Ching*, il mio amico Stephen Mitchell interpreta questo messaggio in termini attuali:

Quando una nazione è in armonia con il Tao,
le fabbriche producono camion e trattori.
Quando una nazione va contro il Tao,
fuori dalle città vengono ammassate scorte di testate esplosive.

È dolorosamente risaputo che il nostro mondo ha perso di gran lunga il contatto con la Via, come descrive Lao-Tzu. Di questi tempi gran parte della nostra energia è utilizzata nell'allevare cavalli da guerra alle spese delle risorse destinate per fertilizzare i campi per poter vivere in pace. Gli Stati Uniti sono pieni zeppi di armi di distruzione di massa, e di continuo si fanno nuove leggi per stanziare fondi che servono a rendere queste armi talmente devastanti da ridurre l'intero pianeta in un luogo inabitabile. La «piaga dell'avidità» ha creato un ambiente che rappresenta l'osservazione di Lao-Tzu: «Non c'è tragedia più grande dell'insoddisfazione». Ma anche se molti dei nostri io divini sembrano essere circondati dalle fiamme del malessere *voi* potete cominciare a mettere in atto il consiglio di Lao-Tzu.

Quando capirete veramente che cosa significa vivere in pace, la soddisfazione comincerà a sostituire il vostro desiderio di possedere di più. Il vostro mondo comincerà a diventare tranquillo quando cambierete la vostra vita e poi toccherete quella dei vostri famigliari, dei vicini, dei colleghi e infine quella della nazione e dell'intero pianeta. Cominciate semplicemente pensando al primo verso della famosa Preghiera di san Francesco, quando vi accorgete che state pretendendo più del dovuto di qualcosa. Recitate mentalmente: *Dio fammi strumento della Tua pace; dove c'è l'odio, portare l'amore.* Come quello strumento di pace, irradierete tranquillità a coloro che vi stanno accanto e proverete l'ebbrezza di un nuova e diversa soddisfazione, forse per la prima volta nella vostra vita. Rifiutando di perdere il Tao, indipendentemente da come sono le persone che l'hanno perso e di ciò che i leader del mondo decidono di fare, voi vivete in armonia. La *vostra* connessione col Tao farà la differenza, allontanando gradualmente la Terra dal precipizio di insoddisfazione che Lao-Tzu ha definito «la tragedia più grande».

Il sublime Hafiz riassume meravigliosamente nella poesia *Vi sembrerebbe strano?* il genere di successo a cui mi riferisco:

Vi sembrerebbe strano se Hafiz dicesse:
Sono innamorato di ogni chiesa,
di ogni moschea,
di ogni tempio
e di qualsiasi tipo di santuario.

Perché so che è là
che la gente pronuncia i diversi nomi
dell'Unico Dio.

Tornando a Lao-Tzu, ecco di seguito i potenti messaggi del quarantaseiesimo capitolo, applicabili oggi nella vostra personale esistenza:

Esercitate la gratitudine e l'appagamento ogni giorno

Quando i vostri piedi toccano il pavimento ogni mattina, senza eccezione, dite: «Grazie per l'opportunità di vivere in uno stato di appagamento». Invitate la magica energia del Tao a scorrere liberamente attraverso di voi e a ispirare ogni vostra reazione durante la giornata. Siete in armonia con la Sorgente quando esprimete la vostra gratitudine per la gratificazione in questo modo.

Siate uno con la natura

In un mondo che sembra produrre sempre più violenza, diventate una persona che sceglie di essere uno strumento di pace. Lasciate che la vostra natura sia come i «cavalli» allevati per arare i campi, per nutrire gli affamati e offrire conforto allo zoppo o a chi è meno fortunato. Vivete come se voi e il Tao foste una cosa sola, cioè la vostra naturale dimensione.

Quando un numero sufficiente di noi sarà in grado di farlo, raggiungeremo la massa critica, e la Grande Via supererà realmente le pretese dell'ego. Credo davvero, per usare un termine del baseball, che la natura ha sempre l'ultima battuta.

Ora mettete in pratica il Tao

Ritagliatevi del tempo per compiere uno sforzo cosciente per mandare energia di pace a qualcuno o a qualche gruppo che considerate nemico, per esempio una persona in conflitto con voi, un famigliare allontanato dagli affetti, qualcuno che ha una diversa fede religiosa, o coloro che opponete in un governo, in un partito politico, in pratica chiunque sia in disaccordo con voi. Poi inviate letteralmente qualcosa a queste persone, se vi sentite di farlo, come un fiore, un libro o una lettera. Iniziate oggi a compiere il vostro sforzo cosciente, in questo preciso momento, per sottomettervi al Tao e scoprire il successo autentico, che non conosce separazione.

47.

Senza uscire di casa,
conoscete il mondo.
Senza guardare fuori dalla finestra,
potete vedere le vie del cielo.

Più andate lontano
meno conoscete.

Perciò, il saggio non va altrove,
eppure conosce,
non vede,
eppure sa definire,
non si affanna,
e tuttavia porta a termine il suo compito.

VIVERE ESSENDO

Vi incoraggio a cambiare la convinzione che lo sforzo e la lotta sono strumenti necessari per raggiungere il successo. Nel quarantasettesimo capitolo, Lao-Tzu suggerisce che queste idee vi allontanano dall'esperienza di armonia e pienezza offerta dal Tao. *Vivere essendo* piuttosto che *cercando di* sono due punti di vista differenti; come dichiara Lao-Tzu potete vedere e ottenere di più senza guardare fuori dalla finestra.

Come è possibile? Vediamo un esempio per chiarire questo dilemma. Mi piacerebbe che concentraste tutta la vostra attenzione su una delle più grandi creazioni di Dio. Mi riferisco al vostro cuore, che batte sempre, misterioso grumo di arterie, vene, muscoli e sangue che portate con voi dovunque andiate. Esso mantiene continuamente il suo *tum*, *tum*, *tum* senza che voi cercate di farlo battere, anche senza la vostra cosciente attenzione lavora perfettamente, allo stesso modo dell'oceano. Il suo battito continuo, infatti, ricorda il moto delle onde sulla superficie del mare.

Il vostro cuore è davvero una meraviglia, poiché è indispensabile alla vita stessa, è la vostra essenza. L'organo nel petto è un esempio per capire e applicare la lezione del vivere essendo. Il vostro cuore porta a termine il suo compito (la vostra vita) senza andare altrove, senza guardare fuori dalla cavità toracica, o affannandosi.

Mentre state seduti e leggete queste parole, esso vi mantiene in vita, semplicemente vi fa essere e voi neppure ve ne accorgete. Vorrei che pensaste a tutto il vostro essere come a un cuore che sa già esattamente cosa fare in virtù della propria natura.

Questo significa che voi non dovete andare da nessuna parte per conoscere il mondo perché *voi* siete già il mondo. Nel momento in cui tentate di controllare il battito del vostro cuore vi rendete conto della futilità di un tale sforzo. Cercare di aumentare lo sforzo non farà nessuna differenza, poiché il vostro cuore agisce per la sua naturale connessione del Tao, che si limita a non lasciare nulla di incompiuto.

Nel libro *A Warrior Blends With Life: A Modern Tao*, Michael LaTorra lo sottolinea commentando questo capitolo:

> Come il saggio dei saggi ha sempre saputo, la radice dell'essenza dell'essere è il cuore, specialmente nel meccanismo del battito cardiaco. Da qui, la radiosità dell'essenza dell'essere sale a illuminare la testa. Questo meccanismo esiste a prescindere da qualsiasi tecnologia. Voi già lo possedete... e attraverso sentimenti profondi (piuttosto che emozioni superficiali) potete connettervi a esso immediatamente... il supremo atto di illuminazione non implica necessariamente l'azione.

Dunque ora sapete che la condizione paradossale che Lao-Tzu descrive in questo capitolo non solo è possibile, ma avviene veramente dovunque in questo momento in miliardi di cuori umani. Inoltre tutto ciò vale per i cuori di *tutte* le creature, così come per il meccanismo biologico di ogni albero, fiore, cespuglio e persino di ogni minerale sulla terra. E questo è soltanto uno dei pianeti dell'universo che contiene così tanti corpi celesti. Contarli va talmente oltre le nostre capacità che non possiamo nemmeno concepire un calcolatore per intraprendere una simile impresa.

Il ventunesimo secolo è spesso chiamato «l'era dell'informazione»: viviamo un'epoca in cui esiste una disponibilità di dati molto maggiore rispetto a quanto sia avvenuto in qualsiasi altro momento nella storia dell'umanità, e basta un piccolo chip di un computer per contenerne una quantità enorme. Non serve essere maghi dell'informatica per constatare che i nostri sforzi ci hanno portato davvero alla conoscenza di molti più dati che nel passato. La questione che ora si presenta è quella del rapporto tra l'informazione e la conoscenza, intesa come sapienza e non come un insieme di nozioni o di dati.

Analizziamo che cosa significa *era dell'informazione.* Quando siete «in-forma» (nel vostro corpo e nel mondo materiale), siete ricompensati con l'informazione. Ma provate a muovervi *oltre* la forma (trasformati in spirito), e riceverete ispirazione. Perciò, l'informazione non è sempre conoscenza, e la conoscenza non è sempre sapienza. La sapienza vi connette al vostro cuore nei momenti del risveglio; è il Tao all'opera. Lao-Tzu vi chiede di riconoscere la differenza tra l'affannarsi per agire di più e l'essere nel mondo che è già completo di per sé. Vivendo in questa prospettiva di saggezza o di connessione con il Tao, il mondo appare molto diverso.

Siete un singolo battito dell'unico cuore che è l'umanità. Non dovete guardare fuori dalla finestra o andare altrove, dovete semplicemente *essere*, esattamente come permettete al cuore di battere. Questo era un concetto complesso duemilacinquecento anni fa, e mi rendo conto che possa essere difficile da afferrare, ma dovete farlo! In un mondo pazzo per l'informazione senza la grazia del Tao, siete un battito del cuore che fa scorrere liberamente la saggezza del Tao... semplicemente essendo.

Per mio tramite, Lao-Tzu vi sprona ad agire in questa nuova consapevolezza e a mettere alla prova i suoi suggerimenti:

Cominciate a fidarvi del vostro cuore

Ascoltando il vostro battito cardiaco, potete chiaramente riconoscere il Tao che mette in pratica il paradosso del non agire e allo stesso tempo non lascia nulla di incompiuto. I vostri sentimenti più profondi sono il riflesso di ciò che dice il vostro cuore. Non dovete fare nulla per attivare questa profondità interiore; lasciate solo che il cuore vi parli. Cominciate a osservare e ad apprezzare il suo ritmo incessante e silenzioso e, qualsiasi cosa sia a fornire l'energia per farlo continuare, fate sì che la sua presenza nel petto rappresenti per voi un costante richiamo del Tao all'opera.

Fidatevi del vostro « sesto senso » che è sempre con voi

La *conoscenza* interiore esiste indipendentemente dal vostro andare altrove, è presente anche quando tenete gli occhi chiusi e state immobili seduti. Questo non significa necessariamente dover diventare dei pantofolai. Piuttosto, lasciatevi guidare dalla stessa Sorgente che fa girare i pianeti intorno al sole e siate certi che essa vi dirigerà perfettamente senza la vostra intromissione. Fate esperienza della vostra creatività innata, mentre osservate con stupore come ogni cosa si sistema con ordine. Proprio come l'acqua corrente che non ristagna mai, sarete mossi da una forza della natura che cerca dentro di voi il proprio compiersi e senza il bisogno di interferire da parte vostra. Potete stabilire il contatto con questa conoscenza attraverso la pratica della meditazione.

Ora mettete in pratica il Tao

Oggi trovate o fate un disegno che rappresenti un cuore e trascorrete del tempo a contemplarlo come un richiamo del Tao che lavora senza sforzo dentro la cavità toracica. A un certo punto della giornata, lasciatevi guidare dal Tao a fare qualcosa di creativo che proviene da dentro, come dipingere, scrivere una poesia, fare una passeggiata nel parco, iniziare un progetto personale o qualsiasi altra cosa. Lasciatevi guidare senza dover andare altrove in ogni caso. Poi portate questa magia del Tao più di frequente in tutti gli aspetti della vostra vita.

48.

Apprendere significa accumulare ogni giorno.
La pratica del Tao consiste nel diminuire quotidianamente;
diminuire e diminuire, fino ad arrivare al non agire.
Quando non si agisce, non si lascia nulla di incompiuto.

La vera padronanza può essere acquisita
lasciando che le cose vadano per la loro strada.
Non la si può acquistare intromettendosi.

VIVERE RIDUCENDO CIÒ CHE SI POSSIEDE

Viviamo in una società che sembra dichiarare: «Più accumulate più valore possedete come esseri umani». Nel quarantottesimo capitolo del *Tao Te Ching*, vi si chiede di cambiare questo concetto. Invece di attribuirvi valore acquistando di più, potete invertire quest'idea radicata dell'*aumentare* come criterio per dominare la vita. Vivere *riducendo* vi porterà il vantaggio di vedere il vostro mondo sotto una nuova luce, che, lo crediate o no, vi farà percepire un gran senso di completezza.

Negli anni della vostra formazione scolastica, siete stati incoraggiati ad accumulare il massimo delle conoscenze a vostra disposizione: più formule matematiche, più regole grammaticali, nozioni di storia antica e moderna; informazioni sul corpo umano, sulle galassie vicine e lontane, sulla religione, sui composti chimici, e così via. Avete messo insieme una serie di pagelle, diplomi, lauree che riassumono il vostro viaggio di raccolta e accumulo di prove del vostro apprendimento. Lao-Tzu suggerisce di riesaminare questo patrimonio, per poi riuscire a basare il vostro livello di successo di qualcosa che appare essere l'esatto opposto di ciò che avete inseguito per tanto tempo.

Il Tao vi chiede di lasciar perdere i titoli di studio e i simboli del vostro grado di istruzione. Se apprendere significa accumulare informazioni e conoscenze, il Tao insegna la sapienza, che implica tralasciare le informazioni e le conoscenze per vivere in armonia con la Sorgente. Allo scopo di promuovere la vostra esperienza del Tao e vivere secondo i suoi principi, vi è chiesto di fare sempre meno affidamento sulle cose materiali.

Come ho già accennato, ogni cosa che aggiungete nella vostra vita porta con sé un elemento di chiusura: la vostra roba richiede di essere protetta e assicurata da potenziali furti e disastri naturali; inoltre necessita di pulizia, verniciatura, lucidatura, deposito, imballaggio e anche di trasporto da un luogo all'altro. C'è un'infinita saggezza nelle idee che Lao-Tzu mette in evidenza in questo capitolo del *Tao Te Ching*, specialmente quando dice che la vera padronanza può essere acquisita soltanto liberando voi stessi dall'attaccamento alle cose e dalla riduzione di ciò che avete già.

Quando penserete seriamente a quest'idea e cambierete il modo di considerare l'accumulo, vi accorgerete che in realtà il possesso delle cose non esiste. Un tempo, gli Indiani d'America non avevano una parola per definire il possesso della terra; oggi l'acquisto di una proprietà implica una trafila infinita di pratiche notarili e burocratiche, compensi per gli intermediari, ipoteche, marche da bollo e così via. Abbiamo creato mostruosi intralci per poter acquistare e possedere un pezzo di terra, che in realtà occuperemo solo temporaneamente. Lao-Tzu vi esorta a considerarvi come degli ospiti su questa terra, piuttosto che proprietari. Smettete di interferire con il mondo naturale e fate tutto ciò che potete per diminuire il vostro impatto sull'ambiente. Questo significa vivere in accordo con la vostra condizione di *nullatenenti* da cui derivate e a cui siete destinati infine a tornare.

Lao-Tzu dice che dovete pensare alla vostra vita terrena, «la parentesi nell'eternità», come a un'opportunità per essere in armonia con il Tao, che sempre riduce, mettendo in pratica questi suggerimenti:

SCOPRITE IL VALORE DEL RIDURRE O DEL «DIMINUIRE QUOTIDIANAMENTE»

Iniziate a ridurre consapevolmente il bisogno di acquistare più cose. Tenete in mente che il mondo della pubblicità è programmato per convincervi che la felicità è legata a qualsiasi cosa esso promuova, così invece di comprare di più vedete come potreste riciclare molti dei beni che possedete. Vi garantisco che proverete un fresco senso di libertà, quando il vostro desiderio diminuirà e abbandonerete l'ossessione degli oggetti materiali che avete ammassato. Come dice Lao-Tzu, siete giunti qui come nullatenenti e ve ne andrete nella stessa condizione, quindi godete di tutto ciò che la vita vi ha riservato. Esiste un piacere ancora più grande nel sapere che la vostra capacità di vivere felicemente e in pace non dipende da quanta roba accumulate nella vostra esistenza. Vivere riducendo ciò che si possiede è la Via del Tao.

Abituatevi a scoprire la gioia nel mondo naturale piuttosto che cercare la vostra realizzazione nel possesso dei beni. Considerate la follia del concetto di proprietà in un universo che eternamente si forma e si decompone... proprio come voi. In sostanza Lao-Tzu dice che la vera realtà non cambia perché non ha forma. Quindi più lasciate che le cose si svolgono in modo naturale più vivete in armonia con il Tao. Godete dei fiori, delle nuvole, dei tramonti, dei temporali, delle stelle, delle montagne e di *tutte* le persone che incontrate. Siate *con* il mondo, dentro di esso e adoratelo, ma senza il bisogno di possederlo. Questa è la via della pace. Questa è la Via del Tao. Da più di cinquecento anni, Kabir è considerato uno dei poeti più illustri dell'India. Una delle sue osservazioni più famose riassume il quarantottesimo capitolo del *Tao Te Ching*:

Il pesce che in acqua soffre la sete
ha bisogno di un serio aiuto professionale.

Ora mettete in pratica il Tao

Liberatevi oggi stesso di cinque oggetti che possedete, mettendoli in circolazione affinché gli altri possano trovarli. Poi, prendete qualcosa che per voi ha un particolare valore e regalatela. È importante che sia un oggetto a cui tenete molto, perché più siete attaccati a esso maggiore sarà la gioia che proverete a regalarlo. Questa può diventare una pratica per vivere un'esistenza di quotidiana privazione riducendo le cose che possediamo.

49.

Il saggio non ha idee fisse;
è consapevole dei bisogni altrui.

Tratta i buoni con bontà.
Tratta anche i malvagi con bontà,
perché la natura del suo essere è buona.

È gentile con le persone gentili.
È gentile anche con quelle che non sono gentili,
perché la natura del suo essere è la gentilezza.

È fedele a coloro che sono degni di fiducia.
È fedele anche a coloro che non sono degni di fiducia.
Il saggio vive in armonia con tutto ciò che è sotto il cielo.
Vede ogni cosa come vede se stesso.
Ama tutti come se fossero suoi figli.

Tutti sono attratti da lui.
Egli si comporta come un bambino.

VIVERE OLTRE I GIUDIZI

In questo capitolo delicatamente intenso, siamo incoraggiati a cambiare il nostro modo di vedere tutti coloro che vivono sul nostro pianeta. Lao-Tzu ha compreso il potenziale di un'esistenza in armonia che si può condurre praticando il vivere oltre i giudizi; perciò il quarantanovesimo capitolo del *Tao Te Ching* ci invita a esplorare quel mondo di pace. Ci incoraggia a sostituire il nostro concetto di critica a *loro* con quello di accettazione senza critica di *noi* stessi. Immaginate le opportunità per l'intera umanità se semplicemente eliminassimo il pregiudizio e potessimo vivere «in armonia con tutto ciò che è sotto il cielo».

Potete iniziare a cambiare la vostra idea che dare giudizi sia un'attività preziosa e importante, diventando consapevoli delle volte che lo mettete in pratica con voi stessi. A questo punto, semplicemente sostituite *notare* con *giudicare*; con questo punto di vista comprenderete piuttosto rapidamente che è preferibile osservare cosa state facendo o provando, piuttosto che criticarvi. Dire del vostro comportamento che è «buono» o «cattivo» serve solo a contrapporvi a voi stessi e agli altri usando come punti di riferimento comportamentali la competizione, la punizione, o l'antipatia, l'odio, la rabbia e le minacce: diventano necessari, perché non si può fare affidamento sull'amore, sull'accettazione e sulla gentilezza.

Allontanandovi dall'abitudine di giudicarvi, non avrete più bisogno né desiderio di quella che Lao-Tzu chiama l'«idea fissa»; in questo modo inizieranno a dissolversi le convinzioni che vi mettevano contro le persone che chiamavate *loro*. Cambiando il vostro concetto dei cosiddetti valori, le innumerevoli classificazioni che finora vi hanno aiutato ad assegnare le vostre etichette diventano completamente superflue e insignificanti. Nonostante abbiate ricevuto condizionamenti dal paese in cui siete nati, dalla religione che vi è stata assegnata alla nascita, dalla cultura nella quale siete stati immersi, o perfino dalla famiglia che vi ha cresciuti, scegliete di vivere oltre i pregiudizi. Voi esistete in armonia col Tao, che non esclude nessuno, e che non utilizza concetti di divisione e di lealtà. L'unità del Tao vi distoglie da qualsiasi convinzione che voi siate separati dagli altri.

Questa è la soluzione fondamentale alle guerre e ai conflitti. Vedete, quando smettete di dare giudizi e, al contrario, iniziate a vedervi negli altri, non potete fare a meno di amare l'unicità di ciascuno, come se fossero figli vostri. In questo modo, invece di escludere questo e stringere alleanze con quello, l'unità del Tao fa onore a tutti, senza limitazioni. Invece di *Dio benedica l'America* (o qualsiasi sia il paese in cui vivete), *Allah salvi il nostro popolo*, o *Krishna benedici coloro che credono in te*, c'è *Dio benedici l'umanità, fammi fare tutto il possibile per trattare ciascuno, senza eccezioni, con bontà e gentilezza, come ci è stato insegnato con l'esempio da tutti coloro che riveriamo come maestri spirituali.*

Cambiando la vostra visione del mondo, tratterete con bontà chiunque vi capiti di incontrare. Scoprirete di poter provare compassione, senza pregiudizi, per coloro che sono stati maltrattati, anche quando il *loro* modo di vedere le cose causa dolore a voi e ai vostri cari. Potete trasmettere gentilezza non solo in risposta alla gentilezza, ma specialmente quando siete stati trattati con crudeltà. Perché? Perché, come vi ricorda Lao-Tzu nel suo toccante capitolo, « la natura del [vostro] essere è la gentilezza ». È impossibile dare agli altri ciò che non siete, e voi non avete preconcetti. Voi vi vedete in ciascuno, senza il bisogno di criticare loro o voi stessi.

Cambiate i vostri pensieri e vivete oltre i pregiudizi, e non consideratevi « cattivi » quando non riuscite a farlo, né consideratevi « santi » quando ci riuscite. Tenete a mente che siete una miscela di infinita apertura e di finita limitazione, come lo siamo tutti. Perciò qualche volta è sufficiente solo che notiate che state giudicando, senza però poi giudicarvi!

Questo è ciò che sento Lao-Tzu abbia da insegnarvi dal quarantanovesimo capitolo del *Tao Te Ching*:

CAMBIATE IL MODO DI GUARDARE VOI STESSI

Se siete orgogliosi di avere un'idea fissa, comprendete che essa si basa su un condizionamento, che di solito di manifesta sottoforma di pregiudizio. Al contrario, guardate a voi stessi come a persone flessibili, poiché l'essere flessibili è la virtù suprema. Siate orgogliosi della vostra bontà e gentilezza, che non fanno distinzioni, anche quando vanno contro l'istruzione pre-programmata che avete ricevuto. Cominciate a vedervi come una persona che *osserva*, invece che una che *giudica*. Evitate di prendere posizione e di rimanerci incollati, senza tener conto delle circostanze; al contrario, siate in armonia con *tutte* le persone, specialmente con coloro che hanno opinioni in conflitto con le vostre! E quando donate gentilezza e imparzialità ricordatevi di includere voi stessi.

CAMBIATE IL MODO DI GUARDARE GLI ALTRI

Una versione di questo capitolo dice: «Mi fido della parola degli uomini, e mi fido dei bugiardi. Se sono sufficientemente sincero, sento il battito del cuore degli altri sopra il mio». Sia che lo chiamate «giudicare» o «etichettare», osservate quando vi viene da pensare che gli altri siano cattivi, pigri, disonesti, stupidi o brutti. Poi affermate: *Io vedo me stesso in questa persona, e scelgo di rimanere in uno spazio di bontà, invece che in uno di critica*. C'è una parola in sanscrito, *Namaste*, che vi può aiutare. Se usata come saluto, si traduce più o meno con: «Onoro il luogo in cui noi siamo un'unica cosa». Perciò cominciate a dire agli altri, in silenzio o a voce alta, «Namaste», per ricordarvi di amare chiunque come se fosse vostro figlio.

ORA METTETE IN PRATICA IL TAO

Prendetevi l'impegno di dedicare una giornata alla ricerca di opportunità di mettere in pratica la gentilezza in circostanze che di solito suscitano giudizi. Osservate cosa pensate o dite di un mendicante, di un parente verso cui provate ostilità, o perfino di un politico o di un giornalista televisivo che parlano in un modo che vi ispira un turbine di pensieri critici. Sfruttate quell'opportunità di diventare un «osservatore», smorzando il vostro senso critico e aumentando la quantità di cortesia e bontà nel mondo.

50.

Tra nascita e morte
tre su dieci sono seguaci della vita;
tre su dieci sono seguaci della morte.
E tre su dieci passano dalla vita alla morte.

Perché è così?
Perché sono troppo attaccati alla vita
e si aggrappano a questo mondo che passa.

Ma c'è uno solo su dieci, dicono, che sa vivere veramente
e non teme le tigri né i rinoceronti,
e in battaglia le armi lo rifuggono,
i rinoceronti non riescono a incornarlo,
le tigri non sanno dove azzannarlo,
e i soldati non hanno alcun punto dove infilare le loro lame.

Perché è così?
Perché egli dimora in quel luogo
in cui la morte non può entrare.

Comprendete la vostra essenza
e vedrete la fine senza conoscere la morte.

VIVERE L'IMMORTALITÀ

In questo passo, Lao-Tzu vi chiede di cambiare il vostro concetto di morte. Il Tao insegna che la morte è un dettaglio insignificante e non ha bisogno di essere combattuta né temuta. Come dice questo capitolo del *Tao Te Ching*, c'è un «luogo in cui la morte non può entrare». Raccontate come è cambiata la vostra vita avendo cambiato il vostro modo di pensare! Questo è fondamentale, poiché la paura della morte sta virtualmente in cima alla lista delle inquietudini di ognuno.

Se vi considerate soltanto un corpo mortale, fate parte di quel novanta percento della popolazione che questo passo definisce come i «seguaci della vita», «seguaci della morte», o coloro che «passano dalla vita alla morte». Qui siete incoraggiati ad aspirare a far parte del restante dieci percento, ai quali il pensiero della morte non invade né il cuore né la vita in genere. Cambiando il modo di vedere la morte, sarete in quel gruppo di eletti. Percepirete la vita dal lato attivo dell'infinito, prima di tutto conoscendo voi stessi come esseri spirituali che hanno una temporanea esperienza terrena, piuttosto che viceversa.

In questo ambito, sarete capaci di circolare liberi dalla paura di eventi che minacciano la vita. Avrete una conoscenza di voi stessi e della vostra connessione con il Tao che vi permetterà di affrontare la vita come un impavido sciatore lanciato sulla pista, in perfetto accordo con la montagna coperta di neve. Senza ricorrere al giudizio, noterete gli altri che sono perpetuamente vittime di truffe, della burocrazia, dell'indifferenza, dei disastri naturali, della criminalità, o di parenti ficcanaso.

Con un'intima consapevolezza della vostra essenza infinita che è centrata sul Tao, sarete principalmente propensi a evitare il vittimismo, e vi muoverete con leggerezza in situazioni dove gli altri tendono a rimanere bloccati. In altre parole, quando conoscerete la vostra natura infinita e vivrete ogni giorno con questa consapevolezza che vi guida, non ci sarà spazio dentro di voi per la morte a dirigere il gioco. Se correte il rischio di essere feriti o uccisi, ciò che minaccia la vostra vita non troverà spazio per colpirvi.

Cambiate la vostra idea della morte osservando la vostra essenza spirituale, e sarete capaci di *godere* di questo mondo senza il terrore causato dalla convinzione di appartenere a esso. Quando conoscerete la vostra immortalità attraverso il fluire del Tao, non avrete neppure bisogno di attribuire a esso un concetto terreno o una religione formale. E quando giungerà per voi il tempo di togliervi il vecchio cappotto logoro che chiamate corpo Lao-Tzu dice che «vedrete la fine senza conoscere la morte».

Contemplate gli insegnamenti del *Tao Te Ching* e rendetevi conto che non potrete mai essere veramente uccisi o colpiti. Con questa visione della vita, sarete in grado di ripulire il vostro campo di battaglia interiore dall'esercito di convinzioni che cercano continuamente di marciare sul vostro io di base. Paura e terrore sono armi che non possono ferirvi o minacciarvi. Persino gli elementi naturali rappresentati dalle corna del rinoceronte e dagli artigli della tigre non possono fare del male perché incornano e afferrano uno spazio intangibile, che non si offre al loro assalto. Risiedete in un luogo impenetrabile alla morte, non vi aggrappate più alle diecimila creature e non trattate più il breve viaggio dalla culla alla tomba come la vostra unica, suprema esperienza di vita. Ora siete l'infinito Tao e vivete la vostra vera essenza.

Pur avendo vissuto venticinque secoli fa, Lao-Tzu è ancora molto attuale. Sento che vi sollecita a tenere conto delle seguenti briciole di saggezza:

CREATE AFFERMAZIONI

Ricordate a voi stessi: *Nessuno muore, me compreso.* Affermate che non potrete mai essere feriti o annientati, perché voi non siete il vostro corpo. Se restate connessi a questa realtà, automaticamente allontanerete i pericoli che in precedenza avrebbero potuto invadere il vostro spazio fisico. Per esempio, quando il santo indiano Muktananda stava per morire, si dice che i suoi devoti lo circondassero supplicando: «Non te ne andare». Muktananda rispose: «Non siate sciocchi, dove dovrei andare?» Il grande swami aveva compreso la sua vera essenza e sapeva che la morte non sarebbe stata la fine di tutto.

MORITE MENTRE SIETE IN VITA!

Con la fantasia, immaginate la morte del vostro guscio fisico: visualizzatelo mentre giace senza vita, e osservate come voi, i testimoni, non vi identificate con quel cadavere. Ora rivolgete quella stessa attenzione al vostro corpo che si alza e si accinge a svolgere le attività quotidiane. Niente poteva danneggiare la vostra forma umana quando eravate morti, e niente può farvi del male ora perché non siete quel corpo, siete l'essenza invisibile che guarda dall'esterno. Rimanete in questa consapevolezza sapendo di avere provato la morte del corpo, che è ciò in cui vi identificate inizialmente. Con questa nuova coscienza, siete impenetrabili e liberi. Leonardo da Vinci ha espresso il messaggio di questo capitolo del *Tao Te Ching* in questo modo: «Mentre credevo di imparare come vivere, imparavo come morire». Provate a farlo, mentre siete ancora in vita.

ORA METTETE IN PRATICA IL TAO

Questo esercizio del Tao è una ricerca della visione interiore in cui immaginate voi stessi immuni a qualsiasi ferita. Create una vostra immagine personale o prendete spunto dal cinquantesimo capitolo del *Tao Te Ching* per rappresentare il pericolo o qualcosa che minaccia la vostra vita. Tigri che tentano di assalirvi e non vi raggiungono, spade che si scagliano contro di voi, ma non vi feriscono, bombe che esplodono lasciandovi incolumi... Mantenete questa immagine di voi come persone invulnerabili, indipendentemente da ciò che accade al vostro corpo. Poi usate questa visione che testimonia la vostra immortalità per aiutarvi ad attivare quelle assopite forze protettive che vi assisteranno nell'attraversare realmente ciò che avete immaginato.

51.

La Via connette tutti gli esseri viventi alla Sorgente.
Balza dentro la vita,
incosciente, perfetta, libera;
assume un corpo fisico;
lascia che le circostanze la perfezionino.

Per questo, tutti gli esseri onorano la Via
e apprezzano la sua virtù.
Non sono stati obbligati a venerare il Tao
e a rendere omaggio alla sua virtù,
ma lo fanno sempre spontaneamente.

Il Tao dona loro la vita.
La virtù li alimenta e li sostiene,
li alleva e li protegge.
Il Tao produce, ma non possiede;
il Tao dona senza pretendere nulla;
il Tao favorisce la crescita senza imporsi.
Questo si chiama virtù nascosta.

VIVERE LA VIRTÙ NASCOSTA

Questo passo vi incoraggia a scoprire quella vostra attitudine intrinseca che preserva, nutre e protegge automaticamente, «senza imporsi». Vivere consapevolmente la virtù nascosta probabilmente significa cambiare molti modi di considerare il vostro ruolo nel grande schema della vita. Un punto di partenza del tutto naturale sarebbe la spiegazione che proponete del mistero della creazione.

Se doveste descrivere come ha avuto inizio la vostra esistenza, forse direste che siete stati concepiti da genitori biologici, che hanno unito i loro cromosomi. Se questa è l'unica spiegazione che fornite sull'origine della vostra vita, escludete la spontaneità e il mistero che vi offre la virtù nascosta. Agendo in questo nuovo modo, essa espande e ridefinisce il vostro concepimento e la vostra nascita; il vostro punto di vista si modifica e, di conseguenza, anche il mondo.

Vivere la virtù nascosta vi permette di ottenere il massimo dalla vita perché significa capire che siete voi a decidere che cosa farne, e che vostre sono le scelte e le responsabilità. D'altra parte, *non* vivere la virtù nascosta garantisce che il vostro ruolo in una famiglia o in una società sia quello che vi è stato assegnato alla nascita (o persino al concepimento), con aspettative predeterminate su come dovreste e come dovrete condurre la vostra esistenza. Per voi, le giornate saranno piene di stress nel tentativo di accontentare coloro ai quali siete legati biologicamente. Vi assillerete pensando di essere genitori o nonni deludenti, e al tempo stesso desidererete liberarvi dalla pressione del ruolo che rivestite nella famiglia a cui siete stati destinati. Se cercate di agire dentro questo sistema di convinzioni, potreste finire per rimanere intrappolati in una posizione sgradevole e insopportabile di servitù e sottomissione.

Nel cinquantunesimo capitolo del *Tao Te Ching*, Lao-Tzu chiede di espandere la vostra visione e cominciare a considerarvi una creazione del Tao. Immaginate che il minuscolo germoglio che eravate non provenisse da un altro seme, ma da una Sorgente invisibile. E questa Sorgente che vi ha chiamato all'esistenza, definita «la Via», non ha deciso a priori ciò che dovreste fare, chi dovreste ascoltare, dove dovreste abitare, o come dovreste pregare. La Sorgente, la vostra Grande Madre, non ha investito sulle scelte che operate durante il vostro personale viaggio, sa che il germoglio che eravate è perfetto e libero di svilupparsi in qualsiasi modo scelga di farlo. Questa Madre, che è il Tao, non ha aspettative su di voi, nessuna pretesa, nessuna battaglia da farvi combattere, nessun onore da rendere alla storia.

La lingua cinese definisce questa entità nascosta che vi ha chiamato all'esistenza come *Te*. In questo capitolo mi riferisco a Te come «virtù» o «carattere». La traduzione di Jonathan Star del *Tao Te Ching* interpreta il termine in questo modo:

Mentre il Tao dà la vita a tutte le cose,
il Te è ciò che le fa crescere.
Te è quel magico potere che
le alimenta e le sostiene,
le perfeziona e le addestra,
le conforta e le protegge.

Te, dunque, è la virtù insita profondamente in voi e in tutta la creazione. Non è una forza che garantisce l'immortalità dell'involucro fisico; è piuttosto una caratteristica che vi permette di muovervi attraverso il mondo della materia col vostro corpo, perfettamente allineata con la forza creatrice, che origina ogni cosa. Leggete questo capitolo per rammentare che siete protetti e perfezionati dalla suprema Sorgente della creazione. Ciò non significa, tuttavia, avere garantita la sicurezza nel mondo fenomenico. Helen Keller intendeva dire proprio questo quando ha dichiarato: «La sicurezza è soprattutto una superstizione. Non esiste in natura...»

Il cinquantunesimo capitolo vi insegna ad avere fiducia e a cambiare la vostra visione della vita per includere il Te o virtù nascosta. Vi fa comprendere che siete un membro di un'unica famiglia, con gli stessi genitori di tutte le creature. Vi invita a percepire una libertà assoluta, per produrre senza possedere e per evitare che diventiate voi stessi un possesso altrui. Dunque, date senza aspettarvi nulla, e non siate vittime delle aspettative degli altri.

Mentre osservo l'immagine di Lao-Tzu, che ho davanti a me, e sento di essere uno con lui, vi trasmetto i suoi consigli:

Abituatevi a sentirvi sicuri e protetti

Vivete ogni giorno confidando nella virtù nascosta che è dentro di voi e al tempo stesso vi ha creati. Tenete presente che sentirvi sicuri, protetti e nutriti non verrà mai da qualcosa che potreste possedere. Al contrario, solo quando saprete di essere in costante contatto con una forza virtuosa che sta in ogni cellula del vostro essere, proverete questi sentimenti. Questa forza nascosta è responsabile del vostro esistere nel mondo.

Siete stati chiamati alla vita dalla virtù del Tao; non siete obbligati a respirare né a compiere qualsiasi azione, eppure lo fate e non dovete neppure rendere omaggio per tutto ciò alla virtù interiore presente nella vostra vita. Questa forza guida la mia mano mentre scrivo queste parole, dà luce ai vostri occhi che le leggono su questa pagina. Confidate in essa. Veneratela. Sentitevi al sicuro in questa forza che rimane nascosta. È tutto ciò che vi serve per sentirvi realizzati.

Ricordate che il Tao produce, ma non possiede

Fate lo stesso e raggiungerete la saggezza di questo capitolo. Prendetevi cura degli altri, piuttosto che possederli. Non cercate di controllare nessuno; invece favorite la crescita senza dominare o imporvi. Quando rivestite un ruolo di potere, permettete agli altri di attivare le loro virtù nascoste il più possibile. Voi desiderate sentirvi protetti e fidarvi della forza che vi anima, tanto quanto lo desidera *chiunque* incontriate, senza eccezioni.

La traduzione di questo capitolo del *Tao Te Ching* a opera di Witter Bynner afferma:

Tutte le creature si sottomettono, all'esistenza e alla capacità di ciò da cui dipendono...
Fate lo stesso:
siate genitori, non padroni,
custodi, non despoti dominatori.
Non preoccupatevi di essere obbediti, ma di agevolare,
e sarete nel cuore della vita.

Vi esorto a ricordare la frase «Fate lo stesso» e vivrete la virtù nascosta.

Ora mettete in pratica il Tao

Programmate una giornata all'insegna del lasciar andare: smettete di pensare e scoprite la natura onnicomprensiva della mente. Lasciate andare i preconcetti e le idee e fate esperienza della realtà. Lasciate andare il bisogno di controllare gli altri, e scoprite quanto siano davvero capaci. Trascorrete del tempo a cercare le risposte alla domanda: *Che cosa potrebbe veramente accadere se lascio andare?* Mentre svolgete questo esercizio, potreste sorprendervi a scoprire di più sulla virtù nascosta nella vostra vita, che cambierà il modo di guardare voi stessi.

52.

Ogni cosa sotto il cielo ha un comune inizio.
Questo inizio è la Madre del mondo.
Conoscendo la Madre,
possiamo comprendere i figli.
Conoscendo i figli,
possiamo tornare indietro e unirci alla Madre.

Chiudete la bocca,
tenete a freno i sensi,
e la vostra vita sarà sempre piena.
Aprite la bocca,
moltiplicate le attività,
e non avrete scampo.

Vedere ciò che è piccolo significa chiarezza;
restare flessibili vuol dire forza.
Fate splendere
per tornare alla luce
e salvarvi dalla rovina.

Questo si chiama
praticare la luce eterna.

VIVERE IL RITORNO ALLA MADRE

Questo capitolo racconta quanto sia prezioso e importante capire che la vostra vita è più di una semplice esperienza che si realizza linearmente nello spazio e nel tempo. Oggi come oggi, considerate il vostro passaggio sulla Terra come una linea retta dal concepimento alla nascita, vi evolverete attraverso prevedibili stadi di sviluppo, concludendo con la morte, in cui vi incontrerete con il mistero che vi attende nell'aldilà. Lao-Tzu vi invita a percepire la vostra esistenza come un viaggio di ritorno al luogo da cui deriva tutta la creazione. Desidera che siate consapevoli della capacità di gustare questo misterioso *inizio*, prima della vostra *fine* fisica. Questo mistero, presente in ciascuna delle diecimila creature, è definito da Lao-Tzu come la «Madre», o come il simbolo di ciò che giace oltre tutto ciò che sembra avere un inizio e una fine.

Iniziate il viaggio di ritorno verso la Madre riflettendo sui primi due versi di questo capitolo del *Tao Te Ching*: «Ogni cosa sotto il cielo ha un comune inizio. Questo inizio è la Madre del mondo». Lasciate che questo pensiero filtri nel vostro essere fisico e assumete un atteggiamento di rispetto nei confronti della vostra esistenza, che è scaturita dal *nulla*. Sappiate che questa Sorgente invisibile, che ha fatto nascere ogni creatura, ha generato anche voi. Come la corrente elettrica che scorre attraverso un cavo, la misteriosa intangibile essenza fluisce attraverso ogni essere vivente, voi compresi, e provvede al suo sostentamento. È una forza incessante, invisibile, impercettibile all'udito e all'odorato, non direttamente disponibile ai vostri sensi.

È fondamentale che trascorriate qualche momento ogni giorno cercando di conoscere la vostra (e mia) eterna Madre, e potete farlo ravvisando semplicemente la sua presenza e comunicando in silenzio con Lei. Quando avrete deciso di conoscerla e onorarla, comincerete a cambiare il vostro modo di vedere tutti i suoi figli, voi compresi. Considererete tutte le diecimila creature come discendenza della Madre e guarderete oltre la transitorietà delle loro apparenze per scorgere il manifestarsi del Tao. Questo è quanto Lao-Tzu intende quando chiede di conoscere i figli, non come esseri separati dalla Madre, ma come la Madre stessa. Vedete dunque tutta la creazione come una prole generata nella Madre, e allora tornerete indietro e vi unirete a Lei.

Come vi imbarcherete in questo viaggio di ritorno verso l'eterna Madre? Lao-Tzu consiglia di chiudere la bocca e le orecchie per assicurarvi che lo spirito non sia sprecato nelle attività del mondo. In altre parole, trascorrete del tempo con la parte materna di voi stessi, e cercate la chiarezza cogliendo il Tao nelle piccole e nelle grandi cose. Esercitatevi ad abbandonare la rigidità, e coltivate invece l'elasticità per migliorare la forza. Lao-Tzu conclude dicendo che questo modo di vedere il mondo è «praticare la luce eterna». Osservate questa luce nel più piccolo insetto, persino nelle particelle invisibili che compongono la minuscola zampa di quella creatura. È la stessa luce che fa battere il vostro cuore, e tiene insieme l'universo, dunque non provate soltanto rispetto nei confronti dell'insetto, ma *siate* l'insetto. Così, nel «vedere ciò che è piccolo» troverete la chiarezza e migliorerete la vostra capacità di osservazione grazie a una maggiore flessibilità del vostro punto di vista. Cambiate il concetto di linearità della vostra vita su questa Terra, e cominciate a percepirne il mutamento sotto i vostri occhi!

Per mio tramite, Lao-Tzu si offre di aiutarvi a «praticare la luce eterna» nel mondo d'oggi, con questo suggerimento:

Aprite la bocca e lo spirito fugge. Chiudete la bocca e la connessione con lo spirito sarà perfetta

Immaginate la vostra bocca come un cancello che custodisce il vostro spirito: quando parlate agli altri, siete consapevoli del bisogno di chiudere la porta e permettere al vostro spirito di stare al sicuro, nascosto dentro di voi. Fate lo stesso con l'udito: tappatevi le orecchie quando vi capita di sentire pettegolezzi o meschinità. Parlate poco, ascoltate molto e non dispensate consigli inutilmente, non v'impicciate e non spettegolate.

Siate sempre più determinati, e al tempo stesso flessibili, nel decidere coscientemente quando ascoltare e parlare. Quando siete tentati di intromettervi negli affari degli altri, ricordate che la sola e unica voce dell'eterna Madre è il silenzio. Agite nello stesso modo, e vi sentirete uniti a Lei nella libertà e nella beatitudine, e a Lei tornerete già in questa vita!

La visione del mistero più piccolo rivela il mistero più grande

Prestando attenzione a ciò che è piccolo, coltivate il desiderio di chiarezza. Osservare che le creature microscopiche sono animate dalla stessa scintilla che anima anche voi è un modo di considerare la vita come un viaggio di ritorno piuttosto che un cammino verso la morte. Ciò che sembra essere il più piccolo dei misteri della vita, conduce a un'esperienza di radioso splendore derivante dal fatto di apprezzare tutto quello che incontrate. Voi siete uno con la Madre che vi ha generato, insieme al resto degli esseri viventi. Guardando ciò che è piccolo conquistate tale chiarezza, che altro non è se non il viaggio di ritorno che vi invito a compiere mentre siete in vita. Ora il vostro mondo inizia a sembrare molto diverso, poiché percepite dovunque lo spirito creatore. Ai vostri occhi non appare più nulla di ordinario, di inferiore, o di indesiderato.

Ora mettete in pratica il Tao

Programmate una giornata dedicata a esaminare le più piccole forme di vita che potete trovare. Osservate un ragno che tesse la tela, un granchio che corre sulla spiaggia, o una mosca che vi ronza intorno. Fate un viaggio immaginario all'interno del corpo, esaminate le forme di vita che abitano nell'intestino, nel flusso sanguigno, nel rivestimento interno degli occhi, tutte creature che si possono vedere solo al microscopio. Meditate sulla Madre che ha generato questi piccoli batteri indispensabili al vostro corpo, vita infinitamente piccola fondamentale per la vostra esistenza. Vivere il ritorno alla Madre vi donerà una chiarezza che non avete mai sperimentato prima.

53.

Se avessi soltanto un briciolo di saggezza,
percorrerei la Grande Via,
e il mio unico timore sarebbe di perderla.

La Grande Via è agevole e dritta,
eppure la gente preferisce sentieri tortuosi.
Ecco perché la corte è in rovina,
i campi sono trascurati
e i granai sono vuoti.

Indossare abiti eleganti,
portare un spada affilata,
ingozzarsi di cibo e bevande,
ammassare ricchezze
di cui non si sa cosa fare
è come essere ladri.

Chi ostenta questo sfarzo a spese degli altri
è come il ladro che si vanta del bottino.
Questo non è il Tao.

VIVERE CON DIGNITÀ

Immaginate di poter vedere il mondo da una posizione di assoluta dignità e unità: dovunque guardiate vedreste la Grande Via... e tutto apparirebbe dignitoso come siete voi. Da questa prospettiva, ogni persona che sia mai esistita, o che esisterà, è parte di voi, nata dalla stessa Sorgente. Tutti gli esseri viventi, le creature, la terra, gli oceani e la vegetazione sono connessi al Tao. Da questa prospettiva, il vostro mondo cambierebbe enormemente. Se una massa critica dell'umanità avesse la stessa prospettiva e vedesse il mondo intero come parte di sé, porterebbe a ogni forma di vita lo stesso rispetto che ha per ogni singolo individuo. E questa unità renderebbe impossibile lo scenario che Lao-Tzu descrive in questo passo.

Nonostante il progresso tecnologico, le parole che il grande maestro cinese scrisse duemilacinquecento anni fa sono ancora attuali: purtroppo, siamo ancora ben lontani dal percorrere la Grande Via, perché esistono ancora molte divisioni piuttosto che un senso di unità globale. Come Lao-Tzu ammonisce alla fine di questo capitolo: « *Questo non è il Tao* ».

Una delle traduzioni del cinquantatreesimo capitolo del *Tao Te Ching* che preferisco è quella scritta nel 1944 da Witter Bynner. Egli lo esprime perfettamente:

Guardate come sono splendidi i palazzi
e come sono povere le fattorie,
come sono vuoti i granai dei contadini,
mentre i nobili indossano vesti ricamate
nascondendo armi affilate.

E più possiedono più vorrebbero arraffare.
Come è possibile che esistano persone simili,
che non hanno mai fame e sete,
eppure mangiano e bevono fino a scoppiare!

Oggi la situazione permane identica: popoli interi soffrono la fame, mentre pochi individui, che godono di una posizione dominante, vivono nell'opulenza e nel lusso. Si stanziano fondi per le armi di distruzione di massa, mentre milioni di persone vivono nella miseria. I ricchi e i potenti nuotano in una straripante abbondanza, mentre le masse si affannano in tutti i modi per sfamare le famiglie e riscaldare le case. Abbiamo un lungo cammino da percorrere prima di imboccare la Via agevole e dritta del Tao, perché prendiamo ancora i « sentieri tortuosi » e ogni giorno vediamo i dolorosi risultati di questa scelta.

Tuttavia, non scrivo queste parole nel tentativo di cambiare il mondo in un colpo solo; lo faccio piuttosto per incoraggiarvi a modificare il modo di guardare il *vostro* mondo. Se attuate questo cambiamento, anche gli altri graviteranno intorno al vostro vivere con dignità. Quando un numero sufficiente di noi agirà così, raggiungeremo la massa critica che impedirà a chiunque di vantarsi del bottino come il ladro.

Iniziate col vedere voi stessi come vedete l'ambiente, piuttosto che considerarvi un organismo all'interno di esso. Esiste un termine per descrivere quando tutte le forme di vita sono unite insieme, invece che separate: *l'organismo-ambiente*. Comprendete che non potete sopravvivere separati da ciò che sembra non essere parte di voi, poiché voi siete assolutamente l'aria, l'acqua, le piante, gli animali e tutto ciò che abita il pianeta. Cambiate la vostra visione del mondo in modo da comprendere pienamente che, se qualcuno muore di fame o vive nella miseria, anche voi siete in queste condizioni. Vedete voi stessi negli altri e scoprirete la compassione, l'amore e la disponibilità che sostituiscono la vostra idea di unicità e diversità.

Ovviamente, Lao-Tzu soffriva nel vedere l'egoismo e l'indifferenza che regnavano nell'antica Cina, perciò fece appello a tutti per vivere con dignità imitando il Tao piuttosto che seguire l'ottica di separazione tipica dell'ego. Ora egli *vi* chiede di cambiare il modo in cui guardate i vergognosi squilibri del mondo, rendendovi conto che il vostro mondo cambia e si allinea al Tao, quando vivete con dignità.

Ecco dei suggerimenti che oggi potete mettere in pratica nella vostra vita:

FATE DELLA COMPASSIONE IL FONDAMENTO DELLA VOSTRA FILOSOFIA PERSONALE

Sentirvi in colpa per ciò che avete accumulato o crogiolarsi nell'amarezza davanti alla piaga della fame non serviranno a cambiare le cose, ma fare della compassione il fondamento della vostra filosofia servirà sicuramente. Questo è uno dei modi più significativi per iniziare a far crescere la massa critica. Quando la massa cresce, l'azione dei cuori caritatevoli rimetterà in sesto il pianeta: si affermeranno dei leader con questo orientamento e le contraddizioni più macroscopiche saranno ridotte e, alla fine, eliminate. Madre Teresa era un luminoso esempio di come l'atteggiamento di una sola persona sia in grado di cambiare il mondo: « In ogni povero vedo il volto di Cristo sofferente ».

« Percorrete la Grande Via » con atti di carità o sostenendo i candidati alle cariche pubbliche che presentano un programma ispirato a una politica compassionevole. Promettete di fare la differenza ogni giorno attraverso la vostra vita. Può essere semplice da attuare se iniziate a rifiutarvi di denunciare gli errori altrui ed etichettare certe persone come « malvagie » o « manchevoli ». Dopotutto, molte guerre che attualmente infuriano sul nostro pianeta sono causate da odio religioso che perpetua gli squilibri messi in evidenza in questo capitolo del *Tao Te Ching*.

Nel seguente pezzo del Corano, il grande profeta Maometto dice ai seguaci dell'Islam di praticare azioni compassionevoli. Potete usare questo insegnamento per fare la differenza ogni giorno, nel corso della vostra vita:

Non hanno visto che Allah dona con larghezza a chi vuole e lesina anche?
Questi sono segni per coloro che credono.
Riconosci il loro diritto al parente, al povero e al viandante di-

seredato. Questo è il bene per coloro che bramano il volto di Allah:
questi sono coloro che prospereranno.

Ora mettete in pratica il Tao

Esercitatevi quotidianamente ad aprire il cuore nella compassione quando vedete qualcuno meno fortunato di voi. Dategli o datele una benedizione silenziosa invece di un pensiero di disprezzo, di scherno, di biasimo o d'indifferenza. Fate la stessa cosa quando venite a sapere quanti di «loro» sono stati uccisi in qualche scontro, piuttosto che rallegrarvi della morte dei nemici. Recitate mentalmente una preghiera d'amore e compassione.

Vivete con dignità: richiede «solo un briciolo di saggezza».

54.

Chi ha le proprie fondamenta nel Tao
non verrà sradicato.
Chi si tiene stretto al Tao
non scivolerà via.

I discendenti onorano perennemente gli antenati.
Coltivata in voi stessi, la virtù si realizza.
Coltivata in famiglia, la virtù trabocca.
Coltivata nella comunità, la virtù aumenta.
Coltivata nello Stato, la virtù abbonda.

Il Tao è dovunque;
tutto diventa il Tao.
Per vederlo veramente, guardatelo così com'è.
In una persona, vedetelo come una persona.
In una famiglia, vedetelo come una famiglia.
In una nazione, vedetelo come una nazione.
Nel mondo intero, vedetelo come il mondo intero.

Come so che questo è vero?
Guardando dentro me stesso.

VIVERE COME SE LA VOSTRA VITA FACESSE LA DIFFERENZA

In questo capitolo del *Tao Te Ching* siete invitati a vedere che ruolo avete nella trasformazione del pianeta. Invece di percepirvi come un individuo insignificante in mezzo a miliardi di persone, siete spronati a vedervi come il Tao stesso. *We Are the World* (*Noi siamo il mondo*) è il tema musicale principale di *ciascuno*. Voi *fate* la differenza!

Vivendo nella gioiosa consapevolezza che il vostro potenziale ha un effetto infinito sull'universo, emanerete la consapevolezza del Tao. Sarete come un'onda d'energia che illumina una stanza, tutti vedranno la luce, e ne saranno influenzati. Chi era inconsapevole della sua natura incentrata nel Tao noterà la differenza, e chi *era* già consapevole, ma non stava vivendo come se la sua vita avesse rilevanza, sarà attratto e comincerà a cambiare. Perciò riconoscete e vivete la vostra vita come parte della Grande Via, e così facendo aiuterete a portare equilibrio nel mondo.

In questo brano, Lao-Tzu vi consiglia di vedere la vostra natura divina, e di rallegrarvi della sua prodigalità. Sappiate che nello spazio silenzioso dentro di voi, dove il Tao anima ogni respiro e pensiero, la vostra vita fa la differenza. Ciò che segue è il suo consiglio tradotto nel linguaggio del XXI secolo:

Scegliete un settore in cui concentrarvi per fare la differenza

Non dubitate dell'influenza che potete esercitare sul mondo; al contrario, sviluppate un progetto per la Terra, e convincetevi che siete perfettamente in grado di dare il vostro contributo a questo progetto, che sia grandioso o piccolo. Concepite un mondo senza odio, mancanza di rispetto, o violenza; dove l'ambiente venga rispettato e salvaguardato; e dove il cancro, l'AIDS, la fame, l'abuso sui minori, le armi di tutti i tipi, o qualsiasi altra situazione dannosa o avvilente siano scomparsi.

L'antropologa Margaret Mead si riferisce a questa idea con la seguente osservazione: «Non dubitare mai che un piccolo gruppo di cittadini coscienziosi e impegnati possa cambiare il mondo. In realtà, è quello che è sempre accaduto».

Rendetevi conto di quanto conti la vostra vita

Si dice che quando una farfalla batte le ali quell'energia arriva a migliaia di chilometri di distanza. Tutto ciò che pensate e fate, perciò, si estende all'esterno, e il suo effetto si moltiplica. Vivete la vostra vita con la consapevolezza che la differenza che scegliete di fare aspira all'unità, non alla distruttività. Anche se nessuno lo vede, o lo ammette, un atto sgarbato contiene un'energia che va a colpire il nostro intero universo. E un augurio silenzioso o un pensiero d'amore verso gli altri contengono una vibrazione che sarà avvertita attraverso tutto il cosmo.

La visione di William Blake esprime questa idea:

Per vedere il mondo in un granello di sabbia
e il paradiso in un fiore selvatico,
riconosci l'infinito nel palmo della tua mano
e l'eternità in un'ora.

Siate consapevoli che contate molto per tutta la creazione.

Ora mettete in pratica il Tao

Dedicate una giornata a porgere pensieri e atti gentili a tutti i vostri famigliari, alla vostra comunità, al vostro paese e al mondo. In famiglia, incoraggiate qualcuno che sta lottando contro una scarsa autostima. In comunità, raccogliete i rifiuti e riciclateli senza esprimere giudizi. Nel vostro paese, trascorrete alcuni momenti in preghiera, mandando energia d'amore a coloro che detengono il potere, poi fate lo stesso col mondo, compresi anche i cosiddetti nemici.

55.

Chi vive in armonia con il Tao
è come un bambino appena nato.
Gli insetti dal veleno mortale non lo pungeranno.
Le bestie feroci non lo assaliranno.
Gli uccelli predatori non lo attaccheranno.
Le sue ossa sono deboli, i suoi muscoli sono flosci,
eppure la sua presa è salda.

Non ha ancora avuto esperienza dell'unione con la donna,
ma è un uomo completo.
La sua virilità è forte.
Può urlare tutto il giorno senza divenire rauco.
Questo significa perfetta armonia.

Conoscere l'armonia vuol dire conoscere l'eterno;
conoscere l'eterno significa saggezza.
Ciò che è in armonia con il Tao dura a lungo;
le cose forzate per un po' crescono, ma poi avvizziscono.
Questo non è il Tao.
Qualsiasi cosa si opponga al Tao, presto cessa di esistere.

VIVERE LASCIANDO ACCADERE

Vi è probabilmente capitato di osservare persone che sembrano avere tutte le fortune, immuni agli attacchi che invece causano devastazioni nelle vite di tanti. Per esempio, conoscete qualcuno che, nonostante durante la stagione dell'influenza sia a stretto contatto con gente che starnutisce e tossisce, non si ammala mai? E che dire di quelli che, ritrovandosi in mezzo a un episodio di violenza criminale, ne escono senza neanche un graffio? Potreste dire che si tratta di pochi fortunati che sembrano avere un angelo custode che li protegge dalle provocazioni dei simbolici «insetti dal veleno mortale», «bestie feroci» e «uccelli predatori» citati nei versi iniziali di questo brano. Ma Lao-Tzu sa che questi uomini e donne semplicemente sono in armonia col Tao, proprio come a certi individui capita di incontrare le persone giuste al momento giusto, mentre altri sembrano avere la capacità di far materializzare il denaro proprio nel momento in cui ne hanno più bisogno.

Lao-Tzu dice che dovremmo osservare i bambini, che non hanno ancora fatto propria la convinzione, dettata dall'ego, di essere separati dalla loro Sorgente originaria. Di conseguenza, hanno ancora quelli che potrebbero essere considerati poteri «magici»: urlano tutto il giorno senza mai perdere la voce, come invece accadrebbe a un adulto. Nonostante i loro muscoli non siano sviluppati, la presa delle loro mani è salda. Inoltre, i bambini sono flessibili, e rimangono praticamente illesi se cadono in un modo in cui un adulto si romperebbe le ossa. Tutto ciò è chiamato da Lao-Tzu «perfetta armonia».

Il cinquantacinquesimo capitolo del *Tao Te Ching* vi invita a comprendere che ciò che chiamate fortuna non è qualcosa che accade casualmente, è vostra per sempre, se decidete di vivere lasciando andare. Quando abbandonate il bisogno di controllare la vostra vita, attirate il potere cooperativo del Tao. Perciò cambiate i vostri pensieri, e vedrete come cambia la *vostra* vita, diventando effettivamente molto fortunata.

Arrendetevi all'esistenza in armonia col Tao, per poter rafforzare il vostro sistema immunitario ed essere « fortunati » nella resistenza alle malattie. So che il concetto di arrendersi per proteggersi suona paradossale, e suppongo che pensiate lo sia. Ma cercate di vederlo come un modo di permettere al ritmo naturale della vita di scorrere attraverso di voi senza ostacoli. Vivere arrendendosi significa liberarsi dalle preoccupazioni, dallo stress e dalla paura. Quando vi disponete con tranquillità di fronte a ciò che ad altri sembra un pericolo, la sintonia con la vostra Sorgente vi libera dall'impulso di agire con la forza. Lao-Tzu vi ricorda che « le cose forzate per un po' crescono, ma poi avvizziscono ».

Ottenete la protezione della natura indicata in questo potente capitolo, e comprendete che le stesse idee sono applicabili al mondo in cui vivete oggi:

Immaginatevi indistruttibili

Attivate in voi stessi un'immagine interiore che vi sosterrà in situazioni in cui percepite un pericolo. Eliminate da quest'immagine il vostro corpo fisico, e, al contrario, guardate quella parte di voi costante come uno spirito o un pensiero. Questa è la vostra essenza, che non può venir ferita in nessun modo. Da questo punto di vista non siete minacciati da niente, né dai criminali né dal cancro né da un comune raffreddore né da una bestia feroce. Vivendo in armonia con la parte duratura di voi stessi, contribuirete alla sensazione complessiva di essere indistruttibili. Liberandovi dall'impulso di cercare di controllare quello che percepite come un pericolo, dichiarate di essere una di quelle persone fortunate che attraversano la vita incolumi.

Cambiate il modo di vedere le vostre potenzialità di diventare una persona fortunata

Invece di dirvi: *Con la mia fortuna le cose non mi andranno bene*, affermate: *Sono disposto a permettere ciò che deve accadere. Mi affido alla guida della mia fortuna.* Questo cambiamento nel vostro modo di pensare vi sarà utile, guidandovi a vivere secondo lo scorrere del Tao. La pace prenderà il posto dello stress, l'armonia prenderà il posto dello sforzo, l'accettazione prenderà il posto dell'interferenza e della forza, e la buona sorte prenderà il posto della paura. Diventerete ciò che pensate, così che perfino le cose che prima ritenevate fossero prove evidenti di sfortuna ora verranno considerate come qualcosa che vi spinge verso una maggiore armonia.

Vivere arrendendosi vi permetterà di apprezzare l'acuta osservazione di Lin Yutang in *L'importanza di vivere*: «Se riuscite a trascorrere un pomeriggio perfettamente inutile in una maniera perfettamente inutile, avete imparato a vivere».

Ora mettete in pratica il Tao

Dedicate una settimana a rilevare episodi in cui le «cose finiscono bene», senza che voi ne abbiate il controllo o senza che siate voi a farle accadere. Ciò vorrà dire scegliere consapevolmente delle situazioni in cui frenate l'impulso automatico di controllare il risultato. Quando volete irrigidirvi, rilassatevi, e abbiate fiducia in quante più situazioni possibili. Alla fine della settimana, osservate come cambiare il modo di pensare ha cambiato la vostra vita.

56.

Quelli che sanno non parlano.
Quelli che parlano non sanno.

Bloccate tutti i passaggi!
Chiudete la bocca,
isolate i sensi,
smussate gli spigoli,
sciogliete i nodi,
addolcite lo sguardo torvo,
lasciate depositare la polvere.
Questa è l'unione primigenia o l'abbraccio segreto.

Chi conosce questo segreto
non è mosso dall'attaccamento o dall'avversione,
non è influenzato dal profitto o dalla perdita,
né viene toccato dall'onore o dalla disgrazia.
È ben al di là delle preoccupazioni degli uomini.
E tuttavia hanno nel loro cuore il luogo più caro.

Questa è, dunque, la condizione più elevata dell'uomo.

VIVERE NEL SAPERE SILENZIOSO

Questo è forse il capitolo più noto del *Tao Te Ching*. In realtà, i due versi iniziali («Quelli che sanno non parlano. Quelli che parlano non sanno») sono così famosi da essere quasi diventati un cliché. Tuttavia, il messaggio fondamentale del brano è poco compreso, e raramente messo in pratica.

Lao-Tzu vi chiama a vivere nel supremo stato del sapere silenzioso, quel luogo nel profondo di voi stessi che non può essere comunicato a nessun altro. Di conseguenza, probabilmente vorrete cambiare il modo in cui definite una persona saggia o colta. Di solito le persone con buona padronanza del linguaggio, che sanno persuadere con le parole, che si pronunciano con forza ed esprimono il proprio punto di vista con sicurezza, sono considerate persone che possiedono un sapere superiore... ma Lao-Tzu suggerisce che è vero proprio il contrario. Coloro che parlano, dice, non vivono incentrati sul luogo del sapere silenzioso, perciò essi in realtà non sanno.

Modificando questa supposizione, vedrete il mondo apparire molto diverso. Innanzitutto, noterete che coloro che si sentono obbligati a pontificare e a persuadere sono quasi sempre legati a un vincolo di qualche tipo, a un punto di vista, al voler avere ragione, al vincere, al guadagnarci in qualche modo. E più parlano più appare evidente che sono dominati da questi vincoli.

La seconda cosa che noterete ha luogo dentro di voi: cominciate a riconoscere la *vostra* tendenza e desiderio di persuadere e convincere gli altri. Poi cominciate ad ascoltare più attentamente, ritrovandovi nell'«abbraccio segreto» dell'«unione primigenia» descritta da Lao-Tzu. Il vostro bisogno di essere ben informati o dominanti viene sostituito dalla profonda consapevolezza che è tutto irrilevante, e non avete più interesse a cercare l'approvazione altrui. Vivere nel sapere silenzioso diventa un processo che getta una nuova luce sulla vostra esistenza, avete meno spigoli e vi sentite più stabili, più morbidi e più centrati.

Cambiando il modo di intendere i concetti di intelligente e saggio, entrerete in contatto con l'ironia riassunta in questa parte del *Tao Te Ching* meravigliosamente paradossale. Lao-Tzu dice che il saggio che vive secondo il Tao è «ben al di là delle preoccupazioni degli uomini», e tuttavia ha nel suo cuore «il luogo più caro». Lo riassumerei così: *Coloro che meno di tutti si preoccupano di ricevere approvazione sembrano riceverla più di tutti.* Poiché questi individui non si preoccupano di come vengono percepiti, che sia in maniera onorevole o disonorevole, non cercano le lodi, né le rifuggono. Mentre la loro calma saggezza li fa apparire indifferenti, in realtà finiscono per guadagnare il rispetto di tutti.

Voi possedete questo luogo del sapere silenzioso dentro di voi, proprio in questo momento. E ciò che segue è il suggerimento di Lao-Tzu per adattare al vostro mondo il linguaggio paradossale di questo capitolo del *Tao Te Ching*:

Bloccate tutti i passaggi!

Siate onesti con voi stessi riguardo il vostro desiderio di conquistare il favore degli altri. Non dovete dimostrare nulla a nessuno, e non ci riuscirete mai se continuate a borbottare. Ricordate che «quelli che parlano non sanno», o, come affermato chiaramente in una traduzione di questo capitolo, «tenete la bocca chiusa». Il silenzio è la prova del vostro sapere interiore. Parlare per convincere gli altri in realtà comunica più il vostro bisogno di aver ragione che il loro bisogno di ascoltare ciò che avete da dire! Perciò, piuttosto che cercare di persuadere gli altri, rimanete zitti... semplicemente, godetevi la profonda soddisfazione derivante dalla consapevolezza interiore.

USATE L'ACRONIMO SSAP PER RICORDARE LE QUATTRO DIRETTIVE DI QUESTO CAPITOLO

– **S***mussate gli spigoli*. Per fare questo, ascoltatevi prima di lanciarvi in giudizi contro qualcun altro. Un modo migliore d'agire è semplicemente stare ad ascoltare, e poi rivolgervi a voi stessi e all'altra persona con premurosa compassione.

– **S***ciogliete i nodi*. Allontanatevi da ciò che vi tiene legati ai modelli terreni. Sciogliete i nodi che vi legano a una vita dedicata all'ostentazione dei propri guadagni e allo sfoggio delle proprie vittorie, e sostituiteli con la contemplazione silenziosa del Tao nell'« abbraccio segreto ».

– **A***ddolcite lo sguardo torvo*. Osservate se il vostro bisogno di aver ragione è ovvio nel vostro sguardo contrariato, e lasciate che la parte nascosta e tenera del vostro essere prenda il posto della rigidità. Il vostro impulso di guardare in cagnesco gli eventi esterni è segnale che non siete in contatto con il vostro sapere del silenzio interiore.

– **P***ermettete alla vostra polvere di posarsi*. Innanzitutto non sollevatela! Prendete coscienza della vostra tendenza a sollevare la polvere quando sentite che sta per scoppiare una discussione su come gli altri si dovrebbero comportare. Smettete di tamburellare con le dita sul tavolo, o di urlare furiosi, e mettetevi a osservare voi stessi. Poiché le vostre emozioni sono come le onde dell'oceano, imparate a guardarle tornare alla vasta, quieta Sorgente che conosce tutto.

ORA METTETE IN PRATICA IL TAO

Trascorrete un'ora, un giorno, una settimana, o un mese a esercitarvi nel non dare consigli non richiesti. Fermatevi per un momento, e rivolgetevi al vostro sapere silenzioso. Invece di dare consigli o citare un esempio tratto della vostra vita, fate una domanda, e poi ascoltate voi stessi e l'altra persona. Come Lao-Tzu vorrebbe comunicarvi, questa è « la condizione più elevata dell'uomo ».

57.

Se volete essere grandi leader,
dovete imparare a seguire il Tao.
Smettete di stare in guardia.
Lasciate perdere i piani prestabiliti e i concetti
e il mondo si governerà da solo.

Come posso sapere che è così?
Lo so perché, in questo mondo,
più si applicano proibizioni e divieti
più la popolazione risulta impoverita;
più si costruiscono armi avanzate
più la nazione piomba nel caos;
più i piani sono ingegnosi e sofisticati
più i risultati sono imprevedibili;
più leggi vengono promulgate
più azioni criminose si verificano.

Perciò dice il saggio:
io non agisco e la gente si trasforma da sé.
Governo pacificamente e la gente diventa onesta.
Non interferisco e la gente si arricchisce.
Evito di imporre la mia volontà
e la gente diventa se stessa.

VIVERE SENZA AUTORITARISMO

In questo e nei successivi capitoli del *Tao Te Ching*, Lao-Tzu consiglia i governanti di duemilacinquecento anni fa su come e perché perseguire un alto livello di comando. Le sue parole possono benissimo applicarsi oggi, nel XXI secolo, a tutte le forme di comando, sia ai governi che al mondo degli affari che, in particolar modo, all'essere genitori.

Il messaggio fondamentale del cinquantasettesimo capitolo è *permettere*, invece che *interferire*. Ora, non voglio dire di lasciare andare a carponi un bambino in mezzo al traffico, o vicino al bordo di una piscina. Ovviamente bisogna essere assennati quando si vigila su coloro che potrebbero fare del male a se stessi e agli altri. Credo che Lao-Tzu stia comunicando che permettere spesso è la forma più elevata di governo. Egli afferma che, nelle società con un numero eccessivo di restrizioni e proibizioni, «la popolazione risulta impoverita»; lo stesso può essere vero all'interno di famiglie in cui bisogna obbedire agli ordini senza fare domande. Più un sistema è autoritario più alto è il numero di fuorilegge che ne risultano.

Al contrario, quando i bambini vengono incoraggiati a esplorare e a esercitare la loro curiosità, sono ispirati a dare il meglio di loro stessi, senza bisogno di ricorrere alle imposizioni. Perciò, cambiando il modo di considerare la necessità di ricorrere alle regole, i famigliari tenderanno a prendere decisioni in base a ciò che è meglio per ciascuno, piuttosto che solo per se stessi. Osservate che cosa succede, per esempio, quando abolite un rigido coprifuoco per i vostri figli adolescenti, chiedendo loro di essere ragionevoli riguardo l'ora in cui rientrare a casa, e di avvisarvi se faranno più tardi del solito. Potreste scoprire che, dal momento in cui non vi imponete su di loro, finiscono per tornare a casa anche prima rispetto a quando c'era un coprifuoco a presiedere alla loro condotta.

Analizzate le restrizioni che applicate in famiglia. Ricordate che dei genitori equilibrati non vogliono che i figli dipendano da loro; vogliono che non sia necessaria la dipendenza. Dopotutto volete che i vostri figli siano responsabili, in salute, che riescano nella vita e siano onesti, non tanto perché voi siete lì a controllarli, ma perché è nella loro natura. Perciò date l'esempio, e fate loro capire che è possibile essere autosufficienti e ottenere splendidi risultati. Permette loro di imparare a fidarsi della loro natura più elevata, invece che dover sfogliare un libro di regole per sapere cos'è giusto.

Cambiate il modo di pensare ai decreti, alle leggi e alle proibizioni, e consideratevi una persona che non ha bisogno di comandare col pugno di ferro. Poi dilettatevi ad applicare questo nuovo punto di vista sul vostro stile di comando a ogni settore della vita in cui siete visto come «il capo».

Ciò che segue è un consiglio adattato al XXI secolo, ma basato su questo capitolo scritto venticinque secoli fa:

Esercitatevi nell'arte di lasciarvi essere ciò che siete

Cominciate a permettervi di essere più spontanei e meno inquadrati nella vita quotidiana: fate una gita senza programmarla prima. Andate dove l'istinto vi spinge ad andare. Dite alla parte di voi che è autoritaria di prendersi una pausa. Presentate a voi stessi e al mondo un lato diverso, affermando: *Sono libero di essere me stesso. Non devo vivere secondo le regole di qualcun altro, e mi libero dalla necessità che siano le leggi a regolare il mio comportamento.*

Esercitatevi nell'arte di lasciare che gli altri siano ciò che sono

Coglietevi in fallo quando state per citare una regola per negare qualcosa a un bambino o a qualcuno vostro sottoposto; al contrario, riflettete sulle conseguenze di un vostro «no», e state semplicemente a guardare. Cambiando il modo di vedere il vostro ruolo di guida, scoprirete che la gente ha bisogno di poche imposizioni per gestire la propria vita. Tutti possiedono un forte senso di ciò che desiderano fare, dei limiti che hanno, e di come realizzare i propri sogni. Siate come il Tao, lasciate che gli altri siano ciò che sono, e rallegratevi di come il vostro atteggiamento non autoritario li ispira a essere se stessi.

Ora mettete in pratica il Tao

Ritagliatevi del tempo per fare qualcosa che non avete mai fatto prima, per esempio, passeggiare a piedi nudi sotto la pioggia, andare a lezione di yoga, parlare in pubblico, fare una partita di *touch football*, oppure lanciarsi col paracadute, o qualsiasi altra cosa che abbiate sempre voluto fare. Ammettete di aver sempre imposto a voi stessi delle limitazioni che vi hanno trattenuto dal fare esperienze nuove e illuminanti, e trovate il tempo di chiudere il vostro libro delle regole e di tuffarvi in acque dove non siete mai stati prima. Inoltre, ritagliatevi del tempo per dare a coloro di cui siete responsabili un'opportunità di fare lo stesso, rallegrandovi per quanto riescono a fare senza il vostro intervento.

58.

Quando chi governa conosce il proprio cuore,
la gente è semplice e pura.
Quando chi governa interferisce con la vita dei cittadini,
essi divengono inquieti e infastiditi.

La buona sorte nasce dalla cattiva sorte;
la fortuna è ciò che la disgrazia nasconde.
Chi conosce l'estremo limite di questo corso?
Non esiste una regola che stabilisce ciò che è giusto?
Eppure ciò che è la regola subito diventa eccezione;
e questo confonde la gente da molto tempo.

Perciò, il maestro si accontenta di servire da esempio
e non impone la sua volontà.
È acuto ma non punge;
è diretto senza ferire;
illumina senza abbagliare.

VIVERE CON SERENITÀ LA BUONA O LA CATTIVA SORTE

Il mondo delle diecimila creature è detto anche «il mondo del cambiamento». Lo riscontrate anche nella vostra vita, che è sempre in via di trasformazione, anche quando volete che tutto restasse stabile e prevedibile. Ciononostante, tutte le cose sul nostro pianeta sono in costante movimento. Come ha osservato una volta Albert Einstein: «Niente accade, finché non si muove qualcosa». Il cinquantottesimo capitolo del *Tao Te Ching* sottolinea che c'è un altro modo di vedere il mondo, uno che praticamente garantisce che rimarrete sereni di fronte alla buona o alla cattiva sorte. Invece di notare solo il costante mutamento della struttura energetica del mondo materiale, questo capitolo vi invita a concentrarvi sul Tao immutabile.

Come la maggior parte degli esseri umani, probabilmente desiderate che quanto vi circonda sia permanente, fermo, affidabile, sicuro e prevedibile. Tuttavia, la realtà ribadisce inequivocabilmente che teniate conto del fenomeno contrario e dell'imprevedibilità, che sono sempre presenti in ogni esperienza che fate. Dopotutto, anche il paesaggio che vi circonda non è affatto stabile: le catene montuose vanno su e poi giù tra le valli. Gli alberi sovrastano i cespugli, e i cumuli di nubi a volte sono minacciosamente neri e a volte bianchi e morbidi. In ogni giornata di perfetto sole si nasconde un acquazzone, e dentro ogni temporale c'è una siccità che aspetta il suo turno. Le fluttuazioni e gli eventi inaspettati sono la norma in natura; le colline e le valli sono la via delle diecimila creature.

Modificate il modo di vedere le sommità e le valli di tutta la vostra vita, abbracciando un atteggiamento che vi permette di scoprire ciò che si nasconde in entrambi i tipi di esperienze. Cominciate a vedere l'insieme, piuttosto che la *buona* e la *cattiva sorte*. Guardate agli opposti come a parti dell'unità, invece che come sorprese che portano scompiglio. In un mondo di pura unità taoista non esistono la buona e la cattiva sorte; sono indivisibili. Ciò che chiamate «cattiva» sorte ha la «buona» pronta a fare capolino, perché ne costituisce l'altra metà.

Il consiglio di Lao-Tzu per applicare il cinquantottesimo capitolo al mondo di oggi sarebbe:

AL POSTO DELLA BUONA O DELLA CATTIVA SORTE, GUARDATE L'INSIEME

Quando qualcuno si trova nel bel mezzo di un'esperienza che voi giudicate fortunata, come per esempio una relazione felice, un successo finanziario, un'eccellente salute, un bellissimo lavoro e una fresca promozione, o dei figli che vanno molto bene a scuola, sappiate che tutto è soggetto al cambiamento. Le ricchezze accumulate nascondono in sé la povertà; la popolarità porta in sé l'anonimato mimetizzato. E lo stesso è vero, naturalmente, dei periodi che generalmente vengono considerati sfortunati.

La vostra stessa vita è il luogo perfetto per personalizzare la capacità di vivere indisturbati dalla buona o cattiva sorte, perché a ogni stadio avete l'opportunità di vedere l'insieme. Quindi, invece di chiamare la giovinezza un'espressione della «buona sorte» e la vecchiaia un simbolo di «cattiva sorte», sappiate che la giovinezza che avete vissuto è parte dell'insieme della vostra vecchiaia. L'individuo anziano che potreste diventare è parte dell'insieme del vostro sviluppo attraverso i livelli di cambiamento della vostra vita fisica. La vita ha nascosta in sé la morte. Perciò conosciate il vostro cuore e lasciate che la vostra condotta sia coerente col Tao, non imponendo la vostra volontà, siate acuti, diretti e illuminanti senza perforare, rompere o abbagliare.

QUANDO SENTITE CHE LA CATTIVA SORTE È COSÌ MOLESTA DA NON RIUSCIRE A LIBERARVENE, AFFIDATEVI A ESSA PER VEDERE LA BUONA SORTE

Quando vi sentite enormemente scoraggiati, in un viaggio attraverso la valle della disperazione, potreste avere la sensazione che non ci sia una via d'uscita. Quando non riuscite a vedere una circostanza o una situazione come parte di un'immagine più ampia, ricordatevi che la buona sorte fa affidamento su quella cattiva, proprio come la mattina segue la notte più buia. Con l'immagine dell'insieme sullo sfondo, affidatevi alla consapevolezza che in queste situazioni alla notte segue sempre il giorno. Tenete a mente che, quando avete raggiunto la valle, l'unica direzione in cui potete andare è salire. Le cose miglioreranno assolutamente; la vostra sorte deve cambiare; la scarsità deve trasformarsi in abbondanza. Questo perché la buona sorte è lì invisibile in tutti i momenti di disperazione, e voi volete imparare a vivere indisturbati da entrambe.

ORA METTETE IN PRATICA IL TAO

Trascorrete una giornata osservando quali aspetti della vita cadono nelle categorie di «fortunato» e «sfortunato». Elencateli sotto l'uno o l'altro titolo, poi alla fine della giornata analizzateli uno per uno, senza essere interrotti. Sentiteli uno per uno fisicamente nel vostro corpo, oppure vedete l'immagine che vi si presenta davanti. Senza cercare di cambiarla in alcun modo, osservate il soggetto a occhi chiusi. Proprio come se fosse un caleidoscopio (o la vita stessa), guardatelo e lasciate che scorra attraverso di voi, come le nuvole che scivolano nel cielo, come la notte che si trasforma in giorno, come la pioggia che evapora... e come la confusione che va e viene quando vivete indisturbati dalla buona o cattiva sorte.

59.

Nel governare la gente e nel servire la natura,
non c'è nulla di più prezioso della sobrietà
e della moderazione.

La repressione inizia quando si rinuncia alle proprie idee.
Ciò dipende dalla virtù raccolta nel passato.
Con una buona riserva di virtù, niente è impossibile.
Se niente è impossibile, allora non ci sono limiti.
Se un uomo non conosce limiti, è adatto a fare da guida.

Questo è il modo per avere radici profonde
e una solida base nel Tao,
il segreto di lunga vita e di visione duratura.

VIVERE CON SOBRIETÀ E MODERAZIONE

Quattro parole spuntano in continuazione in molte traduzioni di questo brano del *Tao Te Ching*: *ritegno*, *frugalità*, *moderazione* e *sobrietà*. Qui Lao-Tzu vi consiglia di analizzare il vostro modo di concepire queste qualità, relativamente ai vostri ruoli di responsabile e di genitore; non sta dicendo che dovreste mettervi seduti in disparte e non fare niente, ma vi suggerisce di esercitare l'auto-controllo. Quando coltivate uno stile di comando che crea « con una buona riserva di virtù, niente è impossibile », perché non ci sono limiti.

Vivere con sobrietà e moderazione significa vivere in armonia col mondo attraverso la vostra generosa natura. Invece di continuare a sollecitare, dirigere, dare ordini, stabilire regole e pretendere obbedienza, è importante essere un capo che, vivendo in accordo col Tao, accantona un magazzino pieno di virtù. Quando questo è ciò che avete da donare, interferirete di meno naturalmente. Sentite la gioia di sapere che l'esempio che date aiuta gli altri a fare le scelte giuste, in quanto è questa l'essenza della guida incentrata sul Tao. Come afferma in chiari termini Lao-Tzu: « Se un uomo non conosce limiti, è adatto a fare da guida ».

Le persone che vivono sottoposte a molte regole, dogmi e paure possono solo fare ciò che gli è stato detto di fare... niente di più. Chi obbedisce ciecamente non ha possibilità di guidare se stesso, perciò praticate il ritegno, la moderazione, la frugalità e la sobrietà quando fate delle affermazioni su come devono comportarsi gli altri. I bambini cresciuti in famiglie dove si pretende l'obbedienza cieca, una volta diventati adulti, presentano i più alti livelli di pregiudizio. Perché? Perché è stato loro insegnato a « dare un giudizio a priori » su ciò che è accettabile secondo qualcuno che ha autorità su di loro. Ecco perché è di vitale importanza dare ai vostri figli un esempio di leadership che li incoraggi a fare scelte basate su standard più elevati.

Sulla scrivania ho messo un regalo che mi ha dato mia figlia Saje, e a cui ho dato il nome di *Niente è impossibile*. È una pianta verde spuntata da una roccia, non c'è terriccio, solo roccia dura, e tuttavia cresce bene, nonostante quello che ci è stato insegnato a credere. Quando Saje me l'ha data, mi ha detto che le ricordava me, perché ho sempre detto che mi rifiuto di credere che ci sia qualcosa di impossibile. La mia pianta mi aiuta a ricordare che la natura non conosce limiti, e che anche io sono parte della natura, come la roccia e il verde che cresce dentro quella pietra dura.

Lao-Tzu vi ricorda che « se niente è impossibile, allora non ci sono limiti ». Perciò mettete in pratica il vivere senza limiti, raccogliendo la virtù e rappresentandone un modello. Facendolo, vedrete la « visione duratura » in coloro che sono stati selezionati per fare da guida agli altri in un modo o nell'altro, e loro lo vedranno in voi. E mettete all'opera la saggezza del cinquantanovesimo capitolo prendendo spunto da questi suggerimenti:

Raccogliete quanta più virtù potete

Per anni mi sono esercitato nel raccogliere la virtù senza rendermene conto. Ho inviato a mie spese centinaia di migliaia di libri a individui e organizzazioni, prendendo l'abitudine di cominciare ogni anno con questo atto d'amore. Per molto tempo ho dato via quello che ho guadagnato, per la maggior parte in forma anonima. All'epoca non me ne rendevo conto, ma ciò che stavo facendo era accumulare virtù, o ciò che io scherzando chiamavo « punti di Dio ».

Poi ho scoperto che non tutta la mia vita sarebbe stata in cima alla vetta. Tuttavia, quando sono riuscito a tirarmi fuori da *sotto* quella che sentivo come una montagna, ho scoperto di essere letteralmente incolume. Poiché ero radicato profondamente nel Tao, la mia visione originale doveva essere duratura, impermeabile alle circostanze esterne.

Esercitatevi nel moderare il vostro ego

Cambiate il modo di vedere la vostra vita, moderando il vostro ego. Vedetevi come un essere che dà invece di raccogliere, e vivete di quello di cui avete bisogno, piuttosto che consumare in grosse quantità. Comincerete a vedere che il vostro scopo ha più a che fare con la consapevolezza incentrata nel Tao, che con le indicazioni dell'ego. Moderando le vostre richieste, e utilizzando solo ciò che è necessario a voi e alla vostra famiglia, raccoglierete punti di virtù, servendo gli altri invece di accumulare. Lao-Tzu vi ricorda che questo è «il segreto di lunga vita e di visione duratura».

William Shakespeare lo ha descritto più di duemila anni dopo Lao-Tzu nel suo dramma storico *Enrico VI* (Parte III):

La mia corona non è sul mio capo,
ma nel mio cuore;
e non è tempestata di diamanti
o di gemme d'oriente... essa è invisibile.
La mia corona si chiama «pazienza»,
rassegnata pazienza: una corona
che assai difficilmente piace ai re.

Ora mettete in pratica il Tao

Oggi prendetevi l'impegno di raccogliere cinque punti di Dio. Immaginate che la Sorgente Divina delle diecimila creature è all'opera per mantenere i cicli di vita della creazione, e fate cinque cose che ne siano all'altezza. Raccogliete la spazzatura di qualcun altro, che è un esempio di eccedenza; in forma anonima, fate un regalo a qualcuno che ha bisogno; oppure fate qualsiasi altra azione che vi serva per accumulare virtù e rimanere profondamente radicati nel Tao.

60.

Governare una grande nazione
è come friggere un piccolo pesce.
Se lo rimestate troppo si rovina.

Accostatevi all'universo con il Tao
e il male non avrà potere.
Non che esso non abbia potere,
ma il suo potere non sarà usato per nuocere agli altri.
Non solo non recherà danno agli altri,
ma non potrà nuocere al saggio che è protetto.

Se governanti e sudditi evitassero
di danneggiarsi reciprocamente,
la nazione ne trarrebbe
un gran beneficio.

VIVERE IMMUNI DAL MALE

Il vostro compito in questo capitolo del *Tao Te Ching* è cambiare il vostro modo di considerare la presenza del male, sia nel vostro ambito personale che nel mondo intero. Potete farlo semplicemente acquistando la consapevolezza interiore che il male non può colpirvi se siete centrati nella rete protettiva del Tao. Se vivete in accordo con la Grande Via, rifiutando di avere pensieri offensivi sia contro voi stessi che verso gli altri, il potere della malvagità e delle cattive azioni sarà reso innocuo.

Il Tao non distrugge né danneggia alcuno, dona invece energia a tutti, senza eccezione. Quando la gente viola questo principio, ottiene successo solo quando gli altri reagiscono nella stessa maniera. Ciò accade quando scoppia una guerra e la discordia si insedia in una famiglia e nella comunità. Allora la negatività produce altra negatività, la popolazione piomberà nel caos e il leader o il governante alla fine sarà distrutto.

Sostituite il vostro punto di vista sulla presenza dell'ostilità nel mondo e dichiarate enfaticamente: *Io e i miei cari non saremo colpiti dalla presenza del male dovunque esso si affermi nel mondo*. Anche il vostro paesaggio interiore inizierà immediatamente a cambiare. Perciò, quando vedete o sentite notizie di pensieri e azioni di violenza, la vostra reazione istantanea deve essere: *Questo non mi riguarda. Io scelgo di non avere intenzioni ostili nei confronti di nessuno. Sono un essere di luce e amore, quindi gli unici pensieri che scaturiscono da me sono in armonia con il Tao immensamente benevolo*. In altre parole, qualsiasi cosa vi accada a causa di altre persone, non susciterete l'odio e non tramerete la vendetta. Questo sarà possibile perché siete diventati immuni alla negatività centrandovi sul Tao.

Ora potreste affermare che ciò sembri troppo semplicistico, ma immaginate se un largo numero di persone cominciasse a pensare in questo modo, poi immaginate se i governanti iniziassero a prenderne coscienza. Come dice Lao-Tzu in questo capitolo: «Se governanti e sudditi evitassero di danneggiarsi reciprocamente, la nazione ne trarrebbe un gran beneficio». Alla fine, il mondo dovrà abbracciare questo principio, altrimenti l'umanità cesserà di esistere... a partire da voi.

Quando la consapevolezza del Tao a mano a mano educa una persona, una famiglia, una comunità e una nazione, le priorità cambieranno. Le nostre energie si concentrano sulla costruzione di mezzi di trasporto più rispettosi dell'ambiente e di case piuttosto che di strumenti che riflettono la convinzione di poter sfruttare il pianeta a nostro piacimento senza ripercussioni. Troveremo il sistema per distruggere le scorte di quelle armi di distruzione di massa devastanti oltre ogni immaginazione. La cooperazione sostituirà l'odio e le intenzioni ostili. Ciò accadrà, come afferma Lao-Tzu, quando i governanti e i popoli cambieranno il modo di pensare e smetteranno di danneggiarsi reciprocamente.

Riesaminando questo passo del *Tao Te Ching*, considerate il suo impatto sulla vostra vita quotidiana. Quando la negatività sembra essere diretta contro di voi, ritiratevi in quel luogo di benevolenza e amore che è dentro di voi, e deviate la vostra energia. Ricordate, è impossibile innescare un combattimento con qualcuno che si rifiuta di combattere! Così il vostro rifiuto di entrare in battaglia è l'arma più potente contro il male. Potete cambiare il tentativo di aggressione di una persona infuriata rifiutando di abbassarvi al livello delle loro intenzioni ostili. L'insulto di un automobilista incollerito o l'atteggiamento sgarbato di un burocrate spazientito o di un famigliare seccato sono tutti scatti emotivi che possono essere placati facilmente quando si è centrati sul Tao. Diventate immuni a simili pensieri e azioni nocivi sapendo che nulla di tutto ciò ha a che fare con voi.

Quando dettava il sessantesimo capitolo, duemilacinquecento anni fa, Lao-Tzu pensava a tutta l'umanità. Sapeva che un comportamento aggressivo poteva essere neutralizzato se un numero sufficiente di persone era disponibile a vivere incoraggiando la collaborazione e lo spirito d'amore al posto della rivalità e della vendetta. Ora vi chiede di applicare la saggezza di questo capitolo, operando i seguenti cambiamenti nel vostro modo di considerare il male e il suo potenziale impatto su di voi e sul mondo:

Rinforzate la vostra immunità alla negatività controllandovi mentre formulate pensieri ostili

Sorprendetevi a formulare pensieri negativi che possono essere considerati dannosi per voi e per gli altri. Per esempio, se credete di non meritare rispetto, questo è un pensiero dannoso contro voi stessi. Sostituitelo con l'affermazione: *Io merito e mi aspetto di ricevere solo amore Divino. Lo attiro verso di me.* Quando vi trovate a confrontarvi con un resoconto di odio e di malvagità sul nostro pianeta, allontanate le vostre fantasie di vendetta verso i responsabili di quelle azioni spietate. Cambiate la vostra energia mentale con riflessioni di questo tipo: *Io mando amore, pensieri di benevolenza a tutti e confido che questo amore possa aiutarli a vedere la follia del loro odio.* Siate consapevoli di tutti i vostri pensieri, cambiandoli nel bel mezzo, se necessario. Diventate una persona che porta al mondo i benefici del Tao.

Diventate immuni davanti a qualsiasi male

Visualizzate uno scudo protettivo intorno a voi, mettendovi in guardia contro ciò che nel mondo percepite come un male. Il vostro scudo è permeabile solo all'energia che si accorda con il Tao. Amore, benevolenza e aiuto riescono a passare, ma se il male si avvicina verrà respinto dal vostro scudo. Ciò significa avere una smisurata fede nel Tao. Con questa fiducia interiore, quando il male infuria intorno a voi, non ne resterete minimamente scalfiti. Diventate il saggio, il leader che governa la vostra vita e quella di coloro che vi circondano e che potrebbero essere danneggiati. Dichiaratelo, mettetelo in pratica con ogni vostro pensiero e camminate liberamente in mezzo al pericolo.

Ciò non vuol dire avere un falso senso di sicurezza, al contrario, è una consapevolezza che voi siete uno con il Tao.

ORA METTETE IN PRATICA IL TAO

La prossima volta che pensate di essere il bersaglio di un pensiero nocivo da parte di un estraneo, di un famigliare o di un collega, fate qualsiasi sforzo per ricordare di reagire come suggerisce la vostra natura interiore, che è il Tao. Rispondete in modo amorevole e gentile, poi ritiratevi in una tranquilla e silenziosa consapevolezza di avere intrapreso il processo di immunizzazione dal male. Mettendolo in pratica anche con ciò che può sembrare innocuo, vi accorgerete di quanto sia efficace. Accostatevi all'universo con il Tao nel cuore, invece di reagire ponendovi sulla difensiva.

61.

Un grande paese è come il basso corso del fiume,
verso il quale confluiscono tutti i torrenti.
È il serbatoio di tutto sotto il cielo,
l'essenza femminile del mondo.
La femmina prevale sul maschio con tranquillità,
sottomettendosi nella quiete.

Perciò, se un grande paese si inchina davanti a uno piccolo,
conquista amicizia e fiducia.
Se un piccolo paese si sottomette davanti a uno grande,
lo conquisterà.
Il grande paese conquista inchinandosi,
l'altro sottomettendosi.

VIVERE RIMANENDO IN BASSO

Alla maggior parte di noi è stato insegnato che è importante elevarsi rispetto alle persone inferiori, praticamente in tutte le circostanze della vita. Ci è stato detto di « arrivare in cima », di « distinguerci dalla folla », di « essere il migliore » e di « onorare i campioni » che sconfiggono gli sfidanti. Ci si aspetta che rendiamo omaggio a coloro che fanno più soldi, che raccolgono il maggior numero di oggetti materiali, e che incutono il maggior timore e obbedienza per via della loro posizione di potere; e coloro che si degnano di vivere tra i « comuni mortali » sono quelli che meritano il minor rispetto. Questo brano del *Tao Te Ching* ci invita a rivalutare queste convinzioni.

Guardate l'oceano: è la forza più potente del pianeta, perché sta più in basso delle correnti, le quali sono fatalmente e inevitabilmente attirate verso di lui. Come i fiumi scorrono verso il basso per diventare uno con esso, il mare è in grado di costituire una grande riserva di tutte le cose sotto il cielo. Questo è ciò a cui Lao-Tzu si riferisce per tutto il *Tao Te Ching* con il termine « Grande Madre », o « l'essenza femminile del mondo ». Quell'energia femminile, lo yin, è il vero ricettore di tutto; rimanendo silenziosa e ferma, alla fine prevale sugli sforzi maschili (yang) di soggiogare e conquistare.

Nel sessantunesimo capitolo del *Tao Te Ching*, Lao-Tzu parla dei vantaggi di guidare gli altri rimanendo più bassi, e cita come esempio le nazioni intere. Gli stati, sia grandi che piccoli, dovrebbero essere come il grande oceano. Osservando i paesi bellicosi che cercano di dominarsi l'un l'altro facendo ricorso alla forza, si è reso conto che la pace e l'armonia sono possibili solo se le nazioni si comportano in accordo col Tao, cioè, domando il proprio ego, invece che i propri confinanti.

In questo capitolo Lao-Tzu si rivolgeva alle nazioni e ai leader politici, ma le nazioni sono fatte di singoli uomini e donne. Dobbiamo diventare una massa critica di individui disposti a essere un modello della saggezza che il grande maestro cinese ci offre. Tutti dobbiamo imparare il valore di operare un consistente cambiamento nel nostro modo di pensare noi stessi e gli altri. È vero, questo potrebbe comportare da parte nostra un voltafaccia completo, ma se cominciamo a moderare il nostro pensiero incentrato sull'ego prima o poi il mondo riceverà il messaggio che Lao-Tzu ha lanciato nei tempi antichi. Le nazioni di tutto il globo si renderanno conto che i leader con l'energia femminile yin sono di grande beneficio. Dopotutto, è così che funziona la natura... è il Tao all'opera.

Potete applicare la saggezza di questo capitolo al mondo degli affari, o a qualsiasi persona vi capiti di incontrare, aggiornando il concetto secondo cui primeggiare sugli altri, come dettato dall'approccio yang della dominazione maschile, è il modo giusto di farsi strada. Al contrario, riconoscete il valore di vivere come modo di conquistare la fiducia e l'amicizia attraverso l'approccio yin della ricettività e tranquillità femminile.

Mettendo in pratica questi nuovi atteggiamenti e comportamenti, guardate come l'energia derivante dai seguenti consigli comincia silenziosamente a influenzare la vostra realtà:

Rivalutate la vostra idea personale di ciò che costituisce la forza

Riuscite a vedere il potere dell'umiltà, della quiete, o dello stare più in basso e in disparte? Nelle arti marziali, lo sfidante forte è quello che, usando meno forza possibile, sfrutta gli attacchi dell'avversario per aumentare la propria potenza. Guardate gli eventi di violenza nel corso della storia umana: coloro che sono ossessionati dalle posizioni di potere ricorrono alla brutalità, finendo in seguito essi stessi vittime nello stesso tipo di violenza. E lo stesso avviene nella vostra vita personale.

Rimanendo calmi e in disparte, gli altri alla fine verranno a voi, unendosi a voi nella creazione dell'amicizia e della fiducia.

Rimanendo in questa modalità yin, femminea, della Madre Divina, irraggerete energia e forza e vincerete sugli altri... compresi coloro che sono avversi al cambiamento. Pensate a voi stessi come all'oceano, e rimanete più in basso, abbastanza da permettere agli altri di scorrere giù verso di voi, e di creare un « grande paese », ovunque abbiate scelto di stabilirvi.

Imitate coloro che hanno avuto un forte impatto sull'umanità ricorrendo ai metodi meno violenti possibile

Ci sono molti esempi del vivere rimanendo più in basso, ripetendo l'esempio di calma ed energia yin. Gesù Cristo, Budda, Maometto, Zoroastro, san Francesco di Assisi, Gandhi, madre Teresa, e altri individui di altissimo convincimento spirituale costituiscono per noi un meraviglioso modello di comportamento.

Dimostrando l'esatto opposto di ciò che normalmente si ritiene della forza, hanno cambiato il corso della storia umana. Inoltre, vengono ricordati da tutti con la massima stima.

Potete diventare una simile guida del Tao nel vostro ambiente circostante, sorridendo interiormente, vedendo voi stessi come quel paziente oceano che sta più in basso. Tutti coloro che desiderano imporsi sugli altri nella conquista finiranno per scorrere giù verso di voi.

Ora mettete in pratica il Tao

Ogni giorno, cimentatevi nel cercare di essere una guida efficace in famiglia, nel vostro paese e nel mondo, e applicate il seguente consiglio di Sathya Sai Baba, un maestro realizzato in Dio che vive e respira tutti i messaggi divini presentati nel *Tao Te Ching*. Ecco ciò che suggerisce di fare ogni volta che gli domandano quale azione intraprendere o cosa pensare:

Quando i vostri occhi provano orrore
Per le crudeltà della vita...
Quando la bocca è secca

E riuscite a malapena a parlare
Con il primo sorso d'acqua fresca
Io vi sto alleviando.
Pensate a me.

Quando vi trovate in un momento di crisi, dite in silenzio: *Pensa a me* rivolgendovi all'immagine mentale della persona che, rimanendo umile e più in basso, ha avuto la meglio su di voi. Troverete subito la vostra strada, come se quell'individuo vi stesse conducendo a vincere la lotta, la dipendenza o i pensieri dominati dall'ego che sembrano vi stiano portando via la vostra natura femminea, incentrata sul Tao.

62.

Il Tao è la casa del tesoro,
la vera natura,
la Sorgente segreta di ogni cosa.
È il tesoro per il buono
e il rifugio per il cattivo.

Se una persona sembra malvagia
non respingetela.
Fatele aprire gli occhi con le vostre parole,
cercate di migliorarla con le opere,
ripagate le sue offese con la bontà.
Non rifiutate la persona;
respingete la sua malvagità.

Quando un nuovo capo viene eletto,
non offritegli aiuto
con la vostra ricchezza o la vostra esperienza.
Aiutatelo a meditare sul principio;
offritegli l'insegnamento del Tao.

Perché gli antichi hanno ricavato
così tanto da questo principio?
Non è forse perché è la Sorgente di ogni bene
e il rimedio a tutti i mali?
È ciò che di più nobile esista al mondo.

VIVERE NELLA CASA DEL TESORO DEL TAO

Immaginate di avere accesso a un luogo molto speciale dove ci si può ritirare per comunicare con la sacra Sorgente di ogni essere. Qui si trovano il «tesoro per il buono» e lo spazio in cui il cattivo si reca per essere perdonato. È in questo posto che i grandi governanti e i più saggi tra gli uomini meditavano cercando la forza ispiratrice per adempiere alle gravose responsabilità; è qui che è stato rivelato il segreto per rifiutare tutte le malvagità senza il bisogno di scacciare coloro che le compiono. In questo luogo meraviglioso, abbiamo conosciuto la Sorgente del bene e il rimedio a ogni male.

Studiando questo capitolo ho avuto modo di riflettere su quanto siamo benedetti dalla sorte. Il suo messaggio è un invito a renderci conto che tutti possiamo, nessuno escluso, accedere alla sacra casa del tesoro che si trova nel profondo di ogni essere. Ci ricorda di cambiare il modo in cui consideriamo la presenza delle tenebre nel mondo d'oggi. Ci ricorda che dentro ciascuno esiste la straordinaria fonte di bene del Tao. Ci ricorda di essere disposti al cambiamento del nostro modo di vedere noi stessi e il nostro ruolo qui, come una delle diecimila creature.

Potete modificare la vostra visione limitata di moltissime cose, guardando ciò che sembra essere carico di odio, d'empietà e malvagità. Secondo Lao-Tzu, nessuno è veramente empio o malvagio; piuttosto *appaiono* tali coloro che vivono in contraddizione con gli insegnamenti del Tao. Invece di respingerli dovete riconnetterli con la Grande Via. Perciò, seguite solo pensieri e comportamenti in armonia con l'onnisciente, amorevole

Tao, rammentando che la Sorgente non infligge torti, non esclude né giudica nessuno. Semplicemente, dona la vita.

Dove percepite negatività, modificate la vostra idea tenendo presente che l'amore puro e la benevolenza possono essere erroneamente dirottati a cercare un luogo sacro nel mondo materiale. È un'energia potente che si allontana dalla Sorgente invece di fare ritorno a Essa e ricaricarsi nel ciclo spirituale che è il suo punto d'origine. Quando sarete riusciti a cambiare il vostro modo di percepire la cosiddetta malvagità, invitate anche gli altri a cogliere la differenza. Grazie al nuovo punto di vista, vi troverete completamente a vostro agio nel discutere la differenza tra le soddisfazioni del mondo materiale e le ricchezze del Tao. Se qualcuno ve lo chiederà, sarete anche in grado di indicare una mappa o un sentiero verso la sacra casa del tesoro del Tao.

In una traduzione del *Tao Te Ching* a opera di Gia-Fu Feng e Jane English, il sessantaduesimo capitolo si conclude con queste parole:

Perché il Tao piace così tanto a tutti fin dall'inizio?
Non è forse perché vi trovate ciò che cercate e siete perdonati quando peccate?
Per questo è il tesoro più grande dell'universo.

Ecco ciò che Lao-Tzu offre in questo prezioso capitolo, e ci fa capire quanto siamo stati benedetti dalla sorte:

Visualizzate la porta della casa del tesoro che si apre per voi

Consideratevi una creazione Divina dell'eterno Tao, con l'accesso allo spazio sacro sempre aperto per voi. Sappiate che ciò che avete valutato come negativo non può mai esserlo se riesce a entrare nel Tao colmo di tesori. Visualizzate una casa che vi apre la porta d'ingresso e vi invita a godere del sacro tepore del suo interno, e immaginate, una volta entrati, di lasciarvi alle spalle tutte le angosce. Fate di questa casa del Tao un rifugio privato in cui siete liberi di entrare con questa tecnica di visualizzazione meditativa. È anch'esso di natura divina e può diventare il vostro santuario in ogni momento.

IMPARATE A PERDONARE ED EVITATE DI GIUDICARE, QUANDO VI TROVATE DI FRONTE A COMPORTAMENTI RIPROVEVOLI O MALVAGI

Seguite i consigli di Lao-Tzu nel trattare con coloro che sembrano persone malvagie, separando mentalmente gli individui dal loro comportamento dannoso. Ricordate che sono creazioni Divine del Tao, semplicemente convinte che l'ego dovrebbe dominare la loro vita. Nei vostri pensieri, cancellate la meschinità, le cattive azioni, e i comportamenti offensivi o viziosi; lasciate che tutte queste persone si stacchino dai loro atteggiamenti malvagi. Vedete in loro il manifestarsi del Tao, e immaginateli come bambini innocenti che sono temporaneamente sottoposti a stimoli molto pressanti dell'ego. Perdonate la loro cattiva condotta e fate ogni sforzo possibile per abbracciare amorevolmente i bambini che vedete davanti a voi.

Lao-Tzu vi esorta a trattare voi stessi in maniera simile: gettate via tutti i comportamenti che non vi piacciono, pentitevi e poi assolvetevi. Dopo avere eliminato questi comportamenti, visualizzatevi in un abbraccio e osservate con l'immaginazione l'essere di luce radiosa che siete diventati. Esercitatevi a rendervi migliori con azioni ispirate dal Tao e diffondete tra gli altri la stessa benevolenza che riservate a voi stessi. In questo modo attuate l'insegnamento di questo capitolo del Tao, che è il vero rimedio a tutti i mali.

ORA METTETE IN PRATICA IL TAO

Oggi, prendete la decisione di aiutare un'altra persona, anche solo per qualche istante, a meditare sul principio contenuto nel sessantaduesimo capitolo. Fatelo, però, senza nominare il *Tao Te Ching* o questo libro. Se possibile, esprimete amore in una situazione in cui esprimereste collera. Oppure inviate una cartolina con un capitolo del Tao particolarmente significativo a qualcuno che ha appena assunto una posizione di comando. Qualsiasi cosa facciate, la vostra motivazione sia aiutare quell'uomo o quella donna ad aprire la porta della propria casa del tesoro, offrendogli la chiave sotto forma dei vostri pensieri e comportamenti incentrati nel Tao.

63.

Praticate il non agire.
Lavorate senza interferire.
Assaporate ciò che non ha sapore.
Esaltate il piccolo, incrementate il poco.
Ricambiate l'acredine con la virtù.
Vedete la semplicità nel complicato.
Ricavate la grandezza dalle piccole cose.

Affrontate le difficoltà quando sono ancora facili;
fate grandi cose quando sono ancora piccole.
Il saggio non tenta mai imprese grandiose,
perciò conquista la grandezza.

Se trovate sempre tutto facile, sarete poco credibili;
Poiché il saggio considera tutto difficile,
non si trova mai in difficoltà.

VIVERE SENZA DIFFICOLTÀ

Questo capitolo trasmette tanto, pur facendo un parco uso delle parole. Ogni volta che leggo ciò che Lao-Tzu dice qui, sento che, se sono disposto ad accettare il suo saggio consiglio, diventa impossibile avere difficoltà nella mia vita. Egli ci consiglia di imparare a pensare in momenti, piuttosto che in giorni, settimane, mesi, anni, decadi, o tutta la vita. Tutto ciò che ci viene dato ci viene dato ora. Perciò dobbiamo evitare la tendenza a ingrandire i piccoli eventi, o a preoccuparci di un futuro che potrebbe non arrivare mai. Sono le piccole cose che fanno la differenza nel nostro mondo, e mantenere semplice la vita sostituisce il caos. Come ci ricorda Lao-Tzu: « Vedete la semplicità nel complicato... fate grandi cose quando sono ancora piccole ».

Ho seguito l'esempio durante la stesura di questo libro. Come potete immaginare, scrivere singoli commenti su ottantuno capitoli di uno dei testi spirituali più venerati e duraturi al mondo, non è stato un compito facile. Un progetto del genere comporta un lungo lavoro di ricerca, lettura, scrittura e revisione quotidiana. Tuttavia, invece di concentrarmi sulle sfide che questo progetto mi presentava, ho scelto di « vedere la semplicità » e di « affrontare le difficoltà quando sono ancora facili ». Mi immergo nel singolo capitolo al mattino, lasciando che le parole scorrano attraverso il mio cuore e si posino sulla pagina. Mi sento come se avessi imparato fino in fondo l'ironica conclusione del sessantatreesimo capitolo, che dice che le difficoltà non si sentono quando le si affronta.

Questa è, quindi, la saggezza di questo capitolo: se vivete il momento presente, facendo solo quello che potete fare esattamente ora, non esiste qualcosa che si chiami difficoltà. Perciò analizzate i vostri pensieri su ciò che chiamate i problemi della vita. Riuscite a pensare che ciascuna singola impresa sia non solo gestibile, ma anche facile e piccola? Dopotutto, come fate a seguire un corso di studi difficile, per completare il quale ci vorranno diversi anni di studio? Non proiettandovi nel futuro, o non usando il momento presente per preoccuparvi. Come fate a portare avanti il lungo, difficile processo di far nascere un bambino? Momento dopo momento. Ho guardato mia moglie fare esattamente questo durante gli anni in cui o era incinta o stava allattando, negli otto anni in cui ha partorito cinque figli. Come insegna Lao-Tzu, se non cercate di realizzare niente di importante, raggiungerete la grandezza.

Quasi ogni mattina pratico una lezione di Bikram yoga per novanta minuti, con ventisei posizioni e due esercizi di respirazione. Ebbene, un'ora e mezzo di intensa attività in una stanza con più di quaranta gradi non solo sembra un'impresa notevole, ma anche molto difficile. Ho imparato a cambiare il mio modo di considerare questa routine quotidiana, così piacevole per me, che ora la trovo facile. Appena comincio il primo esercizio di respirazione, mantengo la mente e il corpo totalmente concentrati su cosa sto facendo nel momento d'inizio. Se la mia mente vuole girovagare a pensare a cosa starò facendo tra un'ora, la riporto al presente. Guardo nello specchio e ricordo a me stesso che questo esercizio, o postura, è piccolo e semplice. *Tombola*: la parola difficile rimane fuori, completamente esclusa.

Esercitandomi nel momento presente, e allenandomi a rimanere in uno stato di semplicità, ho reso la lezione di yoga un gioco da ragazzi. Ho raggiunto quello che considero essere la grandezza nei piccoli progressi e miglioramenti, che si sono susseguiti in maniera naturale. È lavorare senza fare, e non agire nell'agire, perché ho affrontato ciò che si sarebbe potuto considerare un'impresa ardua. Il risultato è che non provo difficoltà.

Lao-Tzu vi esorta a cambiare il modo di vedere il vostro mondo del XXI secolo, facendo quanto segue:

Cercate la semplicità in ciò che chiamate complicato vedendo che, in *questo* momento, non è arduo

Trasformate la vostra preoccupazione per il domani, e per tutti i domani che ci saranno nel vostro futuro. La mia amica Byron Katie (il cui marito, Stephen Mitchell, è autore di una meravigliosa traduzione del *Tao Te Ching* che ho utilizzato in questo libro) ha dato la mia definizione preferita di pazzia: «È da pazzi credere di aver bisogno di qualcosa che non si ha». Aggiungerei: «Un'altra forma di pazzia è credere di non poter essere appagati e felici ora, perché il vostro futuro vi appare difficile».

Guardate ciò che avete adesso, e comprendete che in questo momento è evidente che state bene! *Un corso in miracoli* esprime molto bene questo concetto: «Non avete problemi, anche se pensate di averne».

Pensate in piccolo

Modificate il vostro concetto di «pensare in grande» in «pensare in piccolo e riuscire a fare grandi cose». Analizzate qualsiasi cosa vi sembri così enorme che solo cominciare vi terrorizza. Poi passate a pensare cosa potete fare oggi, nei vostri preziosi momenti presenti, ignorando completamente il quadro generale. Ciò che riuscirete a fare si ingrandirà se iniziate dal piccolo; così facendo, paradossalmente otterrete enormi risultati.

Ora mettete in pratica il Tao

Oggi dedicate un po' di tempo alla più grande sfida della vostra vita. Di qualsiasi cosa si tratti, riducetela a qualcosa che si può fare oggi, proprio in questo momento. Cancellate la grande immagine, semplicemente, fate quello che potete fare ora, e lasciate che il resto sbiadisca. Scrivete il paragrafo iniziale del vostro romanzo. Tracciate il modello della casa che volete costruire. Iscrivetevi a un corso presso un'istituzione locale. Fate una corsetta di due minuti. *Siate nel momento presente.* Osservate come, incredibilmente, mantenendo le cose piccole e semplici, realizzare il Tao nel momento presente porti grandi risultati.

64.

Ciò che è a riposo è facile da gestire.
Ciò che non si è ancora manifestato è facile da prevenire.
Ciò che è friabile si sgretola facilmente;
ciò che è piccolo si disperde facilmente.

Affrontate le cose sul nascere,
gestitele prima che si crei il disordine.
Ricordate:
un albero il cui tronco è grande quanto l'abbraccio
di un uomo nasce da un seme.
Una torre di nove piani inizia da un mattone.
Un viaggio di diecimila chilometri comincia
con un singolo passo.

Agite e distruggerete;
appropriatevi di qualcosa e lo perderete.
Il saggio non agisce, perciò non viene sconfitto.
Non si appropria di nulla, perciò non perde nulla.
Di solito la gente cade quando è all'apice del successo.
Quindi, preoccupatevi più della fine che dell'inizio,
e non andrete in rovina.

Il saggio non dà valore a ciò che è difficile da ottenere.
Non accumula oggetti preziosi;
impara a non attaccarsi alle idee.
Aiuta le diecimila creature a scoprire la propria vera natura,
ma non osa trattarle come burattini.

VIVERE IL QUI E ORA

«Un viaggio di diecimila chilometri comincia con un singolo passo» è il verso più famoso di tutto il *Tao Te Ching*. Viene citato tanto spesso perché ci incoraggia a evitare di rimandare e a cominciare da dove siamo, proprio qui, proprio ora. Un minuscolo seme piantato e nutrito cresce fino a diventare una foresta; una maratona inizia con quella prima falcata. Secondo me, il poeta e drammaturgo tedesco Johann von Goethe ha riassunto bene questo antico insegnamento con i seguenti versi:

Prima rifletti soltanto e riscalda la mente,
poi mettiti all'opera e l'impresa sarà portata a termine.

L'essenza del sessantaquattresimo capitolo del *Tao Te Ching* è la seguente: qualsiasi obiettivo è possibile da qui! Con l'accento posto sul *da qui*! Ciò è da applicare in particolar modo ai problemi che sembrano insormontabili. Cambiando il vostro modo di pensare a essi, il vostro nuovo, speciale punto di vista farà rimpicciolire la difficoltà delle cose che avete davanti.

Il saggio non accumula la difficoltà, perché la suddivide in passi facilmente gestibili. Invece di prendere il comando e coordinare gli altri, o di cercare di fare tutto da solo, il discepolo del Tao trova una maniera di gestire i problemi *prima* che esistano, e *prima* che scoppi il disordine. Lao-Tzu incoraggia tutti noi a fare lo stesso.

Analizzate il modo di vedere le sfide che vi trovate davanti, e quelle della vostra famiglia, comunità e del vostro paese. Sentite nel vostro cuore come molte di esse si possono prevenire facilmente, se affrontate prima che si presentino, e quando vi rifiutate di essere condizionati dalle idee che sono largamente responsabili di questi problemi.

Sono tre i passi che la maggior parte delle persone percorre per raggiungere l'illuminazione:

1. Il primo è attraverso la sofferenza. Ciò si verifica quando i grandi problemi della vostra vita vi travolgono a tal punto che ne deriva un lungo periodo di infelicità, perché voi « date valore a ciò che è difficile da ottenere ». Alla fine, arrivate a un punto in cui potete guardare indietro a quegli enormi ostacoli, come per esempio malattie, incidenti, dipendenza, perdita finanziaria, problemi coi bambini, divorzio, e vedere in retrospettiva che in realtà si trattava di doni camuffati da problemi. Tuttavia questa non è la Via del Tao; questo non è il modo in cui un saggio conduce la propria vita.

2. Il secondo è *essere nel momento presente*. Qui vi siete avvicinati di più al Tao chiedendovi, nel momento in cui scoppia una crisi: *Cosa devo imparare da questa esperienza in questo momento? So che c'è un dono nascosto in questa disgrazia, e mi concentrerò a cercarlo*. Questo è sì un modo di pensare incentrato sul Tao, ma non è tutto ciò che Lao-Tzu vuole trasmettere nel sessantaquattresimo capitolo.

3. Il terzo è anticipare i grandi problemi. Significa agire prima che le difficoltà si verifichino, percepire che il disordine sta venendo dalla vostra parte, e gestirlo in anticipo. *Questa* è la Via del Tao. « Ciò che è piccolo si disperde facilmente », dice Lao-Tzu. Perciò, ecco che siete gli acuti osservatori totalmente sintonizzati con la natura. Con lungimiranza, vi aspettate una discussione, la ascoltate nella vostra mente, e siete in grado di neutralizzare l'energia negativa perché l'avete avuta davanti. Avete reagito evitando di procedere come avreste fatto prima, che vi causava problemi, e così siete entrati in armonia col Tao. A questo stadio voi *prevenite* le difficoltà, invece che risolverle.

Questo capitolo vi invita a raggiungere la padronanza del terzo metodo, quello incentrato sul Tao. Ecco alcuni suggerimenti per farlo:

Ricordatevi del valore intrinseco del mettere in pratica il verso più duraturo dell'intero *Tao Te Ching*: «Un viaggio di diecimila chilometri comincia con un singolo passo»

Dimenticatevi del risultato finale: quando arriverete dove pensavate di voler essere, vi troverete all'inizio di un nuovo viaggio. Perciò godetevi ciascun passo lungo il cammino, e tenete a mente che ogni obiettivo è possibile da qui. Fate semplicemente una cosa alla volta, un giorno alla volta.

Eccovi un esempio tratto dalla mia vita: sono passati quasi vent'anni dall'ultima volta che ho bevuto qualcosa di alcolico. Se avessi pensato di non bere per vent'anni, mi sarebbe sembrata un'impresa enorme e davvero difficile, tuttavia l'ho fatto, un giorno alla volta. Non posso sapere se continuerò così per i prossimi vent'anni, ma una cosa di cui sono assolutamente certo è che oggi, e solo oggi, non berrò niente. Un passo... un momento... una volta al giorno... è il Tao in azione.

Diventate maestri nell'anticipare

Decidete che siete perfettamente in grado di prevenire un guaio che potrebbe presentarsi nella vostra vita, prima che si manifesti nel vostro mondo materiale. Prevedete il vostro stato di salute, per esempio. Diventate consapevoli della prevenzione, invece di aspettare che le sfide si materializzino. Avendo cura di abbracciare un'alimentazione sana come stile di vita, per esempio assumendo integratori per rimuovere le tossine dal vostro corpo, ripulendo il colon, mangiando più frutta e verdura e meno prodotti animali, facendo esercizio fisico e meditando, anticipate i problemi grossi. Prevedete cosa dovete fare quando siete ancora in grado di spazzar via il piccolo, gestendo la vostra salute in armonia col Tao molto prima che si verifichi il disordine. Trovate altri settori della vostra vita in cui essere un maestro nell'anticipare!

Ora mettete in pratica il Tao

Prendete un'abitudine che vorreste eliminare dalla vostra vita, come per esempio qualcosa che ritenete una debolezza, o per la quale avete una dipendenza. Solo per oggi, senza promesse per il domani o il futuro, fate un singolo passo per superare questa abitudine. Non fumate e non bevete caffè, solo per oggi. Mangiate solamente verdura e frutta, solo per oggi. Intrattenetevi calorosamente con dei vicini ostili, solo per oggi. Osservate come vi sentite alla fine di questa giornata. E a questo punto, e non prima, decidete se domani volete continuare a mettere in pratica la saggezza del *Tao Te Ching*, esso stesso scritto una parola alla volta, un giorno alla volta, e che è durato per più di venticinque secoli.

65.

Gli antichi maestri avevano un cuore semplice
e si mescolavano alla gente comune.
Non si mettevano in mostra,
non erano scaltri nel governare.
Questo era una benedizione per lo Stato.

Quando i governanti credono di conoscere tutte le risposte,
il popolo è difficile da guidare.
Quando sanno di non sapere,
il popolo trova da sé la propria strada.

Servirsi della sapienza per governare
è la rovina della nazione.
La semplicità è il criterio migliore.
Accontentatevi di una vita semplice,
e riuscirete a mostrare agli altri
la via del ritorno alla loro vera natura.

VIVERE CON UN CUORE SEMPLICE

Se attualmente vi trovate a occupare la posizione importante del governo di una nazione, vi invito a prendervi a cuore queste parole di saggezza. Se non rivestite un tale ruolo, vi suggerisco di studiare questo passo del *Tao Te Ching* dalla prospettiva della vostra vita privata, in cui, con tutta probabilità, rivestite una posizione di guida nei confronti di altre persone.

Essere genitori, o avere una qualsiasi responsabilità verso gli altri, non dovrebbe significare imporre regole burocratiche o intimorire con la vostra presunta intelligenza e superiorità. Una persona veramente influente non è supponente, non si mette in mostra, non si serve della sapienza per governare, non infonde timore in coloro che sono sottoposti alla sua autorità. Come spiega Lao-Tzu, «quando [i governanti] sanno di non sapere, il popolo trova da sé la propria strada.» In altre parole, il leader capace guida gli altri verso la realizzazione della loro vera natura.

Questo capitolo vi invita a rendervi conto che il vostro compito è aiutare gli altri a sapere di *non* sapere! Se crederanno di possedere davvero la conoscenza, non troveranno mai la via del ritorno alla propria natura che coincide con il Tao. Ciò è dovuto al fatto che essi contano sui suggerimenti dell'ego, che li porta a identificare la propria vera essenza con il mondo fisico o materiale. Chi vive in accordo con il Tao sa che l'ego è un falso maestro, che allontana le persone dalla conoscenza della loro vera natura.

Mettete in pratica gli insegnamenti di questo capitolo rifiutando di comunicare superiorità intellettuale o genialità. Invece, mostrate agli altri come vivere nell'ottica del Tao e siate disposti ad ammettere che non sapete cosa sia ciò che è meglio per loro, né possedete la minima certezza su come dovrebbe andare la vostra vita. Fate capire che non « comandate » né loro né ciò che vi accade. Lasciate che vedano in voi una persona umile, che vive pacificamente le stagioni della vita, e possiede un cuore semplice.

Quando cambierete il vostro modo di guardare la leadership, vedrete gli individui disposti ad abbandonare il proprio ego, godere della connessione alla loro energia del Tao e diventare leader dal cuore semplice. Il loro unico scopo è aiutare tutti, nella loro sfera d'influenza, a rendersi conto di non sapere! Lao-Tzu sembra sorridere ironicamente quando vi comunica questo mirabile paradosso.

Mescolatevi con coloro che vi sentite in obbligo di dirigere provando ad applicare questi nuovi modi di essere e di pensare:

Siate disposti ad ammettere con orgoglio « non so » davanti a coloro che governate

Questa frase è un simbolo di forza piuttosto che di debolezza, quindi usatela liberamente. Quando insegnerete agli altri a fare lo stesso, essi cominceranno a lasciare che la Grande Via guidi il loro io superiore. Tenete in mente che la natura non costringe mai nulla a crescere, ma è sempre presente, silenziosa e invisibile. Cercate di agire nello stesso modo il più che potete, senza imporre voi stessi e le vostre idee a nessuno (con ragionevoli precauzioni verso coloro che sono troppo giovani o immaturi per assumere responsabilità da adulti).

La semplice verità è che né noi né nessun altro sappiamo che cosa sia l'ideale per noi stessi e per le altre persone. C'è sempre un destino silenzioso all'opera; ci sono fortune e disgrazie in ogni vita, a prescindere dalle opinioni individuali.

ABITUATEVI A MANTENERE LA VOSTRA VITA SEMPLICE E SENZA COMPLICAZIONI

Assumete questo comportamento verso coloro che siete chiamati a dirigere. Invece di analizzare una situazione da ogni parte, cercando di giungere alla soluzione più vantaggiosa, fidatevi del vostro primo impulso e prendete la direzione più semplice e meno problematica. Quando avrete discusso ampiamente le diverse opzioni a vostra disposizione, il problema potrebbe essersi già risolto da un pezzo, senza doverci girare intorno per cercare una soluzione. Un grande consiglio, sia per voi che per i governanti delle nazioni, spesso impantanati in lungaggini burocratiche che paralizzano le loro iniziative, è: *Semplificate!*

ORA METTETE IN PRATICA IL TAO

In tutti i modi possibili, dimostrate di avere compreso ciò che intendeva Lao-Tzu nel chiedere ai leader di accontentarsi « di una vita semplice ». Trascorrete una giornata senza l'etichetta di « genitore », di « supervisore » o di « capo », e mettetevi sullo stesso piano di coloro che abitualmente vi considerano la loro guida. Immaginatevi come uno di essi, fingete per un giorno di esserlo. Questo vi farà capire come mettere in azione il Tao nel modo giusto.

Ho scoperto che, quando mi comporto così con i miei figli, essi reagiscono facendo del proprio meglio, secondo la loro vera natura. Per esempio, quando dico a mia figlia adolescente: « So che sei perfettamente in grado di badare a te stessa in modo responsabile e assennato quando io sono fuori città, e per questo ti voglio bene », tolgo l'etichetta di « genitore autoritario » e la tratto nel modo in cui vorrei essere trattato io. Quando questo diventa la regola, ciò che dice Lao-Tzu è chiaro: « La semplicità è il criterio migliore ».

66.

Perché il mare è il re di centinaia di corsi d'acqua?
Perché sta a un livello più basso.
Il suo potere viene dall'umiltà.

Perciò, coloro che aspirano a una posizione
superiore a quella degli altri
devono parlare con umiltà.
Coloro che desiderano essere i primi
siano gli ultimi.

Questo è ciò che accade quando governa il saggio,
il popolo non avverte il peso della sua autorità
e, quando occupa il primo posto davanti a tutti,
nessuno si sente offeso.

Il saggio è umile,
così il mondo non si stancherà mai di esaltarlo.
Si considera un servo,
così il mondo non si stancherà mai di considerarlo il suo re.

VIVERE IMITANDO IL MARE

A differenza di come ci si immagina Dio, un vecchio che ha creato un universo in cui il nostro comportamento può portarci alla dannazione eterna, il Tao lo si percepisce come un'energia naturale. La Sorgente della vita non è considerata una divinità che controlla i mortali come un re o un dittatore, poiché essa non impartisce punizioni o rifiuta ricompense. Lao-Tzu ha insegnato che il Tao vi chiede soltanto di vivere in armonia con la natura.

Per Lao-Tzu, il grande simbolo della natura è l'acqua, e fa riferimento a essa in molti degli ottantuno capitoli. Quando imiterete quell'elemento, comincerete a comprendere che nel Tao non c'è posto per giudizi o rifiuti. Siate come il mare, consiglia Lao-Tzu, e il mondo non si stancherà mai di esaltarvi. L'oceano è il re di tutti i corsi d'acqua perché sta al livello più basso: questo è il messaggio essenziale contenuto nel sessantacinquesimo capitolo e in molti altri del *Tao Te Ching*. Tutti i fiumi devono sfociare nel mare, che si trova a un livello inferiore. Qui l'insegnamento è chiaro: siate umili. Non mettetevi mai a un livello sopra gli altri o non consideratevi mai superiori a chiunque. Il potere più alto sta in fondo alla valle. Divenite servi, non dominatori.

Persino il ruscello più piccolo, lasciato scorrere liberamente, scava un alveo che conduce al mare. E il grande oceano non impone mai la sua grandezza e il suo potere sui fiumi e i torrenti: non si alza sopra il loro livello e non pretende la loro devozione, né li minaccia di punizione o di eliminazione se si rifiutano di collaborare. Il mare sa per istinto che i fiumi e i torrenti scorrono spontaneamente verso il basso, al suo livello.

Con questa metafora che percorre tutto il *Tao Te Ching*, Lao-Tzu vi ricorda che anche le persone tendono istintivamente a essere attirate da coloro che possiedono un'intrinseca grandezza che deriva dall'umiltà e dalla modestia. E questa non è soltanto l'opinione del grande maestro. San Pietro, servo e apostolo di Gesù Cristo, annuncia un messaggio identico nel Nuovo Testamento, secoli dopo la morte di Lao-Tzu:

> Pascete il gregge di Dio che è tra di voi, sorvegliandolo, non per obbligo, ma volenterosamente secondo Dio; non per vile guadagno, ma di buon animo; non come dominatori di quelli che vi sono affidati, ma come esempi del gregge (1 P. 5, 2-3).

Cambiate modo di concepire voi stessi e gli altri come leader modello, prendendo come esempio il mare, immensa fonte di vita, che è umile, paziente e accoglie tutti i corsi d'acqua che in esso confluiscono. Imitate il potere dell'acqua allontanando il vostro ego ed eliminando il bisogno di dominare tutto e tutti. Le persone sottoposte alla vostra responsabilità saranno attirati verso di voi e verso il flusso naturale del Tao, simile a quello dei corsi d'acqua.

Siete esortati ad apprendere come l'acqua si comporta e a imitarla il più possibile nella vostra vita. Ecco come applicare nella vita odierna il saggio consiglio di imitare il mare:

Non affermate mai di sapere che cosa è meglio

Anche se siete più anziani, più saggi e più ricchi degli altri e avete maggiore potere e influenza, non affermate mai di sapere che cosa sia meglio per chiunque. Invece, immaginatevi come il grande oceano che lascia fare e incoraggia i corsi d'acqua più piccoli a scorrere verso di sé. Siate modesti, parlate con dolcezza, e restate umili. Lasciate che gli altri controllino la propria vita, il più umanamente possibile. Vedendovi come il mare che riceve ogni fiume, toglierete di mezzo l'ego e diverrete come uno dei leader a cui si riferisce questo capitolo del *Tao Te Ching*.

Nessuno dovrebbe sentire il peso della vostra autorità o essere umiliato dai vostri ordini.

Il giorno in cui ho scritto questo capitolo, è capitata una situazione che mi ha permesso di mettere in pratica questo consiglio. Vivo a Maui, e mia madre che ha novant'anni abita in Florida, dove risiede anche mia figlia Saje. Mia madre aveva mal di stomaco e nausea a causa di un forte farmaco che aveva assunto, così telefonai a mia figlia per chiederle se avesse qualche idea per far avere dello yogurt alla nonna. Mia figlia rispose immediatamente: « Abbiamo in casa dello yogurt, lo porterò io alla nonna ». Piuttosto che darle un ordine e comandarle di occuparsi della nonna, ho lasciato che mia figlia si rendesse utile spontaneamente, mentre stavo nel luogo più basso possibile.

Siate al servizio degli altri

Pensate a voi stessi come a qualcuno che sul nostro pianeta ha il compito di aiutare gli altri. Cercate delle occasioni per dare una mano, in particolare alle persone che hanno bisogno della vostra guida. Ricordate che il grande mare è al servizio di tutti, ricevendo e dispensando vita a chi desidera partecipare alla sua generosità, perciò esercitatevi a imitarlo esprimendo il Tao.

Ora mettete in pratica il Tao

Dedicate una giornata a dirigere servendo, che è l'opposto del dirigere dando ordini. Trovate delle occasioni per reprimere l'abitudine acquisita di interferire e dire agli altri che cosa devono fare, permettendo loro di venire da voi spontaneamente. Impegnatevi ulteriormente ad applicare questo principio, incoraggiando qualcuno a prendere decisioni, piuttosto che seguire i vostri ordini.

67.

Tutto il mondo parla del mio Tao
con una tale familiarità...
Che follia!
Il Tao non è qualcosa che si acquista al mercato
o che si passa di padre in figlio.
Non è qualcosa che si ottiene con la conoscenza
o che si perde per dimenticanza.
Se il Tao fosse questo,
sarebbe stato perso e dimenticato molto tempo fa.

Ho tre tesori, che tengo stretti
e custodisco premurosamente.
Il primo è la pietà.
Il secondo è la frugalità.
Il terzo è l'umiltà.

Dalla pietà viene il coraggio.
Dalla frugalità viene la generosità.
Dall'umiltà viene la capacità di comandare.
Ora, se un uomo fosse audace ma non avesse pietà,
se fosse prodigo ma non frugale,
se dominasse senza umiltà, morirebbe.

L'amore sconfigge tutti i nemici, rende invincibili.
Quando il cielo vuole proteggere qualcuno,
manda forse un esercito?
No, lo protegge con l'amore.

VIVERE CON I TRE TESORI

Siete invitati a cambiare vita osservandola attraverso il prisma di questo antico capitolo del *Tao Te Ching*, che vi spiega tre cose di cui avete bisogno per vivere con successo uno stile di vita ispirato al Tao:

Pietà è il nome del primo tesoro, ma si può definire con altri termini, come *compassione*, *bontà d'animo*, *amore*, *benevolenza* e *carità*, che sono stati utilizzati in altre traduzioni. Molto probabilmente, siete stati cresciuti con l'idea che la realizzazione si misuri in base all'accumulo, al successo, all'acquisto di potere e d'influenza sugli altri. Le persone affermate sono spesso ritenute molto concentrate sui loro obiettivi, indifferenti a tutto tranne che alla propria scalata personale, senza pietà nell'impedire a chiunque altro di ottenere quello che essi perseguono.

Lao-Tzu, tuttavia, afferma che il primo e più importante dei tesori è ciò che genera il vero coraggio, che non è certamente un atteggiamento insensibile e senza cuore. Egli dice anche che l'audacia senza la pietà conduce a morte sicura! Perciò siete incoraggiati a preoccuparvi degli altri in primo luogo, a essere disponibili ad aiutarli, a mostrare benevolenza e affetto anche verso i nemici, invece di cercare dimostrazioni esteriori del vostro successo.

Shakespeare parla del primo tesoro nel *Mercante di Venezia* (Atto IV, Scena I):

La clemenza per sé non mai soggiace a costrizione;
essa scende dal cielo come pioggia gentile sulla terra

[...]
La clemenza è potere che trascende la maestà scettrata,
il suo trono è nel cuore dei sovrani.

Nei seguenti versi del grande drammaturgo, risulta chiaro il motivo per cui Lao-Tzu afferma che la pietà è il più importante dei tre tesori:

È un attributo dello stesso Dio;
e al potere di Dio quello terreno si fa simile
quando la clemenza mitiga in esso il rigor della legge.

Pietà, compassione e benevolenza sono tutti attributi di Dio e del Tao. Lao-Tzu comprese questa verità molti secoli prima di Shakespeare.

Il secondo tesoro è la *frugalità* o ciò che in altre traduzioni viene definito *economia*, *moderazione*, *parsimonia* o *semplicità*. Frugalità e moderazione generalmente non sono la prima cosa che viene in mente quando si parla di persone all'apice del successo, tuttavia, secondo Lao-Tzu, accontentarsi con poco porta come risultato una grande generosità. Perciò, siate disponibili a prendere solo ciò di cui avete bisogno, e non accumulate né fate incetta. Più vi attaccate alle cose più ne sentite il bisogno e meno vi preoccupate del benessere altrui.

Il terzo tesoro necessario per una vita di successo è l'*umiltà*, che altre traduzioni definiscono come «il non avere la presunzione di essere al di sopra della natura», «non osare a sopravanzare gli altri», o «non cercare sempre di essere il numero uno». Da questa qualità, ci ricorda Lao-Tzu, deriva la vera capacità di comandare che irradia l'energia del Tao.

Spesso la nostra percezione della forza, del potere e del trionfo è influenzata dalle caratteristiche maschili dello yang: arroganza, superbia e auto-affermazione. Perciò, quando cambiate il modo di pensare sulla leadership illuminata, potete scoprire ciò che persone di successo hanno semplicemente imparato prima di voi, cioè che siamo tutti strumenti per il Tao o Dio o come comunque chiamate l'energia che scrive libri, tiene discorsi, fa scoperte che salvano vite, e così via. Umiltà significa anche arrendersi a una forza più grande del vostro ego, con riconoscenza verso quella Sorgente e gratitudine per la saggezza e la capacità di influire sugli altri che quel potere vi ha concesso. Siate dei leader umili, modesti, generosi e grati.

Ecco di seguito alcuni consigli per applicare questi tre tesori alla vostra vita quotidiana:

Vivete in armonia con le innumerevoli manifestazioni del Tao

La chiave per vivere in armonia è la compassione e la pietà. Non siete in competizione con nessuno, perciò non sentitevi come se doveste superare un'altra persona o confrontarvi a qualsiasi livello. Trasmettete pietà e compassione a ogni forma di vita, voi compresi! Quando irradierete amore e rispetto per tutti, sarete in sintonia con il Tao, che vi proteggerà come se foste un neonato tra le braccia di una madre amorevole.

Osservate le forze nascoste della semplicità e dell'umiltà in coloro che potreste avere giudicato in precedenza dei leader deboli o inefficaci

Coloro che mettono in pratica la frugalità e rifiutano di fare incetta o di consumare abbondanti riserve meritano di essere considerati forti esempi di come guidare gli altri, invece coloro che parlano e agiscono con prepotenza, mentre accumulano sempre di più, non sono in armonia con il Tao. Inoltre, le azioni di tali individui tendono ad alimentare altre discordie e, come Lao-Tzu ci ricorda, coloro che vanno avanti con coraggio e senza prudenza moriranno (e mi affretto ad aggiungere che porteranno alla morte anche gli altri). Quando osservate esempi di semplicità e di umiltà in coloro che occupano posizioni di comando, fate qualunque sforzo per imitare le stesse qualità nei vostri rapporti quotidiani.

Ora mettete in pratica il Tao

Scegliete una conversazione in cui potete mettere in pratica i tre tesori economizzando sulle parole. Per esempio, mentre provate a esprimere il vostro punto di vista in un dialogo, fermatevi dopo un istante e usate per ascoltare il tempo che avete a disposizione per parlare. In questo caso starete impiegando contemporaneamente tutti e tre i tesori di Lao-Tzu: avrete *pietà* per la persona con cui conversate, esprimendovi con poche parole eserciterete la *frugalità* e, rifiutando di mostrarvi più avanti o al di sopra del vostro interlocutore, metterete in pratica l'*umiltà*.

68.

Un buon soldato non è violento.
Un buon combattente non è aggressivo.
I veri campioni non competono.
I buoni imprenditori sono al servizio dei loro dipendenti.
Il leader migliore segue la volontà del popolo.

Costoro incarnano tutti la virtù del non competere.
Ciò significa anche virtù del non contendere.
È la capacità di stimolare gli altri a fare del proprio meglio.

Fin dai tempi antichi, questo significa
assoluta unità con il cielo.

VIVERE COLLABORANDO

Questo capitolo del *Tao Te Ching* vi chiede di riconsiderare cosa siete convinti di dover fare per essere un vincitore. Nel mondo occidentale, avere successo spesso implica dover essere in uno stato di lotta e di competizione; essenzialmente, dovete battere l'altro, raggiungendo ciò che volete prima che lo faccia lui. Lao-Tzu vi chiede di cambiare questo modo di pensare con la «virtù del non competere», che può esservi utile anche in una società dove la conquista e l'essere il numero uno sono così tanto considerati.

Il *Tao Te Ching* insegna che tutte le diecimila creature emergono dallo stesso stato di non-essere. Qui c'è solo unità, che implica che ci sia collaborazione totale, non competizione. Chi ci può essere da sconfiggere, quando in ciascuno vedete voi stessi? Attacchereste briga con voi stessi! Lao-Tzu chiede che seguiate il suo consiglio e scegliate di vivere nella collaborazione.

Che lo crediate o no, questo vi può essere di vantaggio nelle gare atletiche. Invece di pensare che lo sfidante sia un nemico, e di utilizzare la collera e la violenza fisica e mentale, ricordatevi le parole di Lao-Tzu all'inizio di questo capitolo: «Un buon soldato non è violento. Un buon combattente non è aggressivo. I veri campioni non competono». Al contrario, questi individui considerano i loro avversari come una parte di sé, e come membri necessari nella danza della vita. Perciò, invece di essere arrabbiati o sprezzanti nei confronti degli avversari in una partita a tennis o a calcio, considerateli una parte di voi che sta lavorando per aiutarvi a raggiungere l'eccellenza. Senza di loro non potreste migliorare, affrontare una buona prova o vincere.

Fate come consiglia Lao-Tzu e « stimolate gli altri a fare del proprio meglio » per elevarvi fino a raggiungere lo status di vincitore. In altre parole, collaborate con i vostri avversari, desiderando che giochino ad alto livello, in pratica che facciano del proprio meglio. Invece di essere scontenti o avercela con voi stessi, concentratevi sul lavoro che avete tra le mani. Guardate la palla, muovete la palla, o, in una gara di arti marziali, rimanete in piedi e in equilibrio. Senza l'elemento della rabbia, il vostro modo di giocare raggiungerà un nuovo livello. E questo è vero anche fuori dal campo sportivo: quello che combattete vi indebolisce; quello con cui collaborate vi rafforza. Perciò trasformate la vostra idea di competizione in collaborazione, in tutti i settori della vostra vita, compreso il lavoro.

Io metto in pratica questo concetto pensando che ogni persona il cui scopo sia dare una mano a migliorare la qualità della vita sul nostro pianeta è un mio socio, uno della mia « squadra ». Non riesco a concepire di essere in competizione con qualcuno là fuori per un premio esteriore. Se vendono più libri di me, applaudo alla loro buona sorte; in realtà, dirò a quante più persone possibili di comprare i loro prodotti. Se guadagnano più soldi, hanno più pubblicità, o raggiungono più persone di me, io festeggio, pensando: *Il mio compagno di squadra mi ha aiutato nella mia missione.*

Quando gioco una partita di tennis, mando silenziosi messaggi d'amore e di incoraggiamento al mio avversario. Quando sono meno stressato, meno arrabbiato, e meno violento nel mio pensiero, vivo nel momento che Lao-Tzu chiama « assoluta unità con il cielo ». Il mio livello di eccellenza aumenta, al di là del risultato mostrato dal tabellone del punteggio.

Questo è ciò che Lao-Tzu vi raccomanda dal suo punto di vista di duemilacinquecento anni fa:

Dichiarate che non combatterete

Non lottate contro i raffreddori, le malattie, e nemmeno contro le afflizioni gravi. Non litigate con i famigliari, o contro le opinioni politiche. Non lottate contro le dipendenze, e, cosa più importante, non lottate contro voi stessi. Al contrario, cominciate a vivere collaborando. Se avete cellule cancerogene o artritiche nel vostro corpo, parlate con esse da questa prospettiva: «Se insistete a vivere nel mio corpo, desidero vivere in armonia, pace e salute totale con voi; altrimenti vi invito a prendere dimora da un'altra parte». Ciò potrebbe suonare strano, ma vi riporta in armonia con il Tao, che non è violento, pieno di odio o arrabbiato.

Inoltre, nel caso dei vostri figli o di altri famigliari, vedetevi come loro alleato, mettendo in pratica quotidianamente la «virtù del non contendere».

Esercitatevi a vedere voi stessi negli altri

Se qualcuno che amate soffre, voi provate il loro dolore. Perciò, ogni volta che fate qualcosa che fa del male a qualcuno che amate, state facendo qualcosa che fa del male a *voi stessi*. Estendete questa consapevolezza a tutta l'umanità, dopotutto, condividete con ogni essere vivente dell'universo lo stesso spirito primigenio, il Tao. Vedendo il vostro spirito in un abbraccio di collaborazione con tutti gli altri, comprenderete ciò che Lao-Tzu intende con «assoluta unità con il cielo».

Ecco alcune meravigliose parole di Pablo Casals che esprimono questo pensiero:

> Quando insegneremo ai nostri figli che cosa sono?
>
> Dovremmo dire a ciascuno di loro: Sai che cosa sei? Sei una meraviglia. Sei unico. In tutti gli anni che sono trascorsi, non c'è mai stato un altro bambino come te. Le tue gambe, le tue braccia, le tue dita abili, il modo in cui ti muovi.
>
> Potresti diventare uno Shakespeare, un Michelangelo, un Beethoven. Hai la capacità per ogni cosa. Sì, sei una meraviglia. E quando crescerai potrai fare del male a un altro che è, come te, una meraviglia?

Ora mettete in pratica il Tao

Dichiarate che al prossimo incontro sportivo penserete al vostro avversario come a un'estensione di voi stessi. Impegnatevi a mandare amore a quella persona, circondatelo o circondatela nella luce, e pregate che lui o lei giochi al massimo livello. Poi osservate come la vostra prestazione migliora, portandovi a un nuovo livello di eccellenza.

69.

Tra i soldati c'è un detto:
non osate compiere la prima mossa,
piuttosto comportatevi da ospiti;
non avanzate di un dito,
piuttosto arretrate di un passo.

Questo significa procedere senza avanzare,
respingere i nemici senza usare le armi.

Non c'è disgrazia più grande
che sentire di avere un nemico;
poiché, quando le parole «io» e «nemico» esistono insieme,
non rimane spazio per il mio tesoro.

Perciò, quando due avversari si incontrano,
quello che non ha un nemico
trionferà di sicuro.

Quando si affrontano gli eserciti di pari forze,
vincerà quello più compassionevole.

VIVERE SENZA NEMICI

Immaginate un mondo con comune retaggio che legava tutti gli esseri del pianeta, un mondo che non conosceva la parola *nemico*, dove ciascuno riconosceva che siamo tutti un popolo, nato dalla stessa Sorgente del non-essere. Immaginate un mondo che capiva che fare del male a qualcuno è analogo a fare del male a se stessi. Mentre, purtroppo, in tutta la storia della civiltà che conosciamo non si è mai verificata una tale situazione tra gli esseri umani, questa è la visione di Lao-Tzu nel sessantanovesimo capitolo del *Tao Te Ching*. Ed è la *mia* visione di ciò che è possibile raggiungere quando lavoriamo a essere persone incentrate nel Tao, con una guida politica incentrata nel Tao.

Questa grande visione comincia proprio qui, proprio ora, con voi! Eliminate dalla vostra vita il concetto di «nemico», e siate modello di questo comportamento per coloro che vi stanno intorno. Alla fine l'effetto di reazione a catena che innescherete spingerà ogni persona al mondo verso un mondo «senza-nemici».

Qualche tempo fa uno squilibrato, con armi e munizioni, si è barricato in una scuola amish nella Contea di Lancaster, in Pennsylvania, dove poi ha ucciso numerose ragazzine. I membri cristiani di questa stretta comunità, pacifici e incentrati sul Tao, lamentando queste inesprimibili perdite, hanno invitato la famiglia dell'assassino a unirsi a loro al funerale di massa, e a pregare anche per l'assassino stesso.

Come ha detto il capo amish: «Non abbiamo nemici; siamo tutti figli di Dio, e il perdono è al centro della nostra fede cristiana. Se non riuscissimo a perdonare coloro che si sono persi e che ci fanno del male, allora la nostra fede non avrebbe significato». Queste belle parole sono così simili nel sentimento a ciò che Lao-Tzu ha scritto in questo capitolo: «Non c'è disgrazia più grande che sentire di avere un nemico» e, ancora, «quando due avversari si incontrano, quello che non ha un nemico trionferà di sicuro».

Ebbene, come si può avere un avversario senza un nemico? Nel suo libro chiarificatore *The Tao of Inner Peace*, Diane Dreher offre una risposta a questa domanda. Tenetela a mente quando applicate il sessantanovesimo capitolo del *Tao Te Ching* alla vostra vita: «La vecchia percezione del conflitto come lotta serve solo a restringere la nostra visuale, a limitare le nostre scelte, e ci spinge a continui sforzi tra forze opposte in gara tra di loro». Poi aggiunge: «Crearsi nemici dissipa il nostro potere, ci impedisce di assumerci la responsabilità della nostra vita. Invece di risolvere il conflitto, concentriamo la nostra attenzione sul temere, sull'odiare e sull'inveire contro quelli che percepiamo come 'nemici'».

La lezione di questo eccellente libro di Diane, così come il capitolo del *Tao Te Ching* e dichiarazione del capo amish, è che il *conflitto* non deve necessariamente significare *lotta*. In altre parole, qualcuno con un punto di vista opposto al vostro non deve necessariamente essere il nemico. Immaginate se ogni generale prendesse a cuore le parole del *Tao Te Ching* e le mettesse in pratica, se non osasse «compiere la prima mossa», la guerra non potrebbe esistere.

Lao-Tzu ha consigliato che, semmai la guerra divenisse inevitabile, bisognerebbe mettere in pratica la difesa invece dell'offesa. Non si dovrebbe mai iniziare le ostilità, ma riconoscere nel mezzo della battaglia che la battaglia stessa è qualcosa di cui dolersi. Senza il concetto di «nemico», e con un cuore pieno di compassione, si rimane in armonia con il Tao. La presenza della lotta, verbale o fisica, è un segnale che si è perso il contatto col Tao. Non ci dovrebbero essere festeggiamenti, e la guerra e i combattimenti dovrebbero essere visti come funerali, una giornata all'insegna della compassione.

Seduto qui a contemplare l'espressione di Lao-Tzu, egli sembra dire che un mondo libero da nemici non è impossibile come potreste credere. Ecco come ora potete mettere al vostro servizio questa saggezza:

RIFIUTATEVI DI CONSIDERARE QUALCUNO COME UN VOSTRO AVVERSARIO

Rileggete il verso più importante di questo capitolo: «Quando le parole 'io' e 'nemico' esistono insieme, non rimane spazio per il mio tesoro».

Il vostro tesoro è la vostra pace mentale e la vostra connessione col Tao, perciò i vostri rivali negli affari, i vostri avversari in un incontro sportivo, e i membri di un partito politico avversario non sono i vostri nemici. E quelle persone che il governo dichiara vostri nemici sicuramente non lo sono.

Affermate: *Non ho nemici. Ci sono persone con cui ho forti contrasti. Potrei anche ritrovarmi sul punto di dover difendere me stesso e il mio stile di vita, ma non li considererò degli avversari.* Ricordatevi dell'affermazione di Lao-Tzu che la persona «che non ha un nemico trionferà di sicuro». Siate quell'individuo, proprio ora.

IMPEGNATEVI A NON INIZIARE MAI UN LITIGIO

Durante una discussione, tenetevi sulla difensiva, in linea con il consiglio di Lao-Tzu di comportarvi «da ospiti» invece di fare la prima mossa. Considerate colleghi quelli che prima vedevate come *persone contro cui combattere*, trovando voi stessi in loro. Comunicate compassione e attenzione verso coloro che percepite come avversari, e che in realtà rappresentano una parte di voi. Rifiutatevi di iniziare un litigio, ricordandovi che combattereste contro voi stessi. Trovate un modo di vedere l'unità in un incontro santo, poiché siamo tutti fatti del Tao.

ORA METTETE IN PRATICA IL TAO

Ripetete queste parole trovate nel diario di Anna Frank, scritte quando era perseguitata dai nazisti: «... Nonostante tutto continuo a pensare che le persone siano davvero buone in fondo al cuore... Sento la sofferenza di milioni di individui e tuttavia, se guardo su verso il cielo, penso che tutto andrà bene».

Fatene un promemoria, e attaccatelo da qualche parte così che tutti i vostri famigliari possano vederlo.

70.

I miei insegnamenti sono facili da comprendere
e facili da mettere in pratica;
eppure nel mondo sono in pochi a capirli,
e pochi sanno metterli in pratica.

Le mie parole hanno un'origine;
i miei fatti hanno un principio.
La gente non ne è a conoscenza,
perciò non mi capisce.

Il saggio veste con semplicità,
anche se dentro racchiude
gemme preziose.

VIVERE UN'ESISTENZA REALIZZATA IN DIO

Ho riflettuto per una settimana sul settantesimo capitolo del *Tao Te Ching*, leggendo e rileggendo più di cinquanta interpretazioni. Sono stato particolarmente attirato da questa frase, nella traduzione di Thomas Cleary, in *L'essenza del Tao*:

Coloro che mi conoscono sono rari;
coloro che mi imitano sono nobili.

Ho chiesto a Lao-Tzu d'illuminarmi per capire qual è il suo messaggio per il XXI secolo. Sapevo che il maestro non avrebbe mai parlato spinto dal bisogno di trasmettere un messaggio dell'ego. Dopotutto, egli era il maestro originale del Tao, che assaporava una vita incentrata sulla Grande Via piuttosto che sull'ego, e incoraggiava chiunque a seguirlo.

Cercate di immaginare che cosa deve essere stato per questo avatar Divino camminare in mezzo alla sua gente nell'antica Cina: osservava incredulo il suo comportamento aggressivo, mentre dentro di sé era consapevole di ciò che sarebbe stato possibile per tutti gli esseri umani, se soltanto essi avessero cambiato il modo di vedere la vita. Libertà, pace interiore, appagamento e virtualmente ogni altro principio che ho descritto in questi ottantuno saggi erano un pensiero al di là da venire. Posso immaginare che, circa cinquecento anni più tardi, Gesù di Nazareth possa avere provato lo stesso sentimento che Lao-Tzu ha espresso nel settantesimo capitolo, qualcosa che suona come: *È davvero così facile, così semplice capirlo e metterlo in pratica, ep-*

pure sono ben pochi coloro che vogliono farlo o riescono ad afferrare l'essenza del cielo e della terra.

Io riesco quasi a percepire la frustrazione che Lao-Tzu esprime in questi versi quando ci esorta a vivere un'esistenza incentrata sul Tao piuttosto che sull'ego. Ho intitolato questo breve saggio: «Vivere un'esistenza realizzata in Dio» perché credo sia ciò che il maestro vi chiede di fare in tutti gli ottantuno passi, particolarmente nel settantesimo. «Le mie parole hanno un'origine; i miei fatti hanno un principio», dice e prosegue con l'idea che «la gente non ne è a conoscenza», perciò ovviamente non lo capisce. L'origine di Lao-Tzu è il Tao, il principio dei suoi fatti, la stessa Sorgente senza nome. Egli sembra rimuginare: *Io penso come pensa Dio; parlo come parlerebbe Dio, il creatore dell'universo, perciò agisco in accordo con questi principi realizzati in Dio.*

Vi esorto a fare lo stesso, che è davvero molto facile se soltanto vi arrendete e vi lasciate guidare dall'energia del Tao che sostiene la vita. Smettete di lottare, evitate pensieri e azioni di violenza, cessate di voler esercitare un controllo sugli altri o sul mondo. Rimanete umili, non interferite, rispettate il vostro genio creativo e anche quello degli altri; e soprattutto tornate alla Sorgente invisibile e liberatevi del vostro problematico ego mentre siete ancora in vita e incarnati come una delle diecimila creature. Se farete tutto ciò, vivrete naturalmente una lunga esistenza piena di gioia e di pace.

Pensate come i grandi maestri spirituali sono stati ritratti dagli artisti nel corso dei secoli: Lao-Tzu indossa una tunica disadorna, Gesù è rappresentato con una veste povera e sandali, san Francesco porta un saio di stracci, Budda sembra un contadino con un bastone, Maometto è dipinto come un uomo semplice. Poi guardate come sono stati ritratti i *seguaci* dei grandi maestri spirituali: circondati dal lusso, dall'opulenza, in grandi palazzi dorati. I grandi saggi vestono con semplicità, anche se nascondono dentro di sé i beni più preziosi.

Che cos'è il grande tesoro nascosto in ciascuno di questi maestri?

Il capitolo sessantasette ha spiegato la realizzazione in Dio sotto forma di tre tesori: pietà, frugalità e umiltà. Non avete bisogno di abiti ricamati d'oro e templi ornati di ricchezze, prodotti entrambi dal sudore di innumerevoli servi e schiavi, per ospitare questi tesori. Vestire con modestia mantiene il saggio in armonia con la semplicità di questo messaggio.

Questo è ciò che Lao-Tzu dice tra le righe del settantesimo capitolo, mostrando lo stupore che prova rendendosi conto che solo poche persone sembrano cogliere la bellezza semplice del suo messaggio:

Conoscete il *Tao Te Ching*

Smettete di considerarvi uno della stragrande maggioranza che non capisce o non riesce a mettere in pratica gli insegnamenti del *Tao Te Ching*. Lao-Tzu vi dice che c'è così poco da fare per riuscirci, basta ricordare che la vostra santità è una parte del Tao. Secondo *Un corso in miracoli*, «la vostra santità ribalta tutte le leggi del mondo. Va oltre qualsiasi restrizione di tempo, di spazio, di distanza e ogni genere di limiti.»

Dichiarate a voi stessi che siete uno di coloro che possiedono questa conoscenza, e siate disponibili a mettere in pratica la realizzazione in Dio ogni giorno.

Vedete Dio in ogni luogo

Esercitatevi quotidianamente a cercare la forza invisibile di Dio in tutto ciò che vedete e sentite. Nel XIV secolo, Meister Eckhart ha dato qualche consiglio su come mettere in pratica il settantesimo capitolo del Tao nella vita di tutti i giorni: «Qual è la prova che avete veramente affrontato in questa nascita santa? Ascoltate attentamente: se questa nascita è davvero accaduta dentro di voi, ogni singola creatura vi dirige verso Dio». Inoltre ha suggerito: «Se l'unica preghiera che pronunciaste nella vita fosse 'Grazie', sarebbe abbastanza».

Abituatevi a dire: *Dio, Ti ringrazio per ogni cosa*. Questa è la via da seguire per realizzarvi in Dio.

ORA METTETE IN PRATICA IL TAO

Programmate una giornata per essere come il saggio che si veste con semplicità, senza gioielli, trucco o abiti eleganti. Uscite con un paio di pantaloni e una T-shirt. Dovunque andiate, rimanete in atteggiamento «semplice» e osservate quanto vi sembri poco importante l'attenzione che prestate all'abbigliamento o all'aspetto. Sintonizzatevi con i vostri sentimenti quando andate al lavoro, senza preoccuparvi di come gli altri vedono la vostra apparenza esteriore.

71.

Riconoscere l'ignoranza è forza.
Ignorare la conoscenza è malattia.

Solo quando riconoscerete la malattia,
cesserete di essere ammalati.
Il saggio non si ammala perché sa riconoscere la malattia;
questo è il segreto della salute.

VIVERE SENZA MALATTIA

C'è un bel paradosso in questo capitolo, che, come ho riscontrato nelle mie letture del *Tao Te Ching*, esiste in diverse varianti: «Solo quando riconoscerete la malattia, cesserete di essere ammalati». Lao-Tzu sembra dire che in realtà bisogna ammalarsi per poter evitare la malattia.

Ancora una volta, ho riflettuto ampiamente su questo piccolo capitolo. Ho giocato ripetutamente con le sue parole, per afferrare il significato di decisiva importanza, per voi quanto per me. Alla fine, ho meditato tenendo davanti a me l'immagine di Lao-Tzu, chiedendogli che cosa volesse dire con questo sconcertante settantunesimo capitolo. Ho basato ciò che ho scritto sulla sua risposta.

Prima di tutto, che cosa implica la parola *malattia*? Per me, significa che qualcosa nel corpo o nella mente non è in equilibrio con il benessere da cui abbiamo avuto origine, cioè non è in accordo con il Tao. Condizioni come febbri, dolori, asma, raffreddore, mancanza di fiato, tosse, insolita spossatezza e svenimenti indicano la presenza della malattia; e l'equivalente di tali sintomi, a livello del nostro pensiero, possono essere la paura, l'ansia, la rabbia, l'odio, la preoccupazione, il senso di colpa, lo stress, l'impazienza, e così via. Questi ci segnalano che i nostri pensieri sono sbilanciati rispetto alla nostra Sorgente, che è puro amore, gentilezza, pazienza, appagamento, e tutte le altre espressioni dell'essere incentrati sul Tao di cui si parla negli ottantuno capitoli del *Tao Te Ching*.

In questo capitolo il saggio ha riflettuto a lungo sulla malattia, ed è arrivato a comprendere che essa rappresenta una manifestazione fisica del pensiero non incentrato sul Tao. Una febbre, un raffreddore, un dolore, un malessere sono tutti identici alle espressioni, non incentrate sul Tao, di impazienza, paura, rabbia, o di qualsiasi altro impulso guidato dall'ego. Il saggio ha visto dove questi pensieri conducono, e si rifiuta di prendere parte a tale follia. Perciò, ha osservato la scarsa salute e ha fatto questo voto: *Non penserò in modi che causino questo. Rimarrò incentrato nel naturale benessere del Tao, perché pensare un pensiero malato significa permettere alla malattia di spuntarla.* Di conseguenza, lui è stanco di star male, e il risultato è il segreto della salute perfetta.

Permettetemi di fornirvene un esempio. La mia collega e amica Radhika Kinger recentemente è tornata da un viaggio a Puttaparthi, in India, dove si è trovata alla presenza di Sathya Sai Baba. Ecco il brano di una lettera che mi ha mandato:

> *Sono appena tornata da Puttaparthi, dove ho trascorso una settimana alla divina presenza di Sai Baba. Era triste vedere Sai Baba su una sedia a rotelle, per via delle fratture multiple all'anca. Secondo i dottori nessun normale corpo umano potrebbe sopravvivere in tale agonia fisica. Ma Sai Baba rimane talmente sereno e completamente indifferente alla sua condizione fisica.*
>
> *Un devoto ha chiesto a Sai Baba come mai un essere realizzato in Dio deve subire questa sofferenza fisica. Perché non ti guarisci da solo? A questo Sai Baba ha risposto: «La mia vita è il mio messaggio. Oggi la gente ha bisogno di imparare a svincolarsi dall'attaccamento al corpo e fare esperienza della propria divinità interiore. Il dolore è un fenomeno naturale. Ma la sofferenza è una 'scelta'. Io non soffro, in quanto io non sono il corpo».*

Sai Baba ha guardato alla sua condizione e ha dichiarato di essere malato di una cosa chiamata la sua vita. Quando uno vive in armonia col Tao, la sofferenza causata da una malattia non è neanche contemplata.

Per anni ho avuto un comportamento di dipendenza, e vi posso dire che la saggezza di questo capitolo del *Tao Te Ching* è stata in gran parte responsabile del mio ritorno alla purezza e al benessere da cui sono stato originato. Ero stanco della mia malattia, e non ero più disposto a vivere le privazioni e la vergogna che la accompagnavano. Vedevo il tormento non tanto nel mondo materiale, quanto nel mondo invisibile dei miei pensieri, che continuavano a riportarmi alla malattia. Quando finalmente ho cambiato il mio modo di vedere tutto questo, sono stato in grado di realizzare l'apparente paradosso di non stare più male semplicemente arrivando al punto di essere stanco di stare male. E questo è davvero il segreto della salute.

Ecco come Lao-Tzu vi dice di fare per fare uso di questa saggezza qui e ora:

Abbiate una mente felice

Un antico proverbio cinese dice che, se un uomo ha una mente felice, avrà un corpo felice. Una mente felice è stanca della malattia, si rifiuta di immaginare che le cose peggioreranno. Considera una congestione nasale, un mal di stomaco, un dolore alla schiena o al ginocchio e la spossatezza messaggi che ci dicono di seguire i segnali che il corpo manda per tornare al benessere naturale. Una mente felice pensa che il corpo sia capace di guarire le infermità, perché sa di non essere una creazione umana, ma un prodotto del Tao. Una mente felice ha fiducia nella capacità del corpo di vivere senza malattia o sofferenza. Perciò usate la vostra mente felice per fare in modo di rimanere in salute.

Analizzate le vostre abitudini

Quali abitudini quotidiane vi allontanano dalla vostra naturale condizione di benessere? Qualsiasi dipendenza, non importa quanto grave o piccola sembri, vi sta segnalando che è ora di averne abbastanza. Stancatevi di essere indeboliti da passatempi logoranti. Voi sapete quali sono, e sapete se vi siete lasciati andare, per abitudine, fino a star male per il troppo cibo, l'alcol, o droghe; o se siete arrivati a star male per il senso di colpa e di vergogna che si prova dopo essersi dati ai bagordi. Ricordatevi che «ignorare la conoscenza è malattia», e analizzate le vostre manie, impegnandovi a non ignorare la vostra consapevolezza di ciò che sono.

ORA METTETE IN PRATICA IL TAO

Dedicate un giorno ad ascoltare davvero e a prestare fiducia ai messaggi del vostro corpo, e poi ascoltate ciò che vi dice la *mente* riguardo questi segnali. Aprite la vostra mente alla possibilità che il corpo vi stia segnalando una richiesta che potete concedergli, come per esempio un sonnellino, o una passeggiata lungo la spiaggia. Coltivate la mente felice incentrata sul Tao, la quale non ospiterà pensieri di malattia.

72.

Quando al popolo manca il senso del rispetto,
la situazione precipita nel caos.
Quando il popolo non teme l'autorità,
si insedierà un potere più forte.

Non limitate la visione di voi stessi.
Non disprezzate le condizioni della vostra nascita.
Non opponete resistenza al corso naturale della vita.
In questo modo non vi stancherete mai del mondo.

Perciò, il saggio conosce se stesso,
ma non si mette in mostra;
ama se stesso,
ma non si esalta.
Preferisce l'interiorità piuttosto che l'esteriorità.

VIVERE CON PROFONDO RISPETTO E ACCETTAZIONE

Questo capitolo del *Tao Te Ching* vi chiede di prestare attenzione a due componenti che operano insieme per il raggiungimento di una vita armoniosa: un senso di profondo rispetto e una totale accettazione. Senza la combinazione di queste due forze è improbabile che vediate la presenza del Tao.

Scrivendo su questo capitolo, mi sono ritrovato a leggere san Giovanni della Croce, che ha vissuto una vita nel profondo rispetto. Ho riportato alcuni suoi versi per darvi l'idea di come questo sentimento si manifesta in un uomo ispirato da Dio:

L'Amato è le montagne,
le valli solitarie e ricche d'ombra,
le isole remote, le acque rumorose,
il sibilo delle brezze amorose.

È come notte calma
vicino al sorgere dell'alba,
è musica silenziosa,
solitudine sonora,
è cena che ristora e che innamora.

Questa mattina, seduto qui nel mio spazio sacro a Maui, sento un'urgenza che in effetti assomiglia al rapimento espresso dalle parole di san Giovanni della Croce. Avverto la presenza di Lao-Tzu, che mi esorta a sbrigarmi così che lui possa trasmettere a voi ciò che intende quando dice che bisogna provare un profondo rispetto. Significa introdurre nella vostra vita una eterna consapevolezza dell'arrivo di una potenza superiore.

Avverto questa potenza proprio ora, nel bel paesaggio intorno a me. Il canto degli uccelli mynah riempie l'aria, mentre l'oceano oscilla in onde sinuose, simile al battito del nostro pianeta. I colori sono assolutamente da togliere il fiato; il cielo azzurro; le palme dal verde brillante, i giunchi, e le piante di ficus; l'arancione da sogno e il porpora nelle nuvole lontane; e, a completare il tutto, un arcobaleno che sembra unire la vicina isola di Lanai con la finestra di casa mia.

Quando le parole appaiono sul mio foglio bianco, vedendo come sono strumento di una Sorgente invisibile mi riempie di un piacere traboccante. So che tra poco sarò nell'oceano, e mi spingerò dentro l'acqua seguendo la linea della costa, guardando le creature che giocano sotto di me nell'acqua salata e chiedendomi dove vanno a dormire. Come arrivano lì? Come riescono a respirare senza l'aria? Smettono mai di muoversi? Rimarranno qui quando me ne sarò andato? E poi uscirò dall'oceano e camminerò lungo la spiaggia, sentendo il sole sul mio corpo e domandandomi come fa a rimanere lassù appeso, come riusciamo a continuare a muoverci intorno a esso mentre giriamo su noi stessi una volta ogni ventiquattr'ore, perché l'oceano non cade giù mentre l'intero pianeta ruota, e se le stelle e lo stesso universo finiranno mai.

La ragione per cui è essenziale avere un profondo rispetto è perché esso aiuta a sciogliere la presa dell'ego sui nostri pensieri. Allora potete *sapere* che c'è qualcosa di grande e durevole che anima tutto ciò che esiste. Provare profondo rispetto di quel qualcosa previene le catastrofi, perché non avete paura delle condizioni terrene. Continuate a rimanere radicati nel potere dell'altro mondo che si manifesta con un miliardo di miracoli al secondo, dei quali il vostro ego è del tutto ignaro.

Il settantaduesimo capitolo del *Tao Te Ching* vi chiede anche di accettare voi stessi e le vostre preoccupazioni individuali. Con tre consigli molto pieni di enfasi, Lao-Tzu vi dice di evitare di auto-limitarvi, di accettare il vostro corpo come una creazione perfetta, e di permettere alla vostra vita di dispiegarsi in accordo con la sua propria natura.

Amo la metafora della natura come guida di saggia accettazione. In effetti, per tutti gli ottantuno capitoli, Lao-Tzu mette in risalto l'esistenza in armonia con il mondo della natura, dicendovi che è lì che siete connessi col Tao. Come espresso da Meister Eckhart: «Dio ha creato tutte le cose in maniera tale che non sono fuori al suo esterno, come le persone ignoranti sbagliano a immaginare. Al contrario, tutte le creature fluiscono verso l'esterno, ma rimanendo tuttavia all'interno di Dio».

E, nel Vangelo secondo Giovanni, la Bibbia vi suggerisce: «Dimorerete in me e io dimorerò in voi. Come il tralcio non può da sé far frutto se non rimane nella vite, così neppure voi se non dimorate in me. Io sono la vite, voi siete i tralci» (Giov. 15, 4-5).

Imparate a conoscere il Tao mantenendo una perfetta armonia con l'ambiente. Pensate agli alberi, che sopportano la poggia, la neve, il freddo e il vento – e quando arrivano i periodi rigidi aspettano con la pazienza che scaturisce dall'essere fedeli al proprio io interiore. Come scrive Deng Ming-Dao in *Il Tao per un anno: 365 meditazioni*: «Stanno in piedi e aspettano, il potere della loro crescita sembra inattivo. Ma, dentro, una gemmazione sta crescendo in maniera impercettibile... né la buona né la cattiva sorte modificheranno ciò che sono. Noi dovremmo essere come loro».

Per poter fare ciò, dobbiamo accettare di essere parte delle diecimila creature. E dobbiamo amare la stessa natura interiore, che fiorisce impercettibile, e che porterà i suoi frutti. O, come Lao-Tzu conclude questo capitolo: «Preferisce l'interiorità piuttosto che l'esteriorità».

Amate voi stessi, non ostentate ciò che siete, e rimanete tranquilli nel profondo rispetto e nell'accettazione. Ecco qualche suggerimento per tradurre questo nella realtà:

Vedete il miracolo in ogni cosa

Iniziate a vedere il mondo come uno stato di profondo rispetto e turbamento. Invece che cercare miracoli, cominciate a considerare tutto un miracolo. Nello stato di profondo rispetto non riuscirete a sperimentare mentalmente la noia o la delusione. Cercate di vedere come il Tao invisibile scorre attraverso ciascuna persona e ciascuna cosa, e le sorregge: un temporale diventa un evento miracoloso, il fulmine uno spettacolo affascinante di fuochi artificiali elettrici, il tuono un rimbombante promemoria del potere invisibile della natura. Vivete il mistero cominciando a percepire ciò che in media le persone non riescono a notare con gli occhi.

CONCENTRATEVI SULL'AMARE LA VITA CHE AVETE ORA NEL CORPO CHE AVETE!

Dite a voi stessi che amate ogni cosa relativa all'involucro fisico nel quale siete incarnati. Affermate: *Il mio corpo è perfetto, nato esattamente al momento giusto, e questa è l'età perfetta ora. Mi accetto come sono. Accetto il mio ruolo nella perfezione di questo universo in quest'epoca. Mi arrendo al corso naturale del destino del mio corpo.*

Vedete il vostro corpo attraverso pensieri che accettano completamente e, come dice Lao-Tzu: « In questo modo non vi stancherete mai del mondo ».

ORA METTETE IN PRATICA IL TAO

Fate un elenco di cinque circostanze naturali della vostra vita quotidiana che date per scontate. Poi meditate, lasciando che ognuna entri nella vostra consapevolezza. Il cielo, dei fiori, un albero del vostro giardino, la luna, il sole, la nebbia, l'erba, una ragnatela, una tana di granchio, un lago, un cespuglio, un grillo, il vostro cane, qualsiasi cosa che accada in natura... permettetevi di apprezzare fino in fondo il miracolo che non avevate mai notato prima. Scrivete, disegnate, fotografate le osservazioni che avete raccolto usando questa prospettiva di profondo rispetto e turbamento.

73.

Un atto coraggioso rivolto contro gli altri porta alla morte.
Un atto coraggioso in armonia con il Tao porta alla vita.
Di queste due cose
una è benefica, l'altra è nociva.

Il cielo vince senza combattere.
Non parla, eppure risponde.
Non chiede, eppure non gli manca mai ciò di cui ha bisogno.
Non corre, eppure porta a termine in tempo ogni cosa.

La rete del cielo cattura tutti;
le sue maglie sono larghe,
ma nulla sfugge attraverso di esse.

VIVERE NELLA RETE DEL CIELO

Ancora una volta vi si chiede di guardare il Tao attraverso la lente del paradosso.

Dopotutto, che cos'è «la rete del cielo»? È il mondo invisibile in cui originano tutte le diecimila creature. E mentre sembra che abbia molte aperture, vie di fuga all'inevitabilità delle intenzioni del Tao, niente e nessuno può esistere oltre ciò che il Tao dispone.

Nel settantatreesimo capitolo, siete incoraggiati a essere persone rispettose, e caute sotto la rete del cielo. Tutte le traduzioni che ho esaminato esprimono lo stesso concetto con parole diverse. Eccone una, per esempio, sintetica ed efficace:

Coraggio azzardato: morte.
Coraggio prudente: vita.
Perciò il saggio si comporta con prudenza.

Dunque, Lao-Tzu vi chiede di cambiare il modo di guardare il coraggio e la prodezza. Invece di considerare ammirevoli queste qualità, vi invita a non comportarvi da eroi audaci, ma a essere più prudenti e cauti per poter vivere la Grande Via. Evitare azioni imprudenti e rimanere cauti sono comportamenti in accordo con il cielo.

Lao-Tzu vi offre quattro esempi di come la rete del cielo trattiene tutto nelle sue maglie senza dovere usare la forza o la temerarietà, e voi siete incoraggiati a imitarlo in tutte le vostre iniziative:

1. «Il cielo vince senza combattere.» Osservate come il Tao sia pacifico e silenzioso, eppure vince sempre. Nessun essere umano comanda al sole di raffreddarsi, alle correnti oceaniche di fermarsi, ai venti di placarsi, alla pioggia di cessare, al grano di fermare la crescita. Tutto questo avviene naturalmente e alla perfezione senza nessuno sforzo da parte del Tao. La natura vince sempre perché il Tao fa tutto senza il bisogno di attaccare o lottare. Siate in questo modo e rilassatevi nella rete del cielo.

2. «Non parla, eppure risponde.» La rete del cielo è invisibile e silenziosa, la forza che provvede a ogni vostro respiro e tiene insieme l'universo al tempo stesso lo fa senza comandare e senza urlare. Perciò, state in armonia con il cielo esercitando maggiore cautela e discrezione. Ascoltate di più e parlate meno, confidando nel fatto che le risposte verranno a voi senza preavviso e senza dubbio senza far rumore.

3. «Non chiede, eppure non gli manca mai ciò di cui ha bisogno.» Voi avete una provvista infinita di tutto quello che vi necessita, ora e in futuro, quindi non avete bisogno di pretendere né di chiedere nulla. Tutto è nel perfetto ordine Divino, secondo i modi del cielo, e voi siete parte di quell'ordine perfetto. La vostra provvista arriverà se chiederete di meno e accoglierete tutto ciò che si presenta. Semplicemente non potete sfuggire dalla rete del cielo, a prescindere da quanti buchi percepite in essa. Ogni cosa arriva come programmato; fidandovi di questo, sarete guidati a un appuntamento con il vostro destino e vi stupirete di come tutto giunga senza chiedere o pretendere.

4. «Non corre, eppure porta a termine in tempo ogni cosa.» Come può correre il Tao? Immaginate di porre al cielo questa richiesta: «Sono stanco dell'inverno e insisto che tu mi porti i fiori della primavera nel mezzo di queste notti gelide. Voglio oggi le mie patate, anche se ho piantato i semi ieri. Sbrigati, insisto!» Il Tao lavora con i tempi del Divino, quindi tutto si compie esattamente quando dovrebbe. Siete invitati a rallentare il ritmo per far sì che si armonizzi con il cie-

lo. Anche se credete che sia troppo tardi per ciò che desiderate, in realtà si realizza con tempismo perfetto.

Più vi affrettate meno portate a termine. Provate a precipitarvi sotto la doccia dopo aver corso dieci chilometri e osservate come il vostro corpo continui a sudare copiosamente. Poi provate a rallentare la mente, rilassatevi e lasciate che l'acqua scorra su di voi. Vi accorgete che il vostro corpo si sente pulito, senza sudore, esattamente nello stesso tempo che avete usato quando avevate un atteggiamento frettoloso. Anche se il vostro ego non afferra questo concetto, è la verità: *Tutto si compie in tempo nella rete del cielo*.

Quello che segue è il consiglio di Lao-Tzu per voi oggi, mentre leggete attentamente il settantatreesimo capitolo del *Tao Te Ching*, circa duemilacinquecento anni dopo che è stato scritto:

Non considerate la prudenza come una debolezza o come un'espressione di paura

Invece, consideratela come un modo per compiere un passo indietro e lasciare che gli eventi si dispieghino naturalmente. Il coraggio è una bella qualità, ma la temerarietà, cioè correre senza pensare, è un modo sicuro per invitare la catastrofe. In questo capitolo provocatorio, Lao-Tzu vi dice di pensare prima di agire. Lasciate che il cielo vinca senza che voi dobbiate combattere o superare nessuno. Molto spesso il vostro primo impulso è dominato dal bisogno del vostro ego di vincere e ottenere.

L'ho constatato come giocatore di tennis competitivo. Senza battermi, spesso vinco la partita con giocatori anche più giovani, più forti, e a volte più capaci. Le battute aggressive e incalzanti del mio avversario lo portano a commettere degli errori ingiustificati, mentre io sto a fondocampo e ribatto semplicemente la palla con quella che sembra essere un'armonia senza sforzo. Questo crea nel mio avversario, azzardato e arrogante, un desiderio ancora più forte di vincere che lo conduce a fare ancora più errori. Chiamo questo atteggiamento «la malattia del giovane uomo».

Siate un ascoltatore attivo

Piuttosto che tentare di controllare gli altri parlando frequentemente e ad alta voce, permettete a voi stessi di diventare un ascoltatore attivo. Molte delle risposte che cercate (e i risultati che vi aspettate) dagli altri verranno in superficie, se riuscite a ricordarvi di non parlare e nemmeno di chiedere. Cercate di vivere in accordo con la natura, che ascoltando, invece di spingere, lottare, o pretendere, vi aiuterà a farlo.

Ora mettete in pratica il Tao

Oggi ho deciso di trascorrere un'ora facendo una passeggiata oziosa dopo aver letto il settantatreesimo capitolo, semplicemente per osservare come ogni cosa sotto la rete del cielo funzioni perfettamente. Ho notato il sole che, silenzioso, nutre la terra e fornisce la luce a tutti noi. Ho fatto un passo indietro e ho osservato le api che svolazzavano avanti e indietro tra i fiori, e sono rimasto là a contemplare meravigliato l'invisibile forza della vita che fa crescere un grappolo di banane verdi in cima a un albero. Alla fine, ero solo un osservatore del Divino, invisibile, silenzioso Tao che funziona senza alcuno sforzo, e mi rendevo conto che, non avendo fretta, Esso porta a termine ogni cosa in tempo. Quelle banane verdi matureranno nel tempo dovuto; ma oggi mi piace gustare semplicemente l'energia che le crea, le nutre e le prepara a presentarsi un giorno per la mia colazione!

Oggi vi esorto a fare una passeggiata oziosa, simile alla mia, per un'ora, e osservare come nulla sfugge dalla rete del cielo.

74.

Se comprenderete che tutto cambia,
non cercherete di tenervi stretto qualcosa.
Se non avete paura di morire,
non c'è nulla che non possiate ottenere.

C'è sempre un signore della morte.
Colui che prende il posto del signore della morte
è come un uomo che taglia con la lama
di un maestro falegname.
Chiunque osi maneggiare la lama di un maestro falegname
di certo finirà per tagliarsi le mani.

VIVERE SENZA PAURA DELLA MORTE

Che cosa accade quando si muore? La morte è il veicolo che ci riporta alla Sorgente dell'essere, oppure significa la fine della coscienza e di tutto ciò che è vita? C'è una sola certezza: per noi questo argomento è un assoluto mistero. Alcuni studiosi del Tao definiscono la morte come un luogo di unità dove tempo, spazio e tutte le diecimila creature cessano di avere significato. Quindi, a morire è la nostra *identità umana*. C'è ancora qualcuno sotto gli strati esterni, perciò, quando sapete e capite chi sia quel qualcuno senza forma, la vostra paura di morire svanirà. Potete vivere sul lato attivo dell'infinito e conoscere la vostra natura infinita, che si identifica nel Tao, in questo modo probabilmente cambierete la vostra idea di nascita, vita e morte.

Passate dal desiderare di vedere la stabilità nella vostra vita al comprendere che *tutte* le cose cambiano per la natura stessa del mondo, che è costantemente mutevole. Non c'è nulla di esterno a cui aggrapparsi; dopotutto, nel momento stesso in cui credete di possederlo, *esso* diventa qualcos'altro. Questo vale sia per il vostro involucro terreno, sia per i vostri tesori materiali. Che ne siate consapevoli o no, il corpo in cui stavate, quando avete iniziato a leggere questo saggio, ora è diverso e cambierà ancora, anche quando tenterete di farlo rimanere uguale. Questa è la natura della nostra realtà. Se vi abituate all'idea, ridurrete, e alla fine eliminerete, l'ansia che riguarda la morte. Come promette Lao-Tzu: « Se non avete paura di morire, non c'è nulla che non possiate ottenere ».

La vostra essenza Tao deve essere infinita perché deriva da un mondo di possibilità infinite. Non siete una cosa solida e permanente; infatti, non c'è nulla di simile nel mondo in cui vi siete incarnati. Voi siete reali e ciò che è reale non cambia mai. Tuttavia, il vostro io reale non è in questo mondo, ma è la parte di voi che coincide con il Tao. Quando vivete in armonia con l'infinito Tao, la morte ha poca importanza, perciò conoscete il vostro io più elevato e comprendete che non c'è niente che non possiate ottenere.

La seconda parte di questo capitolo riguarda l'uccidere o il togliere la vita a un altro essere vivente. Qui Lao-Tzu è molto preciso: «C'è sempre un signore della morte». Nel momento in cui siete venuti al mondo, tutto ciò che vi serviva in questo viaggio vi è stato fornito dal signore della *vita* e della *morte*. Così come la vostra nascita è stata energia del Tao, la struttura corporea, il colore della pelle, degli occhi, la forma delle orecchie e ogni altro vostro aspetto fisico sono espressioni del Tao. Ciò comprende anche la vostra morte, che è stata coreografata, determinata, e che si verificherà con Divino tempismo. In altre parole, uccidere non è mai compito vostro, né di un'altra persona o di qualsiasi altro essere vivente. Poiché la morte è parte del Tao tanto quanto la vita, bisogna lasciare che avvenga anch'essa in sintonia con la natura e non permettere che si attui come una decisione dell'ego.

Ho appreso questa lezione anni fa, nel mezzo di una partita a tennis che stavo giocando a un livello eccezionalmente alto, mentre passavo al lato opposto del campo. Andando a bere un sorso d'acqua per rinfrescarmi, notai un'ape per terra, girata sul dorso, con le zampe rivolte in su, che evidentemente era quasi al termine della sua breve esistenza. Supposi che stesse soffrendo, quindi la schiacciai per evitarle di prolungare l'agonia. Quando ripresi a giocare, non riuscii a smettere di pensare a quell'ape: *Avevo fatto la cosa giusta? Chi sono io per decidere il fato di questa piccola creatura? Chi sono io per diventare un carnefice anche nei confronti di una creatura insignificante come questo piccolo insetto?* Da quel momento in poi, sul campo da tennis, tutto cominciò ad assumere un'energia diversa.

Prima i miei colpi atterravano sulle linee, mentre ora andavano a finire fuori di parecchi centimetri. Il vento sembrava cambiato, era diventato sfavorevole. Adesso mi muovevo più lentamente e commettevo insoliti errori. Alla fine, quella che sembrava una vittoria assicurata si tramutò in una disastrosa e imbarazzante sconfitta perché il mio ruolo di assassino di una piccola ape, anche se a fin di bene, aveva distratto la mia mente dal gioco. Da allora ho cambiato il modo di considerare la morte, e non uccido deliberatamente più nulla. Ho deciso che non è compito mio decidere la morte di un'altra creatura da quel giorno del mio risveglio con quell'ape. Anche se a quell'ape restavano solo pochi minuti di vita, la decisione della sua fine spettava al «signore della morte», che è il Tao.

Ho appena parlato con la cara amica Lauren, che deve prendere una triste decisione sul suo gatto, che ha diciannove anni, per aiutarlo a passare oltre. Non sa se sottoporre Sweet Pea all'eutanasia o lasciar prolungare le sue sofferenze, così mi ha chiesto un consiglio. Dopo aver letto questo capitolo e averle raccontato la mia esperienza con quella piccola ape, Lauren ha scelto di tenere Sweet Pea tra le braccia fino a quando la morte lo chiamerà. Il rispetto della vita come manifestazione del Tao ci aiuta a capire che non abbiamo il dovere di decidere della morte altrui.

L' eredità di Lao-Tzu è riassunta magnificamente nelle parole di T.S. Eliot, dalla poesia *Little Gidding*:

Non smetteremo di esplorare
e alla fine di tutto il nostro andare
ritorneremo al punto di partenza
per conoscerlo per la prima volta.

Questa è la morte, nulla da temere, nulla da fare.

È ciò che credo Lao-Tzu vi dica in questo profondo capitolo del *Tao Te Ching*:

SMETTETE DI TEMERE LA VOSTRA MORTE

Pensare alla vostra morte con paura ha poco senso, tanto quanto ne avrebbe provare timore per il colore dei vostri occhi. Il Tao è tutto qui: nascita, vita, morte. Rileggete la citazione di T.S. Eliot, oltre al quarantesimo capitolo del *Tao Te Ching* (che ho intitolato «Vivere ritornando e cedendo»). Ritornando alla morte, conoscerete veramente il Tao... forse per la prima volta.

Esaminate i vostri modi di uccidere

Decidete che non rivestirete più il ruolo del carnefice, compreso nei confronti delle creature più insignificanti, poi agite in base alla vostra scelta. Mettete in pratica questo principio lasciando che sia il signore della vita e della morte a decidere quando deve compiersi il viaggio di ritorno. Non prendete tutto ciò come una crociata; assumete semplicemente il vostro impegno di esistere in armonia con il Tao. Indubbiamente, non dovete imporre le vostre convinzioni agli altri, perché il non interferire è uno dei capisaldi del *Tao Te Ching*.

Ora mettete in pratica il Tao

Durante la meditazione, esercitatevi a simulare la morte. Lasciate il vostro corpo, dimenticatelo, e fluttuate sul mondo. Questo vi aiuterà a disconnettervi dal sentire che il vostro guscio fisico è ciò che siete. Più diventate un osservatore esterno, piuttosto che l'oggetto di ciò che vedete, più facile sarà eliminare la vostra paura della morte. Praticate questo esercizio ogni giorno, per pochi minuti. Ricordatevi che voi *non* siete questo corpo, siete una parte dell'infinito Tao, che non cambia mai e non muore mai.

Questo brano del libro *Comunione con Dio* di Neale Donald Walsh approfondisce quest'idea:

> Quale fiocco di neve è il più bello? È possibile che siano tutti bellissimi, e che, celebrando la loro bellezza, creino insieme uno spettacolo fantastico? Allora si mescolano uno con l'altro, e dentro l'Uno. Eppure, non svaniscono mai. Non smettono mai di esistere. Semplicemente, *cambiano forma*. E non lo fanno solo una volta, ma diverse: da solido a liquido, da liquido a gassoso; *dal visibile all'invisibile*, per tornare più volte ad assumere sembianze meravigliose, di una bellezza mozzafiato. Questa *È Vita, Vita che nutre*:
> Siete voi.
> La metafora è completa.
> La metafora è reale.
> Voi renderete reale tutto questo nella vostra esperienza

quando deciderete semplicemente che è vero, e agirete di conseguenza. Comprendete la bellezza e la meraviglia di tutti coloro che incontrate nella vita. Ognuno di voi è davvero meraviglioso, e nessuno lo è più di un altro. E voi tutti un giorno vi fonderete nell'Uno, e saprete che insieme formate un solo fiume.

75.

Quando le tasse sono troppo elevate,
il popolo è affamato.
Quando i governanti sono troppo invadenti,
il popolo perde lo spirito.

Agite per il bene del popolo;
fidatevi e lasciatelo in pace.

VIVERE CHIEDENDO POCO

Questo capitolo era stato concepito per aiutare le classi dirigenti e la nobiltà a governare il regno. Dovete considerare che nell'antica Cina, durante l'epoca degli stati guerrieri, i governanti ricorrevano a sistemi onerosi per imporre l'ordine alle masse: erano soliti tenere per sé il denaro che raccoglievano con le tasse dei sudditi, facendo sfoggio della loro buona sorte in faccia al popolo, che si impoveriva. Coloro che erano schiacciati sotto il peso delle troppe tasse perdevano lo spirito e il senso di lealtà, e finivano per ribellarsi alle leggi loro imposte.

Il libro che tenete in mano non ha intenzione di essere un commentario sociale per illuminare i leader politici che sfruttano la loro posizione (sebbene inviterei ciascuno di loro a seguire il consiglio di Lao-Tzu!) Al contrario, l'ho scritto per aiutare *voi* ad applicare la saggezza intrinseca di ciascuno degli ottantuno capitoli del *Tao Te Ching*. Perciò siete chiamati a cambiare il modo di concepire l'assistenza agli altri, di rimanere ispirati e avere vite appagate e in pace.

Potreste ritenere che chiedere di più a coloro che sono sotto la vostra responsabilità, per esempio ai vostri figli o collaboratori, crei più produttività, ma Lao-Tzu suggerisce che è vero il contrario. Chiedete poco, egli consiglia, e lasciate in pace le persone quanto più possibile. E l'imposizione di troppe tasse alle masse può darvi uno spunto in più di riflessione quando si arriva a parlare di come trattare coloro che voi avete la responsabilità di guidare.

Chi è al governo spesso vota leggi per raccogliere denaro per un progetto che sta loro a cuore, o perfino per proprio beneficio personale, semplicemente perché hanno l'autorità per farlo. Essendo incaricati del potere legislativo, scrivono leggi che permettono loro di approfittare delle stesse persone che pagano il loro stipendio e che forniscono loro tutti i benefici di cui godono. In quasi tutti i casi, coloro che devono pagare le tasse per mantenere quegli stili di vita lussuosi ricevono molti meno benefici rispetto a chi le tasse le incamera. In altre parole, i legislatori e gli altri uomini di potere usano la loro posizione per sfruttare la gente normale. Quando questa situazione diventa predominante, la gente comune diventa inquieta e agitata, con poco rispetto per l'autorità. Come dice Lao-Tzu, «il popolo perde lo spirito».

Invece di chiedere di più perché siete più grandi, più grossi, più ricchi o più potenti, lasciate in pace coloro di cui avete la responsabilità, ogni volta che è possibile, e fidatevi della loro insita saggezza di fare la cosa giusta. Le autorità fiscali prevaricanti generano ribellione e caos, e voi creerete lo stesso, a meno che non controlliate le vostre tendenze e cambiate direzione, chiedendo *meno* invece che *più*.

Ho applicato questo approccio al potere per tutta la mia vita adulta, mantenendo più basso possibile il numero di persone che lavorano per me e che hanno bisogno della mia supervisione. Le richieste che faccio alla mia assistente/manager/segretaria non sono tante, ed è stata la mia unica dipendente in quasi trent'anni. Le lascio negoziare contratti, prendere accordi per le mie apparizioni pubbliche, e gestire i miei affari in assenza di mie richieste. Non le dico a che ora venire al lavoro, come vestirsi, o come parlare alle persone; e la ricompensa per essere un capo con pochissime richieste è una persona appassionatamente leale, sulla quale posso contare che farà la cosa giusta, che ama il suo lavoro e che mi è indispensabile.

Mi comporto allo stesso modo con la mia editor, che è stata anche lei con me per più di trent'anni. Io scrivo dal cuore, lasciando che le parole scorrano e vadano a posarsi sulla pagina, che poi mando a lei. Mi fido implicitamente di questa donna, e le lascio fare ciò che è nata per fare, senza richieste da parte mia. La ricompensa per non essere stato invadente è avere i miei libri corretti in maniera bella e professionale. Tra me e la mia curatrice, inoltre, c'è una relazione affettuosa e serena, in cui entrambi ci sentiamo appagati e orgogliosi del lavoro che era destino producessimo. Mentre descrivo ciò che a voi può sembrare impossibile, vi assicuro che può assolutamente essere raggiunto quando affidate al Tao la gestione di tutti i dettagli della vostra vita, sia professionale che personale.

Ora segue ciò che Lao-Tzu vi invita a trarre dal settantacinquesimo capitolo del *Tao Te Ching*, originariamente scritto per i leader delle nazioni, ma che è applicabile a ciascuno che abbia un ruolo di supervisore o di genitore:

Non imponete a voi stessi troppe tasse

Il promemoria di Lao-Tzu che troppe tasse porteranno a una perdita di spirito si applica anche a voi. Se vi sobbarcate di troppe richieste, vi esaurirete o svilupperete sintomi di depressione, ansia, preoccupazione, malattie cardiache o altri disturbi fisici. Concedetevi una pausa dalle pressioni auto-imposte che vi opprimono, concedetevi del tempo libero per entrare in comunione con la natura, per giocare con i vostri figli, per leggere, guardare un film, o semplicemente per non fare nulla.

Fidatevi di coloro la cui guida è affidata a voi

Non tenete sempre sotto osservazione coloro della cui crescita o supervisione siete incaricati; al contrario, sviluppate una fiducia nelle persone che vi sono affidate e con meno esperienza di voi. Deve essere loro concesso di usare la propria testa, perché anche loro hanno un proprio destino da compiere, orchestrato dal Tao. Perciò chiedete di meno e incoraggiate quanto più potete, concedendo loro di seguire la propria eccellenza e felicità. La vostra fiducia li guiderà a fidarsi di se stessi *e* della saggezza che li ha creati.

Ora mettete in pratica il Tao

Fate una pausa da ciò che tiene occupata la vostra mente, comprese le responsabilità. Anche se solo per quindici minuti, liberate la mente, svuotate il vostro archivio di richieste, e concedetevi la libertà che deriva dall'essere meno esigenti.

Una volta realizzato questo, fate lo stesso coi vostri figli o con qualcuno che deve riferire a voi sul lavoro. Mettete loro un braccio attorno alle spalle, chiedendo di accompagnarvi per una breve passeggiata, e senza fare altro se non stare in mezzo alla natura. Poi lasciateli tornare alle loro responsabilità, e a svolgerle secondo il loro passo.

Se pensate che vostro figlio o un vostro dipendente abbia bisogno di un sorvegliante, forse sono diventati così perché voi non vi siete fidati che fossero autonomi.

76.

L'essere umano nasce tenero e debole;
quando muore è duro e rigido.
Ogni cosa, compresi l'erba e gli alberi,
da vivi sono teneri e flessibili;
da morti secchi e friabili.

La rigidità è quindi compagna della morte;
la flessibilità è compagna della vita.
Un esercito che non sa arrendersi
sarà sconfitto.
Un albero che non si piega
si spezzerà nel vento.

Ciò che è duro e rigido si romperà,
ciò che è tenero e flessibile avrà la meglio.

VIVERE PIEGANDOSI

La cosa che amo dello studio del *Tao Te Ching* è la sua irreprensibile dedizione a trovare la Grande Via attraverso l'osservazione attenta della natura. In questo capitolo Lao-Tzu ci chiede di cambiare il nostro concetto di forza, osservando come le cose più solide e durevoli del mondo naturale tendono a essere tenere, delicate e perfino deboli. Se per noi la forza significa essere duri, inflessibili e non arrendevoli, lui ci invita a cambiare questa percezione. La vita, secondo Lao-Tzu, è per definizione tenera e duttile.

Alcuni dei ricordi più belli dei miei otto figli mi vengono dal guardare con profondo rispetto i loro flessibili corpi appena nati. Potevo mettermeli sul grembo e infilargli il loro piede in bocca senza sforzo, o perfino piegare loro il collo! Alla tenera età di pochi mesi o di pochi giorni, erano dei perfetti maestri di yoga. Da piccoli li guardavo con stupore, spesso trattenendo il respiro, quando davano testate, correvano contro i muri senza guardare, o facevano delle cadute apparentemente rovinose. Tuttavia, un istante dopo non avevano più niente. Ciò che in una persona più grande si sarebbe concluso con una costola o un braccio rotto, questi bambini flessibili se ne accorgevano appena..

Allo stesso modo, un albero vecchio che si sta avvicinando alla morte diventerà rigido, secco, e soggetto a incendi e venti forti. Poiché l'albero non si può piegare, una raffica forte può buttarlo giù. Invecchiando, il legno si indebolisce, semplicemente perché non è flessibile. La sua rigidità, che alcuni considerano forza, in realtà lo ha reso un organismo debole. Similmente, nel momento della morte tutte le creature vanno in rigor mortis, che è il completo indurimento e, naturalmente, una totale assenza di forza.

Essere flessibili e capaci di piegarsi supera il processo di invecchiamento a cui sono destinati tutti i corpi. Perciò Lao-Tzu vi incoraggia ad applicare questo principio al vostro modo di pensare e di comportarvi. Vi viene rammentato che la rigidità e la durezza accompagnano la morte, mentre la flessibilità e perfino la debolezza sono compagni della vita. Probabilmente vi è stato insegnato che la forza si misura con quanto « duri » siete nel pensare e con quanto inflessibili siete nelle vostre opinioni, e che la debolezza è associata a coloro che si piegano. Ma quando vi trovate davanti a una situazione stressante ricordatevi che essere rigidi non vi porterà lontano, mentre essere flessibili vi sosterrà.

Trasformate la vostra idea di forza, non solo in relazione a coloro che detengono il potere, ma anche nei confronti di voi stessi. C'è molto da dire a favore di ciò che ci viene insegnato a ritenere debole: cominciate a vedere che la forza è debolezza, e che la debolezza è forza... solo un altro degli affascinanti paradossi del *Tao Te Ching*.

Ecco ciò su cui Lao-Tzu vi invita a riflettere quando applicate le lezioni del settantaseiesimo capitolo, spesso citato:

Siate forti piegandovi

Siate disposti a essere come palme nel mezzo dei forti venti che soffiano durante una tempesta, la loro cosiddetta debolezza in qualche modo dà loro la forza di sopravvivere ai devastanti uragani. Lo stesso è vero per il modo di relazionarsi con altri, perciò ascoltate di più, accettate che i vostri punti di vista vengano sfidati, e piegatevi quando necessario, sapendo che in realtà state scegliendo la forza. Più pensate in maniera rigida, rifiutandovi di prendere in considerazione punti di vista diversi, più rischiate di rompervi. Come vi rammenta Lao-Tzu: « Ciò che è duro e rigido si romperà », mentre « ciò che è tenero e flessibile avrà la meglio ».

Analizzate il vostro atteggiamento inflessibile

Analizzate i vostri atteggiamenti nei confronti di questioni come la pena di morte, la legalizzazione di certe droghe, l'aborto, il controllo delle armi o delle nascite, le tasse, il risparmio energetico, e qualsiasi altro tema sul quale avete una posizione inamovibile. Poi fate lo sforzo di mettervi nei panni di chi ha un'opinione opposta alla vostra. Prendendo in considerazione le argomentazioni contrarie che loro presentano, vi accorgerete che questo vecchio proverbio ha qualcosa di vero:

Questa è la mia via!
Qual è la tua via?
La via non esiste.

Oggi, per esempio, ho avuto una conversazione con mia figlia Serena riguardo una presentazione che doveva tenere davanti alle sue compagne di università. Era convinta che le sue conclusioni sulle politiche di assunzione di una grande catena di vendita al dettaglio fossero irremovibili. Non c'era spazio per la discussione, loro avevano torto e lei aveva ragione. Nell'interesse di una discussione intelligente, ho preso la posizione del grande rivenditore, e ho cercato di presentarle il mio punto di vista. Mentre la nostra discussione continuava, mia figlia si è ritrovata a piegarsi un po'. Rendendosi conto che ogni storia ha due facce, si è ritrovata disponibile ad ascoltare una voce contrapposta. Serena era in grado di piegarsi in un modo che l'ha resa forte.

Se i leader da entrambi i lati di una questione fossero disposti perlomeno ad ascoltarsi a vicenda, i conflitti non avrebbero bisogno di raggiungere proporzioni di una questione di vita o di morte. Ascoltando, cedendo, e usando la delicatezza, tutti diventiamo discepoli della *vita*.

Ora mettete in pratica il Tao

Ogni giorno alla lezione di yoga c'è un esercizio che mi ricorda questo capitolo del *Tao Te Ching*, e vi invito a praticarlo proprio ora. State diritti coi piedi uniti, alzate le mani sopra la testa, e allungatevi verso l'alto più che potete. Ora piegatevi a destra più che potete, allungandovi per sessanta secondi. Poi tornate alla posizione diritta e fate lo stesso a sinistra. Per tutto il tempo, pensatevi flessibili, agili e capaci di piegarvi in armonia col Tao.

77.

La via del cielo
è come tendere un arco:
l'alto si abbassa,
il basso si alza.

Ciò che è in eccesso viene ridotto;
ciò che è insufficiente viene aumentato.
La via dell'umanità è l'opposto:
prende a chi non ha a sufficienza
e dà a chi ha in eccesso.
Toglie ai bisognosi per dare a chi possiede di più.

Solo chi segue il Tao offre agli altri quello che ha in eccesso.
Quale uomo ha più di quanto gli basta
e lo dà al mondo?
Solo l'uomo del Tao.

Il maestro può continuare a dare,
perché la sua ricchezza non ha limiti.
Agisce senza aspettarsi nulla,
non si cura dei propri successi,
e non pensa mai di essere
migliore di chiunque altro.

VIVERE OFFRENDO QUELLO CHE AVETE IN ECCESSO

Se guardate le vie del cielo da lontano, vedete che la natura è perfetta. Il Tao è all'opera, mantenendo un equilibrio divino invisibile. Quando ero a Sidona, in Arizona, per esempio, ho fatto un giro delle aree boscose nelle steppe delle maestose montagne di roccia rossa. Dopo avere deplorato i recenti incendi che avevano decimato così tanti alberi, la guida mi ha spiegato che si era in realtà trattato di un intervento della natura. Per milioni di anni, ha spiegato, quando la foresta diventa troppo fitta, i fulmini colpiscono e la sfoltiscono. Senza questo intervento il legno soffocherebbe nelle sue eccedenze. È così che funziona il nostro pianeta.

Mentre a volte gli eventi naturali come siccità, alluvioni, uragani, tempeste di vento e piogge eccessive possono sembrare disastrosi, in realtà servono a mantenere l'equilibrio. Questo risulta evidente anche nella vita delle farfalle, degli stormi di oche, o nelle mandrie di caribù o di bisonti; lo sport di uccidere sconvolge il sistema che ha la natura di gestire l'eccedenza. E il Tao concorda: « Ciò che è in eccesso viene ridotto; ciò che è insufficiente viene aumentato ».

Osservate la natura, dice Lao-Tzu: se c'è penuria, non continuate a ridurre ciò che già scarseggia.

Le lezioni di questi capitoli finali si riferiscono a come governare le masse in armonia con il Tao. Lao-Tzu sembra inveire contro la gente che detiene il potere politico, coloro che hanno tolto ai bisognosi per dare di più a se stessi cose di cui non hanno bisogno. Nel mondo di oggi, vediamo questa pratica svolta in miriadi di modi, ma specialmente quando i legislatori votano a favore di benefici per se stessi, benefici che verranno pagati da qualcun altro: si assegnano formule di pensionamento al novantacinque percento, assicurazione medica vita natural durante, limousine, parcheggi privati sul terreno pubblico. E viaggi in prima classe, anche se così privano i bisognosi, mettendosi al servizio di chi ha troppo. E nei paesi dove la fame è dilagante non è insolito vedere grandi quantità di cibo e scorte ammassate sui moli, mentre la gente muore di malnutrizione perché i rappresentanti del governo pensano di essere « al di sopra » di tutto ciò.

Il settantasettesimo capitolo del *Tao Te Ching* suggerisce di pensare alle cose in più che possiamo rimettere in circolazione per diminuire le carenze che esistono da qualche altra parte nel mondo. Lao-Tzu chiede a voi e a me di mettere la saggezza di questo capitolo all'opera nelle nostre vite, vedendo ciò che abbiamo ma di cui non abbiamo bisogno come un'opportunità di essere « persone incentrate sul Tao ». Lao-Tzu non sta chiedendo al nostro governo, ai nostri leader politici o ai capitani di industria, ma a noi direttamente: « Quale uomo ha più di quanto gli basta e lo dà al mondo? » La risposta è: solo l'uomo o la donna del Tao. Quando ci saranno abbastanza persone come noi, si sarà formato un bacino dal quale emergeranno le persone incentrate sul Tao che andranno a governare. Allora metteremo in pratica il modo di vivere presentato in questo capitolo.

È piuttosto facile concepire un'*eccedenza* di denaro o di beni, ma la parola in realtà simboleggia molto di più. Per esempio, c'è l'eccedenza di gioia che sentite di poter offrire a voi stessi e ai vostri famigliari. Poi c'è l'eccedenza di orgoglio intellettuale, di talento, di compassione, di salute, di forza e di gentilezza che potete condividere con il mondo. Ogni volta che vedete una carenza di gioia, di abbondanza, di opportunità d'istruzione, di salute perfetta o di sobrietà, rendete disponibile quello che avete in più. Lao-Tzu vi incita a guardare ciò di cui c'è scarsità, e a essere strumento di arricchimento, invece di essere una persona che accumula il di più, che emargina e divide l'unità che è la vita intera.

Mettete in pratica questi modi di essere che sono più in sintonia con la Via del Tao:

RIDUCETE L'ECCESSO

Riducete ciò che è in eccedenza nella vostra vita, e offritelo là dove può venire utilizzato. Cominciate con le cose che possedete: vestiti, mobili, arnesi, attrezzature, radio, macchine fotografiche, o qualsiasi cosa di cui avete troppo. Non vendetelo: al contrario, datelo via (se ve lo potete permettere). Non chiedete riconoscimenti per le azioni caritatevoli che fate, semplicemente, comportatevi in armonia con il Tao, riducendo ciò che avete in più. Poi pensate all'abbondanza intangibile di salute, gioia, gentilezza, amore o pace interiore, e cercate dei modi per offrire questi gloriosi sentimenti a coloro che potrebbero beneficiare della vostra prodigalità.

SIATE UNO STRUMENTO DI ARRICCHIMENTO

Proprio come la natura riempie i vuoti mantenendo l'equilibrio ciclico necessario al nostro mondo, siate uno strumento di arricchimento dove osservate che c'è scarsità. Esercitatevi nel dare dedicando una parte dei vostri guadagni ad alleviare debiti, poiché come sottolinea Lao-Tzu: «Il maestro può continuare a dare, poiché la sua ricchezza non ha limiti». Se non potete offrire denaro a coloro che sono meno fortunati, dite una benedizione per loro. Offrite una preghiera quando sentite la sirena di un'ambulanza o della polizia. Cercate opportunità per riempire gli spazi vuoti nelle vite delle altre persone con denaro, con energia d'amore sotto forma di gentilezza, compassione, gioia e perdono.

ORA METTETE IN PRATICA IL TAO

Stabilite un giorno in cui prefissarvi di sbarazzarvi di qualcosa che avete in più, assicurandovi che sia qualcosa di utile da qualche altra parte. Cercate cose di cui non avete bisogno, o che non usate; per esempio, ho appena visto alcuni quaderni per appunti, tre dvd e un tostapane che non uso da sei mesi. Se osservate attentamente la stanza proprio ora che state leggendo queste parole, sono sicuro che vedrete cose che potreste facilmente catalogare come cose in più. Perciò fissate una data in cui mettere in circolazione un po' delle cose che avete in più. Potete anche scegliere quelle cose che avete sotto gli occhi in questo momento e lasciarle da qualche parte dove saranno ben accette oggi stesso. Siate un uomo o una donna del Tao!

78.

Nulla al mondo è più morbido
e cedevole dell'acqua.
Eppure niente la supera
nel soggiogare ciò che è duro e forte.
Non è paragonabile a nulla.

Il debole vince sul forte;
il morbido sottomette il duro.
In tutto il mondo, non c'è persona che non lo sappia,
eppure nessuno è capace di mettere in pratica questa conoscenza.

Perciò, il maestro rimane
sereno in mezzo al dispiacere;
il male non può entrare nel suo cuore.
Smettendo di aiutare gli altri,
è il più grande aiuto del suo popolo.

La verità sembra paradossale.

VIVERE COME L'ACQUA

Durante le ricerche, lo studio e la pratica degli ottantuno capitoli del *Tao Te Ching* sono rimasto colpito dai molti riferimenti che Lao-Tzu fa all'acqua nelle sue varie forme: il mare, la pioggia, la nebbia, la foschia, la neve, i fiumi e i ruscelli. Lo stimato maestro sembra trovare la sua forza spirituale in tutta la natura, ma deve avere una speciale venerazione per l'acqua e per come essa opera in tutte le nostre vite. *Siate come l'acqua* sembra ripetersi per tutto il *Tao Te Ching*. Questo elemento è, più di qualsiasi altra cosa al mondo, il più vicino all'essere come il Tao, e per questo è un simbolo appropriatissimo per insegnare la Grande Via.

L'acqua per noi è misteriosa come lo è il Tao. Quando immergete la mano nel fiume e cercate di stringerlo forte, finite col perderlo del tutto. L'acqua è sfuggente, a meno che non smettiate di cercare di afferrarla e ci fate rilassare la mano dentro, così da farla diventare uno con essa; paradossalmente, riuscite ad averla quando la lasciate andare. Lao-Tzu consiglia di imitare questo elemento in tutte le sue forme indecifrabili e misteriose, anche se sembra contrario a ciò che vi dicono l'intelletto e i condizionamenti ricevuti.

Lao-Tzu ribadisce tre temi che compaiono per tutto il libro. Sono le vere caratteristiche dell'acqua:

1. Superate i lati inflessibili della vostra vita, cedendo! La durezza e la rigidità si possono superare attraverso l'applicazione incessante delle cose delicate, come lo scorrere cedevole dell'acqua o il suo sgocciolio costante. Perciò siate ostinata-

mente delicati e disposti ad arrendervi, e state a guardare come l'asprezza e l'ostinazione si consumano.

Per anni ho replicato in maniera affettuosa, ma ferma, a una componente della mia famiglia che insisteva a fare del male a se stessa e alle sue relazioni assumendo sostanze tossiche. Lentamente, nel corso del tempo, la sua durezza ha cominciato a consumarsi di fronte al costante gocciolio della delicata ma risoluta gentilezza, accettazione e amore. A volte può essere scoraggiante, ma Lao-Tzu in questo capitolo indica che dobbiamo agire proprio come l'acqua e usare un approccio morbido, perché « niente la supera nel soggiogare ciò che è duro e forte ».

2. L'acqua sembra qualcosa che è facile da battere. Tuttavia, è talmente flessibile che, una volta che la spingete via, troverà il suo livello al di sotto di tutte le cose forti, e con pazienza entrerà dove niente di solido può ostruire il luogo in cui va a riposarsi. Erigete barricate, innalzate argini e impermeabilizzate tutto; tuttavia, dopo un certo lasso di tempo, la qualità flessibile dell'acqua trionferà. « Il debole vince sul forte » è un potente messaggio rivolto a voi. Ricordatevi di rimanere flessibili, disposti ad abbassarvi con umiltà e a sembrare deboli, ma con la consapevolezza di essere in armonia col Tao. Lao-Tzu vi incita a essere come il maestro che rimane « sereno in mezzo al dispiacere », e il male non entrerà nel vostro cuore.

3. L'acqua è così arrendevole che non può essere rovinata, danneggiata o distrutta, semplicemente essa ritorna alla sua Sorgente per essere riutilizzata più e più volte. Bollitela fino a farla svanire, e i suoi vapori entreranno nell'atmosfera, e in ultimo ritorneranno. Bevetela, ed essa, dopo aver dato nutrimento al vostro corpo, ritornerà. Inquinatela, ed essa, dopo un lasso di tempo sufficiente per purificarsi, tornerà a nutrire. Tutto ciò si realizza grazie alla mutabile arrendevolezza dell'elemento.

Rimanendo arrendevoli e vincendo sulla durezza, anche voi sarete indistruttibili. (Rileggete il quarantatreesimo capitolo, *Vivere con dolcezza.*) Sotto il cielo non c'è niente di più cedevole dell'acqua, e tuttavia non c'è niente che la superi nel vincere la durezza. Si può ritrovare talmente tanta saggezza in questa analogia: mantenetevi in una condizione di arrendevolezza. Quando siete sul punto di mostrare quanto forti sapete essere, trattenetevi. Provate a utilizzare la pazienza, invece che cercare di controllare in maniera rigida. Fidatevi della natura delicata che vi è congenita.

Amo la bella poesia di Mary Oliver *Oca Selvatica*, nella quale parla di questo:

Non dovete essere buoni.
Non dovete camminare sulle ginocchia
per cento miglia attraverso il deserto, in pentimento.
Dovete solo permettere al tenero animale del vostro corpo
di amare ciò che ama.
Ditemi della disperazione, vostra, e io vi dirò della mia.
Nel frattempo il mondo va avanti.
Nel frattempo il sole e i chiari ciottoli della pioggia
si stanno muovendo attraverso i paesaggi,
sulle praterie e sugli alberi fitti,
le montagne e i fiumi.
Nel frattempo le oche selvatiche, alte nella limpida aria blu,
si stanno dirigendo di nuovo verso casa.
Chiunque voi siate, non importa quanto soli,
il mondo si offre alla vostra immaginazione,
vi chiama come le oche selvatiche, aspre ed eccitanti –
annunciando ripetutamente il posto che occupate
nella famiglia delle cose.

Da quest'ottica di duemilacinquecento anni fa, Lao-Tzu vi ricorda di quanto avete da imparare dalla natura, in particolare dall'acqua, e vi esorta a mettere in pratica le vostre idee:

Cambiate il modo di considerare la forza in contrapposizione alla debolezza

Osservate che gli stereotipi di rigido, duro, energico, baldanzoso e dominante non sono affatto attributi della forza. In realtà queste qualità vi porteranno a essere repressi e vinti dall'arrendevolezza, che chiamavate debolezza. Cambiate il vostro modo di concepire tutto questo, e vedrete che il vostro mondo cambierà. Cominciando ad ammirare e imitare coloro che rimangono deboli e flessibili, vedrete la vera forza dentro voi stessi in quanto persona del Tao. Rinunciate a interferire e a dare una mano, e scegliete invece di fluire come l'acqua, delicatamente, docilmente e in modo discreto, ovunque ci sia bisogno di voi.

Siate arrendevoli come l'acqua

Come l'acqua, scorrete ovunque ci sia un'apertura, invece di tentare di dominare energicamente. Ammorbidite i vostri bordi duri mostrando più tolleranza verso le opinioni contrarie alle vostre. Interferite di meno e, invece di dare ordini e parlare, ascoltate. Quando qualcuno vi presenta il suo punto di vista, cercate di rispondere con: «Non ci avevo mai pensato prima, grazie. Ci rifletterò su».

Ora mettete in pratica il Tao

Oggi fate meditazione immaginando di avere le stesse qualità dell'acqua. Lasciate che il vostro io arrendevole, debole, flessibile e fluido entri in quegli spazi da cui prima eravate esclusi, per via della vostra tendenza a essere solidi e duri. Scorrete dolcemente nelle vite di coloro con i quali siete in conflitto: immaginate di entrare nel loro io interiore segreto, vedendo forse per la prima volta che cosa provano. Mantenete questa immagine di voi stessi che scorrete dolcemente come l'acqua, e osservate come le vostre relazioni cambiano.

79.

Dopo una violenta lite, rimane il rancore.
Che cosa si può fare?
Accontentarsi di ciò che si possiede
alla fine è sempre la scelta migliore.

Qualcuno deve pur rischiare di ricambiare l'offesa
con la benevolenza,
altrimenti l'ostilità non si muterà mai in bontà.
Così il saggio dà agli altri senza pretendere la gratitudine.

L'uomo virtuoso
cerca sempre un modo per dare.
L'uomo che manca di vera virtù
cerca sempre un modo per prendere.
A colui che dà, la vita offre la sua pienezza;
a colui che prende, porge solo una mano vuota.

VIVERE SENZA RANCORI

In questo capitolo, che personalmente mi è stato di grande aiuto, vi viene chiesto di cambiare il modo di considerare i rancori che nascono a seguito di una divergenza di opinioni o di un litigio vero e proprio. Ebbene, cos'è che provoca fastidio e rabbia dopo un litigio? La risposta generica sarebbe una lunga lista, con i dettagli del perché l'altra persona aveva torto, e di come si è comportata in maniera illogica e irragionevole, concludendo con qualcosa come: « Ho diritto a rimanerci male quando [mia figlia, mia suocera, il mio ex marito, il mio capo, o chiunque altro stiate pensando] parla di me in quel modo! » Ma se avete interesse a vivere una vita piena di Tao è necessario che ribaltiate questo modo di pensare.

Il rancore non deriva dal comportamento degli altri durante un alterco, no, esso sopravvive e cresce perché *voi non* siete disposti a concludere la discussione con un'offerta di gentilezza, amore e autentico perdono. Lao-Tzu dice: « Qualcuno deve pur rischiare di ricambiare l'offesa con la benevolenza, altrimenti l'ostilità non si muterà mai in bontà ». Perciò, quando tutti gli urli, le grida e le minacce sono stati espressi, è arrivato il momento della calma. Ricordate che nessuna tempesta dura per sempre, e che nascosti dentro da qualche parte ci sono sempre i semi della calma. C'è un tempo per l'ostilità e un tempo per la pace.

Non appena la tempesta del litigio si placa, dovete trovare un modo di rimanere indifferenti al bisogno del vostro ego di avere ragione. È ora di estendere la gentilezza, lasciando andare la rabbia. È finita, perciò offrite perdono a voi stessi e all'altra persona, e incoraggiate il rancore a dissiparsi. Siate colui che cerca un modo di *dare*, nel senso che Lao-Tzu descrive in questo capitolo, invece che colui che cerca di *ottenere* qualcosa.

Gestisco una grande impresa basandomi sulla saggezza di questo profondo capitolo. La mia società si occupa di dare, perciò, quando nascono discussioni riguardo la vendita di un prodotto, la mia assistente sa di lasciare che l'altra parte in causa ottenga qualsiasi cosa desideri. Se qualcuno non può permettersi qualcosa, glielo lascio gratis. Lascio che registrino i miei interventi, e non chiedo niente in cambio. Concedo il mio tempo per farmi fare fotografie, autografi e qualsiasi altra cosa. A meno che non debba prendere l'aereo, sono l'ultima persona a lasciare l'auditorium, e sono disponibile a parlare con chiunque faccia una richiesta in questo senso. Tutto ruota intorno al dare, e coloro che lavorano per me lo sanno, e vivono secondo questi principi.

Quando ho chiesto, tempo fa, a un estraneo di entrare a far parte del mio tour di conferenze, mi sono trovato davanti un uomo incredibilmente dotato come musicista e intrattenitore, e che tuttavia stava vivendo in ristrettezze. Nonostante il suo enorme talento, l'abbondanza non stava scorrendo nella sua vita. Dopo alcune date del tour, ho notato la sua tendenza a essere uno che prende piuttosto che uno che dà, cercava sempre modi di procurarsi lavori extra per fare più soldi, escludendo chiunque altro stesse lavorando per fornire un servizio a coloro che partecipavano alle conferenze.

Ho avuto una lunga discussione con quest'uomo su come il suo affarismo invece che favorirlo stesse bloccando il flusso di abbondanza nella sua vita, e l'ho incoraggiato ad affidarsi alla saggezza fornita da Lao-Tzu. Il punto qui è che questa era un'opportunità per tutti e due di andare avanti col tour senza serbarci rancore.

Nonostante l'atteggiamento degli altri, se vivete con la « vera virtù », cercherete un modo in cui potete dare. Questa verità è in perfetta uniformità con il Tao; dopotutto il creatore della vita dà sempre, non prende mai. Perciò cambiate il modo di considerare la scarsità e il rancore, e cominciate a sentire davvero la domanda *Come posso servire?* L'universo sembrerà rispondere: *Finalmente ci sei arrivato, stai agendo come me! Continuerò a far arrivare quel flusso nella tua vita in modi che ti sorprenderan-*

no e ti faranno piacere. Come dice Lao-Tzu: «A colui che dà, la vita offre la sua pienezza; a colui che prende, porge solo una mano vuota».

Ecco cosa Lao-Tzu vi incoraggia a fare per rendere realtà la saggezza del settantanovesimo capitolo:

Concludete con l'amore, il resto non conta!

Immaginatevi al termine di una discussione o di un grosso litigio. Invece che reagire secondo vecchi modelli di rabbia, vendetta e offesa residui, immaginate di offrire gentilezza, amore e perdono. Fatelo in questo esatto momento, trasmettendo questi pensieri di vera virtù a qualsiasi rancore stiate portando dentro di voi. Fate di questa la vostra risposta standard a ogni futura discussione: *Finisco con l'amore, il resto non conta!*

Mettete in pratica il dare

Nel bel mezzo di una discussione o di una polemica, prima di concludere la lite mettete in pratica il dare invece del prendere. Offrite i tesori del Tao o le virtù vere, offrendo parole di gentilezza invece di una critica umiliante, o un segno di rispetto invece di una dimostrazione che l'altro ha torto. Dare implica lasciar dietro l'ego. Esso vuole vincere e mostrare la sua superiorità insistendo su posizioni contrarie e prive di rispetto, mentre la vostra natura incentrata sul Tao vuole essere in pace e vivere in armonia. Se mettete in pratica questa procedura, potete ridurre quasi a zero il tempo che utilizzate per discutere.

Ora mettete in pratica il Tao

Recitate in silenzio le seguenti parole dalla Preghiera di san Francesco: «Dov'è offesa, [fa' che io porti] perdono». Siate una persona che dà perdono, come insegna lui: portate amore all'odio, luce alla tenebra e perdono al torto. Leggete queste parole ogni giorno, perché vi aiuteranno a superare le richieste dell'ego, e a conoscere la pienezza della vita.

80.

Immaginate un piccolo paese con pochi abitanti.
Possiedono armi ma non le usano;
sono contenti del lavoro delle loro mani
e non sprecano del tempo a inventare macchine
che servono a evitare la fatica.

Prendono la morte sul serio e non viaggiano lontano.
Poiché amano profondamente le loro case,
non sono interessati a viaggiare.
Possiedono barche e carri,
ma nessuno ne fa uso.

Sono soddisfatti del loro cibo sano,
indossano abiti comodi,
hanno case accoglienti,
sono appagati del loro modo di vivere.

Vivono a stretto contatto con i vicini,
odono i galli cantare e i cani abbaiare,
ma non si infastidiscono.
Non sono mai in disaccordo,
invecchiano e muoiono in pace.

VIVERE LA PROPRIA UTOPIA

Il penultimo capitolo del *Tao Te Ching* si sarebbe potuto intitolare «Non Complicare le Cose, Stupido». Qui Lao-Tzu presenta il modello di una società ideale dove non ci sono conflitti, dove si attua l'armonia con la natura, e dove le armi, se anche presenti, non vengono mai usate. L'antico maestro cinese sembra dire che rimanere vicini alla natura e godere delle cose fondamentali della vita danno più soddisfazione che il riuscire ad avere l'ultimo modello di apparecchio tecnologico o di auto di lusso. Consiglia ai lettori di rimanere vicini alla terra, di lavorare con le mani e di non mettersi in competizione con i villaggi vicini.

Mentre è chiaro che il mondo è cambiato vertiginosamente negli ultimi duemilacinquecento anni, il consiglio contenuto nell'ottantesimo capitolo ha saggezza da insegnare sia al XXI secolo che oltre. Immaginate un mondo dove le armi siano vestigia del passato, esposte nei musei per illustrare e mettere in guardia la popolazione nei confronti di una storia assurdamente violenta. I conflitti del pianeta sarebbero mostrati da una prospettiva secondo la quale gli essere umani risulterebbero come dei minuscoli microbi che vivono sullo stesso corpo, che per sopravvivere dipendono in uguale misura da esso, e l'uno dall'altro, e che tuttavia si ammazzano gli uni con gli altri, distruggendo anche colui che li ospita. La guerra semplicemente provocherebbe una distruzione senza senso.

Guardando i conflitti che hanno avuto luogo nel corso della storia, non possiamo fare a meno di constatare che l'odio e le rivalità, sia nei tempi antichi che in quelli moderni, non hanno senso. Perché la gente non condivide (o non può condividere) la terra e vivere insieme in pace? Cosa sembra così importante da ammazzarsi l'un l'altro per ottenerlo? Anche in tempi piuttosto recenti, quegli individui che odiavamo così tanto da aver tentato di decimarli sono poi diventati nostri alleati. Allora qual è stato il motivo di tutte quelle uccisioni? Perché non abbiamo imparato a vivere in armonia con il Tao che dà la vita? Le risposte a queste domande sono ovviamente complesse, ma, sfortunatamente, c'è ancora bisogno di porle.

Questo capitolo non priva di validità il vostro sforzo di crear modi di vivere la vostra utopia. Al contrario, vi sta offrendo una via d'uscita dal circolo vizioso dell'odio, dell'omicidio, della guerra e della cooperazione che segue prima che scoppi il prossimo ciclo di violenza. Potete tornare ai principi fondamentali di un'esistenza pacifica, scegliendo di vivere in maniera semplice, e facendo meno sforzi nel bisogno di conquistare chiunque. Quando vi accorgete della tendenza a creare più macchine da guerra, votate allora per i candidati che sono fautori di metodi pacifici di gestire i conflitti.

Anche le vostre scelte personali vi mettono in sintonia con la natura tranquilla del Tao. Potete scegliere di fare a meno di alcune novità tecnologiche, o perfino di tutte. Potete scegliere di scrivere a mano e sentire la connessione con la vostra Sorgente quando le parole scorrono attraverso il vostro cuore e si posano sulla carta. Potete scegliere di camminare invece di guidare ogni volta che ne avete occasione. Potete scegliere di fare calcoli senza usare la calcolatrice, e di memorizzare i numeri di telefono come modo per personalizzare la vostra connessione. Potete scegliere di fare attività fisica nuotando o andando in bici, invece di usare l'auto.

Esistono molti mezzi per risparmiare tempo, che Lao-Tzu non si sarebbe mai sognato, e che potete eliminare dalla vostra vita come parte della vostra procedura di semplificazione. Forse non avere un'e-mail o non scaricare musica è un modo per stare simbolicamente vicino alla terra di cui parla Lao-Tzu in questo capitolo. In altre parole, potete essere al corrente di ciò che il mondo moderno offre in termini di informazione e tecnologia, e tuttavia allo stesso tempo essere consapevoli delle aree della vostra vita dove volete limitarvi alle cose fondamentali. Riconoscete su di voi i sintomi degli effetti del sovraccarico di informazioni, dei troppi congegni o delle troppe complicazioni, e rivolgetevi invece a un ambiente naturale che vi riesca gradito per tutto il tempo che decidete di starci.

Lao-Tzu sembra vi stia incoraggiando a semplificare come modo per accrescere la consapevolezza della vostra connessione col Tao. Testate questi nuovi atteggiamenti e comportamenti per aiutarvi a cambiare il modo di pensare la vostra vita moderna; in realtà potreste ritrovarvi a cambiare la vita che state vivendo!

Esercitatevi ad apprezzare ciò che date per scontato

Cominciate a impegnarvi con gioia nelle cose che date per scontate. Ci sono comodità e aiuti come la casa, il giardino, i pasti, i vestiti, i famigliari e gli amici di cui fate esperienza ogni giorno, senza mai apprezzarle. Scegliete di prestare loro attenzione, operate questo cambiamento regalando commenti di ringraziamento e di affetto. Trascorrete più tempo vicino a casa, nel profondo rispetto dei molti semplici tesori che costituiscono la vostra vita.

Vedete il paradiso tutt'intorno a voi

Cambiate la vostra convinzione che è necessario viaggiare, essere festaioli e aver visto paesi lontani per poter avere una vita appagante. In realtà potreste aver vissuto nella stessa strada per tutta la vita senza mai lasciarla, e conoscere la gioia del Tao. Tenete a mente l'osservazione di Voltaire: «Il paradiso è dove sei». Se dove siete è a casa vostra, con le stesse persone, le stesse fotografie e gli stessi mobili, fatene il vostro paradiso. Trovate gioia e conforto nella semplicità. Iniziate a vedere il piacere in ciò che avete, in dove siete situati e in chi siete. Coltivate la vostra utopia avvertendo il Tao in ogni centimetro cubo di spazio.

Ora mettete in pratica il Tao

Dedicate una giornata al cibo! Apprezzate la misteriosa intelligenza che ha creato il cibo per la vostra salute e il vostro piacere, e recitate una preghiera con ogni connessione a esso. Andare a fare la spesa, cucinare, organizzare una cena, essere invitati a una cena, mangiare al ristorante, fare uno spuntino, o mangiare dei pop-corn al cinema sono solo alcune delle opportunità di esplorare consapevolmente quella connessione. Considerate queste connessioni al cibo come parte del ciclo infinito del Tao e della vostra utopia.

81.

La verità non è fatta di belle parole;
le belle parole non sono verità.
I buoni non litigano;
chi litiga non è buono.
Coloro che possiedono la virtù non cercano le colpe;
coloro che cercano le colpe non hanno la virtù.

I saggi non accumulano nulla
ma danno tutto agli altri,
più hanno più danno.

Il cielo fa del bene a tutti,
non reca danno a nessuno.
Il saggio lo imita,
agisce per il bene di tutti
e non va contro nessuno.

VIVERE SENZA ACCUMULARE

Il capitolo finale del *Tao Te Ching* contiene il messaggio conclusivo dell'intera raccolta di pensieri: voi provenite da una dimensione di *nulla*. Il luogo della vostra origine non possiede nulla; il luogo del vostro ritorno non possiede nulla. Perciò, Lao-Tzu vi invita a sostituire l'accumulo continuo della roba con la celebrazione della vostra vera essenza. Così come il nulla è puro Tao nella sua assenza di forma, anche il vostro io reale è privo di forma... perché voi siete il Tao.

Il *Tao Te Ching* tenta di richiamarvi verso uno stile di vita che riconosca l'assenza di cose materiali, come il Tao; potreste chiamarlo uno stile di vita realizzato in Dio. In questo saggio finale, ho scelto di proporvi l'accesso al vostro io immateriale, che coincide con il Tao, vivendo senza accumulare. Questo significa dare di più, litigare di meno e abbandonare il vostro attaccamento a tutto ciò che appartiene al mondo delle diecimila creature. Infine, vivendo in questo modo, significa persino abbandonare l'attaccamento alla vita e al corpo. Tutto ciò si può mettere in pratica sin da ora, mentre siete in questa vita.

San Giovanni della Croce parla di questo modo di vedere la vostra esistenza:

Per giungere a gustare il tutto,
non cercare il gusto di niente.
Per giungere al possesso del tutto,
non voler possedere niente.
Per giungere a essere tutto,
non voler essere niente.

Per giungere alla conoscenza del tutto,
non voler conoscere niente.

Dai doni di Lao-Tzu emerge tutta la saggezza del niente. L'antico maestro spirituale desidera che facciamo esperienza della beatitudine dell'essere tutto, conoscendo il luogo dove niente si accumula, il *nulla*.

È difficile immaginare un mondo senza cose, eppure in questo capitolo conclusivo del *Tao Te Ching* Lao-Tzu vi mostra come tale mondo dovrebbe apparire. Non vi servono belle parole, poiché non c'è *niente* da descrivere. Non c'è *niente* per cui litigare, poiché non esistono cose da possedere, per le quali lottare. Non si cercano colpe, né si rimprovera qualcuno, perché lì esiste solo la virtù nascosta del Tao. Infine, non essendoci *niente* da raccogliere, da ammassare o accumulare, siete disponibili e creativi nel dare e nel sostenere. « Il cielo fa del bene », dice Lao-Tzu. E *bene* è sinonimo di *Dio*, che in verità coincide con il Tao.

Meister Eckhart illustra l'intercambiabilità dei termini *Dio* e *Tao* in questo brano:

Dio è un essere che trascende l'essere,
nullità oltre l'essere.
Dio è privo di tutte le cose.
Non possiede niente.
Perciò Dio è tutte le cose.

In questo capitolo finale, siete incoraggiati dal *Tao Te Ching*, intramontabile e stupefacente, a fare tutto ciò che potete per imitare il cielo, mentre siete qui nel mondo della forma.

Provate a mettere in pratica questi suggerimenti di Lao-Tzu quando cambiate idee e, infine, anche la vostra vita, per sempre:

Smettete di accumulare punti per avere ragione!

Abbandonate la vostra propensione al litigio e sostituitela con la disponibilità a lasciare che abbiano ragione le persone con cui vi trovate in disaccordo. Smettete di avere modi di fare aggressivi dicendo semplicemente al vostro avversario qualcosa come: « Hai ragione, apprezzo il tuo punto di vista ». Questo pone fine alla disputa, elimina le critiche e la ricerca di colpe al tempo stesso. Cambiate il bisogno dell'ego di sentirsi nel giusto, usando la frase basata sul Tao: « Hai ragione ». Questo renderà molto più pacifica la vostra vita.

Riducetevi allo zero o alla dimensione del nulla

Osservate il vostro corpo e tutti i vostri beni, poi metteteli nel contesto del cambiare del mondo. Tenete a mente questa frase del Mahatma Gandhi: « Se vorrete nuotare nell'oceano della verità, dovrete ridurvi a nullità ». Perciò, dalla dimensione del *nulla* o dello zero, osservate ciò che accumulate nel mondo materiale. Da questa prospettiva, scoprirete che niente può essere davvero reale in tal mondo. Praticate questo esercizio ogni volta che vi sentite attaccati ai vostri averi o al vostro punto di vista.

D.H. Lawrence cattura quest'idea in modo esemplare:

Desideri essere cancellato,
depennato, eliminato,
ridotto al niente?
Desideri essere ridotto a un nulla?
Sprofondato nell'oblio?
Se non lo desideri, non cambierai mai veramente.

Ora date di nuovo un'occhiata al titolo di questo libro: *La saggezza del Tao.* Siate disposti a cambiare.

Ora mettete in pratica il Tao

Vi lascio con queste parole di Lao-Tzu, tradotte da Sam Hill nel libro *Tao Te Ching: A New Translation*. Ecco il capitolo conclusivo:

Il saggio non accumula
eppure dona.
Più vive per gli altri
più grande è la sua vita.

Più dona agli altri
maggiore è la sua abbondanza.

Copiate a mano queste parole, studiatele e mettetele in pratica almeno una volta al giorno. Darete energia allo scorrere del Tao nella vostra vita, in questo mondo delle diecimila creature.

Namaste,
Wayne W. Dyer

Epilogo

Concludo questo progetto con una nota personale, per condividere con voi come questi ottantuno capitoli hanno inaspettatamente accresciuto il mio personale senso di rispetto profondo e d'incredulità di fronte al potere e alla vasta saggezza di questo antico classico.

Rileggete la citazione all'inizio di questo libro, attribuita a Confucio. Secondo la leggenda, questo maestro rimase molto colpito dall'influenza di Lao-Tzu, tanto da cercarlo per chiedere il suo parere su questioni di etichetta e di regole, che erano al centro della filosofia confuciana, ma che Lao-Tzu considerava ipocrite e senza senso. Dopo aver incontrato Lao-Tzu, Confucio disse ai suoi discepoli che quell'uomo era un saggio, un drago con poteri misteriosi che andavano oltre la capacità di comprensione della maggior parte della gente, compreso lo stesso Confucio.

Durante la scrittura di questi ottantuno brevi saggi, ho provato un'attrazione quasi mistica verso Lao-Tzu. Nei primi capitoli pensavo fosse un grande pedagogo che offre a tutti noi consigli su come applicare al nostro mondo moderno la sua saggezza riferita alla Cina dei tempi antichi. Col passare del tempo sono diventato sempre più preso dai suoi insegnamenti, e ho cominciato a sentire che Lao-Tzu stava parlando direttamente a me... e poi *attraverso* di me a voi, e perfino alle generazioni future. A volte sembrava che Lao-Tzu stesse appositamente dicendo che dovevamo ricevere questi importanti messaggi, o periremo come società civilizzata. Nel corso della stesura di questo libro, a volte ho addirittura percepito la sua presenza.

Una volta terminato di scrivere questo manoscritto, ho avuto l'opportunità, inevitabile e dolorosa, di sperimentare le qualità da drago da cui era rimasto colpito Confucio. Attraverso il *Tao Te Ching* Lao-Tzu mi ha fatto intuire la Via per fronteggiare i venti e le nuvole del tempo e dello spazio, e quella che all'inizio mi sembrava una crisi insormontabile.

Rileggendo la stesura finale di *La saggezza del Tao*, mi sono trovato ad affrontare forse la più grande sfida personale della mia vita. Sentivo dentro di me quella profonda ferita che spesso porta gli esseri umani a entrare in conflitto. Sentivo la rabbia che permette alle persone di sentirsi vittime, e che alla fine li conduce ai metodi estremi delle guerre a cui si fa spesso riferimento nel *Tao Te Ching*. I miei pensieri si scontravano con ciò che Lao-Tzu avrebbe detto riguardo il non avere mai nemici, certamente sarebbe impossibile per *chiunque* si trovasse a passare quello che stavo attraversando io rimanere sereni e sentirsi connessi con la Sorgente di amore e benessere. Quale buona sorte si poteva mai nascondere in questa disgrazia che sembrava spuntare dal nulla, senza nessuna giustificazione ragionevole? Mi toccava ora forse fare la parte del «cattivo»? Alla lettura di ogni capitolo dentro di me le domande si susseguivano.

Poi ho iniziato ad avere la sensazione che fosse apparsa la natura di drago di Lao-Tzu, che mi bruciava il viso mentre leggevo. Era quasi come se mi stesse dicendo queste parole:

> Perciò tu pensi di conoscere a fondo la Grande Via perché hai trascorso un anno a leggere e interpretare questi ottantuno capitoli. Ecco un'opportunità di indagare la tua padronanza del Tao. Ecco qualcosa di inaspettato che è in grado di scombussolarti spiritualmente, fisicamente, intellettualmente ed emotivamente. Metti in pratica tutto quello che ti ho insegnato: rimani calmo; fidati della tua natura; sappi che tutto è perfetto; e, soprattutto, non fare nulla. Vivi la virtù nascosta del Tao. Se ti senti trascinato dentro una guerra, rifiutati di avere nemici. Non ospitare pensieri di violenza nella tua mente, né di vendetta né assolutamente di giudizio. Mettilo in pratica affrontando ciò che ritieni insormontabile, e rimanendo incentrato nella perfezione del Tao che ama tutto e sa tutto. Allora potrai chiamare te stesso un uomo del Tao.

Ho cominciato a sentire che Lao-Tzu mi stava dando calore col suo fuoco di drago, e che ogni singolo capitolo, ogni volta che rileggevo, era esattamente ciò di cui avevo bisogno. Quello che all'inizio sembrava qualcosa di devastante e senza speranza è diventata la mia vocazione definitiva: vivere gioiosamente e con profonda gratitudine tutto quello che il Tao mi porta. Chiudendo questo libro il mio augurio è che anche voi riusciate a mettere in pratica questa grande saggezza del Tao, così che anche voi, nei momenti più difficili, possiate modificare i vostri pensieri e gioire nel cambiare in questo modo anche la vostra vita. Non sarò un maestro Tao, ma sono un uomo del Tao. Comunque queste parole del *Tao Te Ching* siano state scritte e siano sopravvissute per più di venticinque secoli, è stato un onore essere stato chiamato a spiegarvele. Sono in pace.

Grazie, Lao-Tzu.

RINGRAZIAMENTI

Ringrazio i traduttori e autori dei seguenti dieci libri:

L'essenza del Tao: Tao Te Ching e Chuang-Tzu, traduzione e introduzione di Thomas Cleary

The Illustrated Tao Te Ching: A New Translation with Commentary, di Stephen Hodge

Tao Te Ching, di Lao-Tzu; traduzione di Gia-Fu Feng e Jane English

Tao Te Ching: The Definitive Edition, di Lao-Tzu; traduzione e commento di Jonathan Star

Tao Te Ching: A New English Version, di Stephen Mitchell

Tao-Te-Ching: A New Translation, di Lao-Tzu; traduzione di Derek Bryce e Léon Wieger

Tao Te Ching: A New Translation, di Lao-Tzu; traduzione di Sam Hamill

Tao-Te-King, di Lao-Tzu; traduzione di Chin Hsiung Wu e Rosanna Pilone

A Warrior Blends with Life: A Modern Tao, di Michael LaTorra

The Way of Life According to Lao-Tzu, traduzione di Witter Bynner

Indice

CORBACCIO

OPERE DI WAYNE W. DYER PUBBLICATE DA CORBACCIO

C'è una soluzione spirituale a ogni problema

Cosa volete davvero per i vostri figli? (3 edizioni)

Credere per vedere (3 edizioni)

Come fare miracoli nella vita di tutti i giorni (2 edizioni)

Il potere dell'intenzione (10 edizioni)

La saggezza di ogni giorno (2 edizioni)

La voce dell'ispirazione

Il tuo sacro io (2 edizioni)

La saggezza del Tao (7 edizioni)

In armonia

Niente scuse! (3 edizioni)

Il cambiamento (2 edizioni)

Ogni tuo desiderio sarà esaudito (3 edizioni)

Il mio sacro destino

I LIBRI DEL BENESSERE

AA. VV., *Il mio romanzo*
Christophe André, *Chi ha paura della paura*
Christophe André, *Dell'arte della felicità*
Christophe André, *Dell'arte della meditazione*
Christophe André, *Imperfetti e felici*
Christophe André, *Quattro lezioni di pace interiore*
Christophe André, *Serenità*
Christophe André, *Vivere felici*
C. André – F. Lelord, *La forza delle emozioni*
C. André – F. Lelord, *La stima di sé*
G. Arduino – L. Lipperini, *Morti di fama*
Daniele Barbone, *Runner si diventa*
Nathaniel Branden, *I sei pilastri dell'autostima*
Nathaniel Branden, *La psicologia dell'amore romantico*
Nathaniel Branden, *L'arte di vivere consapevolmente*
Nathaniel Branden, *Le donne e la stima di sé*
Barbara Brennan, *Luce emergente*
Barbara Brennan, *Mani di luce*
Élisa Brune, *Il piccolo libro dei pensieri positivi*
Brendon Burchard, *Ricco non per caso*
Áine Carlin, *#Staivegano*
Chade-Meng Tan, *È facile lavorare felici se sai come farlo*
S. Clerget – B. Costa-Prades, *Fatevi rispettare!*
Jorge Cruise, *La Dieta 100*
Jorge Cruise, *Otto minuti ogni mattina*

Jorge Cruise, *Otto minuti ogni mattina per snellire fianchi e cosce*
John Cushnie, *Giardinaggio per piccoli spazi*
Michael De Jong, *Lo Zen e l'arte delle pulizie*
Michael De Jong, *Lo Zen per l'armonia e la pulizia del corpo*
A. Demarais – V. White, *La prima impressione*
A. Dixit – B. Nalebuff, *L'arte della strategia*
Charles Duhigg, *La dittatura delle abitudini*
Wayne W. Dyer, *C'è una soluzione spirituale a ogni problema*
Wayne W. Dyer, *Come fare miracoli*
Wayne W. Dyer, *Cosa volete davvero per i vostri figli?*
Wayne W. Dyer, *Credere per vedere*
Wayne W. Dyer, *Il cambiamento*
Wayne W. Dyer, *Il potere dell'intenzione*
Wayne W. Dyer, *In armonia*
Wayne W. Dyer, *Il mio sacro destino*
Wayne W. Dyer, *La saggezza del Tao*
Wayne W. Dyer, *La saggezza di ogni giorno*
Wayne W. Dyer, *La voce dell'ispirazione*
Wayne W. Dyer, *Niente scuse!*
Wayne W. Dyer, *Ogni tuo desiderio sarà esaudito*
Blanche Ebbutt, *Quello che i mariti non devono fare*
Blanche Ebbutt, *Quello che le mogli non devono fare*
U. Ehrhardt – W. Johnen, *Se sei sincero vai in paradiso, se menti vai dappertutto*
Rita Emmett, *L'arte di non rinviare*
Suzanne Evans, *Machiavelli per mamme*
Donna Farhi, *Lo yoga nella vita*
R. Fisher – S. Brown, *Troviamo un accordo*
R. Fisher – B. Patton – W. Ury, *L'arte del negoziato*
R. Fisher – D. Shapiro, *Il negoziato emotivo*
Jane Fonda, *Gli anni migliori*
Helen Foster, *IG La dieta dell'indice glicemico*
Alys Fowler, *Raccolto e conservato*
B. J. Gallagher, *Perché non faccio le cose che mi fanno bene?*
Kahlil Gibran, *Versi spirituali*

Álvaro Gómez Contreras, *Il cuore oltre l'ostacolo*
D. Green – C. Collins, *Abbasso il colesterolo!*
Ray Grigg, *Il Tao della barca*
F. Hahn –M. Eades – M. Eades, *Il metodo Slow Burn*
Alan Herdman, *Pilates per persone che hanno troppo da fare*
Julia Hill, *Ognuno può fare la differenza*
Jon Kabat-Zinn, *L'arte di imparare da ogni cosa*
Jon Kabat-Zinn, *Riprendere i sensi*
Jon Kabat-Zinn, *Vivere momento per momento*
J. Kabat-Zinn – M. Kabat-Zinn, *Il genitore consapevole*
Salman Khan, *La scuola in rete*
Jack Kornfield, *Il cuore saggio*
Jack Kornfield, *La vita serena*
Harold Kushner, *Vivere bene comportandosi bene*
Lam Kam Chuen, *Il manuale del Feng Shui*
Lam Kam Chuen, *Il manuale del Feng Shui Personale*
Mary Lambert, *In principio era il caos…*
Mary Lambert, *Ogni cosa al suo posto e un posto per ogni cosa*
Ellen J. Langer, *Mindfulness. La mente consapevole*
Mathieu Le Maux, *Running. Dalla A alla Z*
Susanna Longley, *Il giardiniere dilettante*
Alexi Lubomirski, *Galateo per i miei figli*
Lisa Magano, *Colora i tuoi pensieri*
Andrew G. Marshall, *Single? No, grazie!*
Andrew G. Marshall, *Ti voglio bene ma non ti amo più*
Gillian McKeith, *La dieta McKeith*
Gillian McKeith, *Sei quello che mangi*
Tracy McMillan, *Perché non sei (ancora) sposata?*
Alex Mitchell, *L'orto sul terrazzo*
Raymond Moody, *Schegge di eternità*
R. Moody – P. Perry, *Una scia di infinite stelle*
Judith Morrison, *Il grande libro dell'Ayurveda*
M. Mosley – P. Bee, *Esercizi Fast*
M. Mosley – M. Spencer, *La Dieta Fast*
Lisa Nichols, *La legge della determinazione*

Letty Cottin Pogrebin, *Come essere amico di una persona malata*
Maud Nordwald Pollock, *Dal cuore attraverso le mani*
Ram Dass, *Cambiamenti*
Lynne Robinson, *Pilates per dimagrire*
Rebecca Rosen, *Spirited*
Nino Salvaneschi, *Breviario della felicità*
Mechthild Scheffer, *Il grande libro dei fiori di Bach*
Anna Selby, *Pilates per il mal di schiena*
Anna Selby, *Pilates per la pancia piatta*
A. Selby – A. Herdman, *Pilates*
Andy Sernovitz, *L'arte del passaparola*
F. Smith – The Brothers McLeod, *Bau! Cani per tutti i gusti*
M. Spencer – S. Schenker, *Le ricette della Dieta Fast*
Manfred Spitzer, *Demenza digitale*
Bernardo Stamateas, *È facile liberarsi dei rompipalle se sai come farlo*
Bernardo Stamateas, *È facile liberarsi delle emozioni moleste se sai come farlo*
Robin Stern, *Come mi vuoi?*
François Stévignon, *È facile liberarsi del mal di schiena se sai come farlo*
Anna Talò, *Meditazioni per donne sempre di corsa*
Pietro Trabucchi, *Perseverare è umano*
Pietro Trabucchi, *Resisto dunque sono*
William Ury, *L'arte del negoziato con se stessi*
William Ury, *Il no positivo*
William Ury, *Il negoziato perfetto*
Wallace D. Wattles, *La scienza del diventare ricchi*
Valerie Young, *Vali più di quel che pensi*
Allen Zadoff, *Fame*
Gary Zukav, *Da anima ad anima*
Gary Zukav, *Il potere autentico delle relazioni*
G. Zukav – L. Francis, *Il cuore dell'anima*
G. Zukav – L. Francis, *La danza dei maestri Wu Li*
G. Zukav – L. Francis, *La mente dell'anima*